Continuous Innovation of Virtual Organization:

Mechanism and Path

张保仓 ◎ 著

虚拟组织
持续创新
机理 与 路 径

中国财经出版传媒集团

经济科学出版社
Economic Science Press

图书在版编目（CIP）数据

虚拟组织持续创新：机理与路径/张保仓著 . —北京：
经济科学出版社，2021.7
ISBN 978 - 7 - 5218 - 2556 - 5

Ⅰ . ①虚… Ⅱ . ①张… Ⅲ . ①企业创新 - 研究
Ⅳ . ①F273.1

中国版本图书馆 CIP 数据核字（2021）第 089578 号

责任编辑：刘　丽
责任校对：靳玉环
责任印制：范　艳

虚拟组织持续创新：机理与路径

张保仓　著

经济科学出版社出版、发行　新华书店经销
社址：北京市海淀区阜成路甲 28 号　邮编：100142
总编部电话：010 - 88191217　发行部电话：010 - 88191522
网址：www. esp. com. cn
电子邮箱：esp@ esp. com. cn
天猫网店：经济科学出版社旗舰店
网址：http://jjkxcbs. tmall. com
北京季蜂印刷有限公司印装
710 × 1000　16 开　22.75 印张　340000 字
2021 年 7 月第 1 版　2021 年 7 月第 1 次印刷
ISBN 978 - 7 - 5218 - 2556 - 5　定价：98.00 元
（图书出现印装问题，本社负责调换。电话：010 - 88191510）
（版权所有　侵权必究　打击盗版　举报热线：010 - 88191661
QQ：2242791300　营销中心电话：010 - 88191537
电子邮箱：dbts@ esp. com. cn）

前言

　　信息技术的革命及消费者需求的更新升级推动了虚拟组织的诞生与发展，重新定义了企业组织边界及资源重置模式。首先，近年来人工智能、物联网、大数据、云计算、区块链的快速发展催生了在线企业的形成与扩容，对传统企业的经营模式及商业手法形成了一定的冲击与颠覆，迫使企业在低成本与差异化经营的同时，更加关注创新效率与创新品质；其次，客户个性化、多样化、定制化、层次化需求偏好的复归增加了市场的不确定性与产品的复杂性，促使企业资源连接方式与要素重组模式更加强调网络化、柔性化与速度化。因此，传统企业如何借助虚拟组织解决持续创新困惑及转型升级难题，迫切需要虚拟组织持续创新理论、方法与路径的指导与支撑。研究"虚拟组织持续创新：机理与路径"，已成为学术界和企业界关注的热点与焦点。

　　本书以虚拟组织作为研究对象，深入探讨了企业未来的组织形态、组织特征与创新模式，并将虚拟组织与持续创新有机结合，开展虚拟持续创新机理与路径研究。从研究方法来看，本书分为理论研究与实证研究两大部分，其中理论研究重点解释为什么虚拟组织是企业未来选择的组织形态与创新模式，以及虚拟组织持续创新的可行性、必然性与重要性；实证研究重点验证了虚拟组织持续创新能力的影响因素、作用机理与提升机理。从研究内容来看，本书主要包括四大部分：①虚拟组织如何实现持续创新，其理论支撑是什么；②实现虚拟组织持续创新需要哪些关键作用力，作用力的影响因素及影响因素之间的作用机理是什么；③如何提升虚拟组织持续创新能力，其提升机理及路径是什么；④虚拟组织持续创新目标是创造合作剩余，合作创新绩效的影响因素与作用机制是什么。基于以上研究思路，本书运用"持续创新—持续创新能力—持续创新绩效"逻辑结构构建了虚拟组织持续创新的研究框架。

本书在阐述虚拟组织持续创新的内涵与本质的基础上，首先，论述了虚拟组织持续创新的四大构件，即创新动力、创新过程、学习能力与界面管理及其之间的交互作用关系，提出了虚拟组织持续创新的运行过程，旨在深化对虚拟组织持续创新的研究和认识；其次，剖析了虚拟组织持续创新能力的内涵、本质与结构，探索性分析了虚拟组织持续创新能力的关键影响因素，即显性知识资源获取、隐性知识资源获取、学习能力、信任、知识集成，讨论了影响因素与持续创新能力结构之间的关系，提出了虚拟组织持续创新能力的形成机理，并实证研究了虚拟组织持续创新能力的影响因素及形成机理；最后，指出了提升持续创新能力就是要提升知识资源获取的质量与效率从而提升知识集成的效能，在已知学习能力与信任是提升知识资源获取效率的关键因素的基础上，实证研究了知识资源获取质量的影响因素即网络规模与网络结构，结合虚拟组织持续创新能力的形成机理，提出了虚拟组织持续创新能力的提升路径，并演化了虚拟组织持续创新能力三条提升路径，即知识对流路径、知识协同路径与竞合互动路径。对丰富和完善虚拟组织持续创新能力理论及知识集成理论起到关键基础性作用及指导实践价值。

基于上述研究思路与研究过程，本书得出以下主要结论。

（1）虚拟组织持续基于产品复杂性与环境不确定性，运用"产品模块化与业务归核化"创新法则连接共享成员企业核心资源能力，通过组织柔性对市场机遇反应的敏捷性与能力协同创新的速度性，高质量高效率创造、传递顾客价值并不断获取客户新需求与新知识从而实现持续创新循环迭代过程。虚拟组织持续创新由"创新动力、创新过程、学习能力、界面管理"四个要素构件组成，四者之间相互作用演化了持续创新的内在机理。

（2）虚拟组织持续创新能力本质上是核心企业对成员企业间共享获取的显性知识资源与隐性知识资源的集成整合能力。其中，显性知识资源获取、隐性知识资源获取、知识集成、学习能力与信任，是影响虚拟组织持续创新能力的关键因子。

（3）虚拟组织持续创新能力的形成机理就是显性知识资源获取与隐性知识资源获取在学习能力与信任调节作用下通过知识集成对持续创新能力的正向作用效应。显性知识与隐性知识资源获取对持续创新能力正向作用影响显著；显性知识与隐性知识资源获取对知识集成影响非常显著，知识集成对持续创新能力影响非常显著，知识集成在显性知识资源获取、隐性知识资源获取与持续创新能力之间起中介作用；学习能力对显性知识资源获取、隐性知识资源获取与知识集成之间具有正向调节作用，且学习能力越强，显性知识资源获取、隐性知识资源获取与知识集成之间的正向作用就越强；信任对显性知识获取、隐性知识资源获取与知识集成之间的关系具有正向调节作用，且关系信任越强，显性知识资源获取、隐性知识资源获取与知识集成之间的正向作用就越强；学习能力越强，知识集成在显性知识资源获取、隐性知识资源获取与持续创新能力之间所起的中介效应就越强；关系信任度越高，知识集成在显性知识资源获取、隐性知识资源获取与持续创新能力之间所起的中介效应就越强；学习能力与信任能够增强知识资源获取的效率。

（4）虚拟组织持续创新能力的提升机理就是成员企业间信息共享与共同理解在吸收能力的调节作用下通过关系记忆对持续创新能力的正向作用效应。信息共享与共同理解对关系记忆、持续创新能力均有显著的正向作用效应；关系记忆在信息共享、共同理解与持续创新能力之间起中介作用；吸收能力越强，信息共

享与共同理解对关系记忆的正向作用就越强，且吸收能力对共同
理解与关系记忆的调节强度高于对信息共享与关系记忆的调节强
度，共同理解通过关系记忆对持续创新能力的影响程度比信息共
享通过关系记忆对持续创新能力的影响程度显著。虚拟组织持续
创新能力的提升过程实质上是成员企业间信息共享、共同理解通
过关系记忆不断更新积累知识存量的过程。提升虚拟组织持续创
新能力的三种基本路径即知识对流路径、知识协同路径与竞合互
动路径。

（5）虚拟组织网络规模、网络中心性对合作创新绩效均有
显著正向作用，网络中心性的作用强度大于网络规模；虚拟组织
网络规模、网络结构对显性知识资源和隐性知识资源获取的作用
强度不一致，网络规模对显性知识资源获取有显著正向作用，但
对隐性知识资源获取的作用效应不显著；网络中心性对显性知识
资源获取与隐性知识资源获取均有显著正向作用。比较而言，网
络中心性比网络规模对显性知识资源获取的作用更强。虚拟组织
显性知识资源及隐性知识资源获取对合作创新绩效均有显著正向
作用，但从作用强度看，隐性知识资源获取较显性知识资源获取
对合作创新绩效的作用更显著，虚拟组织显性知识资源获取在网
络规模、网络中心性对合作创新绩效的影响中起完全中介作用；
隐性知识资源获取在网络中心性对合作创新绩效的影响中起完全
中介作用。

此外，本书还在以下几个方面进行了拓展和深化：①探讨了
虚拟组织持续创新能力的影响因素与能力结构之间的关系，进而
揭示了虚拟组织持续创新能力的形成机理；②实证研究了虚拟组
织持续创新能力的影响因素，证明了虚拟组织持续创新能力是在
学习能力与信任的调节作用下显性知识资源获取与隐性知识资源
获取通过对知识集成的正向作用效应来实现的；③实证研究了网
络规模与网络结构是影响知识资源获取质量的关键因素，提出了
虚拟组织持续创新能力的提升路径。

目　录

第1章 导　　论

1.1　问题的提出与研究意义

1.1.1　问题的提出

20 世纪 90 年代以来，世界经济发生了翻天覆地的变化，科学技术的进步、信息网络技术快速发展推动着经济全球化的进程。在人工智能、物联网、大数据、云计算、区块链等新一代通信技术迅速发展的数字经济与知识经济环境中，企业创新已不能按照传统意义上的线性流程方式由事先确定的参与者推进，需要通过产业链整合、价值网络重构与价值共创模式链接与利用外部网络所拥有的资源与能力，运用协同创新方式重塑产品的物理形态及企业创造价值、传递价值与获取价值的内在逻辑，促使企业进行低成本、差异化发展以获取持续竞争优势。现实中，大企业垂直一体化整合与多元化发展可获得成本优势和规模收益，但差异化和反应能力是个问题，出现了所谓的大企业病；小企业的产品与服务因其市场细分与客户聚焦短时间可获得差异化优势，但规模和成本却是个问题，由此出现市场创新、技术创新与抗风险能力相对不足。面对低成本与差异化这一矛盾，起初人们试图通过价值链整合、信息系统管理、业务流程再造等方式加以解决，但效果也仅局限在企业内部，而后又开始探索选择模块化组织、网络化组织、战略联盟等组织模式，通过非核心业务外包、技术研发合作、生产外协、营销渠道租用、异质资源互补等方式收缩企业边界，展开企业间合作。随着市场不确定性以及因消费者个性化、多样化、层次化需求的回归导致产品复杂性增加，传统的大规模、大批量、单功能的刚性生产方式以及企业资源包括内部资源及联盟企业、网络化组织、模块化组织等外部资源均不能满足这些市场需求，因此，资源的快速获取、整合与利用对企业获取竞争优势具有重要价值。在此背景下，集动态性、柔性、敏捷性、并行性与品质性于一体综合特征的虚拟组织应运而生。

信息经济时代，人与人、人与物、物与物之间的连接不仅依靠传统基础设施，更加依赖新型基础设施——从 PC 互联网到移动互联网，从消费互联网到产业互联网。虚拟组织的出现，打破了时空对信息传递的束缚，信息流通具备"零时间、零距离、零成本与无边界"的特征。对于生产者而言，传统企业形态发挥作用的前提条件在信息经济朝代已经被彻底颠覆，互联网正在用其底层技术重塑组织形态。新型虚拟组织形态具有两个主要优势：①交易成本优势。过去，企业用一体化发展内化市场交易成本，用规模化生产降低平均成本和边际成本；现在，信息技术日益发达，搜索成本、履约成本、监督成本、信任成本等市场交易成本不断降低，企业用可变成本抵销固定成本的资源配置方案优势明显。②风险控制优势。过去，受制于落后的信息技术水平，市场信息不对称性高，个体机会主义动机强，市场无形之手无法发挥作用，企业通过完整价值链运营方式最大化规避风险；现在，信息技术带来了市场的高透明化，促使市场交易风险与资产专用性风险大大降低。可见，信息技术发展带来了传统企业再造，虚拟组织已成为企业尤其是科技型中小企业实现持续创新的必然选择。

1. 构建虚拟组织已成为企业在新常态经济下重塑新价值体系、创造新价值空间、实现持续竞争优势的战略选择

近年来，在国家倡导的"大众创业、万众创新"双创驱动与开放式创新的时代背景下，"互联网＋"新经济涌现突起，尤其是移动互联网、大数据技术、物联网技术的普及推广与更新应用速度给人们的生产作业及生活消费方式带来了巨大变革，催生并助推了共享经济和虚拟经济的形成与发展，加速了产业脉动及企业间并行交互行为，加剧了"技术—市场"二元创新结构的不确定性和融合性，使得社会要素的组织形式及资源的连接方式出现了新的组织再造。首先，B2C、C2C、O2O 等在线经营企业无休止的动态竞争与跨界整合，迫使企业不断根据外部环境来重构其资源基础，相应地传统企业经营手法也迫使逐步向信息技术化、网络虚拟化、合作平台化、创新敏捷化方向发展。其次，信息渠道的畅通及信息交互的便捷，拉近了交易双方的时空距离，进而使得产业边界变得越来越模糊乃至消失。再次，顾客需求偏好的转变使得组织之间资源连接由近似的线性方式转变为复杂的网络柔性关系，越来越多的企业意识到单靠企业内部资源与能力整合已经难以满足快速变化的市场需求问题，唯有通过重构或参与虚拟价值链功能实现企业间合作创新以弥补自身能力不足的约束（Lee et al.，2010）；另外，稍纵即逝的市场机遇迫使企业增强对市场变异感知的敏捷性、资源组织与合作创新的速度性，借助外力并整合外部虚拟资源以缩短产品从概念到现金流的商业化周期，持续创新产品以适应快速、多变的市场需求，是企业以小博大、以快取胜的发展路径，成为企业的优先选择。最后，在现有竞争背景与环境下，企业继续采取传统的组织模式与创新手法显得有些力不从心，试图从竞争对手手中抢夺有限市场份额的战略逻辑并不能使企业保持持久的竞争优势，有时可能会出现两败俱伤的局面。

因此，构建虚拟组织已成为企业在新常态经济下连接新知识资源、重塑新价值体系、创造新价值空间实现持续竞争优势的重要来源。

2. 虚拟组织持续创新打破了虚拟组织生命周期间断性与间歇性怪圈并开辟了崭新的组织创新战略逻辑

任何一种组织形式和管理模式的创新都是适应社会经济、产业政策、法律文化和科技进步的产物，虚拟组织也不例外。虚拟组织的产生、创新与发展就是适应企业外部动态环境不断变化的结果。最初由美国里海大学学者普瑞斯、戈德曼和内格尔（Preiss，Goldman & Nagel，1991）在《21 世纪制造企业的战略》报告中提出了虚拟组织（Virtual Organization）

的概念，为企业组织创新提供了全新视角。虚拟组织是以市场机遇为驱动，由两个或两个以上的相互独立、拥有核心资源或能力的企业，依托信息网络技术平台共享知识、信息等创新资源并利用信息流支配物质流而迅速结成的动态联盟（陈剑和冯蔚东，2002），即该联盟是随着机遇产生而进行酝酿、组建和运作，随着机遇实现终结而解体，与企业一样也具有生命周期。

虚拟组织作为一个核心能力联盟体，合作创新体现的是明星企业能力强强联合协同创新的规模速度经济、差异化品质与品牌经济，可见，虚拟组织从创新资源共享、获取、集成与整合，从根本上改变了企业之间短期竞争行为，从而转向为竞争而合作、靠合作来竞争，彼此达成机遇共享、利益共生、长期可持续发展的合作竞争。目前许多中小企业正是通过虚拟组织联盟方式实现核心资源和虚拟资源的整合与交互，与大企业抗衡、共同分享市场利润与商机的同时促进企业快速成长。

虚拟经营顺应了快速变化的竞争环境，从而走向协同竞争、合作共赢的经营模式，并提供了合成环境相互作用而获取创新发展的无量空间，与传统的自我发展、打垮吞并对手为核心的竞争经营观念不同，虚拟经营是以核心能力为基础将各方优势资源与能力聚焦集成整合，依赖持续创新维系组织的生命力并更新积累竞争优势，持续创新作为虚拟组织生存与发展的基石，它打破了虚拟组织生命周期间断性与间歇性怪圈，开辟了崭新的组织创新战略逻辑，已成为企业新常态经济中价值创造的主要源泉，是企业实施创新战略的关键。因此，探索研究虚拟组织持续创新的内涵、本质与机理对于延伸拓展虚拟组织理论与持续创新理论具有重大的理论价值，同时为指导企业构建并应用虚拟组织实现持续创新具有重大的现实意义与借鉴意义。

3. 探索虚拟组织持续创新能力的影响因素及形成机理是识别推动虚拟组织持续创新系统动力与作用力的关键

在当今知识经济时代及国家倡导的供给侧改革背景下，由于知识及其结构的高度分化，价值链呈现"精细化、专业化、模块化、虚拟化"的结构连接态势，以垂直整合为优势的传统供应链联盟重组价值主张受到了质疑和挑战，企业必须重新思考市场机遇的搜索、创意的产生及其商业化的运作方式，在以信息技术为主导的网络空间中架构新的价值创新体系，以加速内外知识流的应用与创新。而虚拟组织创新是以共享重组成员企业的核心能力作为资源连接方式，集成企业间知识资源平行分布研发作业，跨越时间、空间及关系的界线，凭借其敏锐的嗅觉神经瞬间感知捕捉市场机遇并将其快速商业化的合作创新过程。同时，由于企业间是通过共享自身核心能力与优势资源来获取能力租金，一方面可以有效利用自身闲置资源或提升资源利用效率；另一方面可以减少核心能力之外非核心业务"大而全"的投资，盘活并有效利用社会存量要素资源，利用企业间协同合作提升资源要素的生产效率与商业化速度，从而提升客户效用价值。

在虚拟组织持续创新过程中，虚拟组织作为一个生态创新系统，其关注的焦点不是企业间共享的资源规模和资源结构，而是通过网络契约实现成员企业优势资源整合与核心能力协同集成形成一套面向市场机遇或客户动态需求的解决方案（余光胜，2013），尤其是如何重组整合这些创新资源以提升企业间联合创新的速度与效率，以及识别作用并推动虚拟组织持续创新的关键能力及能力要素间的相互作用（Andrew，2000）。因此，探索研究虚拟组织持续创新能力的影响因素以及形成机理，是研究虚拟组织持续创新能力提升路径的重要理论基础。同时，也丰富并拓展了虚拟组织持续创新理论及持续创新能力理论，为企业构建虚拟组织、培育虚拟组织持续创新能力有重大的理论指导及实践价值。

4. 虚拟组织持续创新能力的提升路径是探索虚拟组织持续创新能力影响因素及形成机理的价值体现

"互联网＋"新经济时代重新定义了企业边界及资源重置模式，虚拟组织从边界虚拟与功能虚拟视角，运用"业务归核化"法则将价值链条依据链节功能予以分拆、重组与整合，以参与企业能力为中心重构价值链上的价值分布，改变微笑曲线的弯曲度，通过扬长补短的能力组合在全球范围内进行网络化资源配置以实现组织价值链的完整功能（Leanna & Barry，2000）。可见，企业价值链上研发、技术、生产、分销、配送、回收等战略环节资源连接由近似的线性方式可转变为复杂的非线性网络关系。能力的本质是知识，来自企业间知识的动态交互作用。虚拟组织成员企业能力的共享与整合实质上就是在获取成员企业贡献显性知识资源与隐性知识资源基础上的知识集成。提升虚拟组织持续创新能力实质上就是通过提升知识资源获取的效率与质量进而作用并提升知识集成的效能，持续创新能力的提升反过来增加了知识存量，为虚拟组织持续创新提供了新的知识储备与应用。可见，虚拟组织持续创新能力是对企业间共享知识的重组、生产及应用。因此，研究虚拟组织持续创新能力的提升路径是实现虚拟组织持续创新能力影响因素及形成机理的价值体现，拓展并丰富了虚拟组织知识管理理论、路径依赖理论及知识创新理论，为企业构建与运营虚拟组织持续创新、提升虚拟组织持续创新能力找到了理论支撑及实践方法，具有重大的理论突破及实践价值。

5. 研究虚拟组织网络规模、网络结构对合作创新绩效的作用机制是虚拟组织持续创新的动态目标与合作基础

开放式创新背景下，知识的高度分化使得产业链价值分布呈现"归核化、精细化、模块化"结构态势，以纵向垂直整合为优势的传统价值主张受到质疑与挑战，企业单靠自身资源与能力已无法快速创造价值进而满足稍纵即逝的市场机遇及客户多元化、个性化、定制化的需求偏好，需要借助外部资源与能力协同创新。如此一来，由多元创新主体基于"互联网＋信息技术"为交互载体、互补性资源为共享内容联合形成的虚拟组织已成为企业价值创造的重要组织模式及战略选择，虚拟组织是以市场机遇为切入点，通过在线信息技术连接成员企业能力实现知识高效集成、合作创新的动态网络组织，其组织结构柔性、能力协同性、响应敏捷性与资源互补性的基本特征致使成员企业能够快速获取客户需求信息、市场环境信息、系统设计规则、模块接口信息、业务流程认同等显性知识，以及嵌入产品模块内的专业知识、核心技术、经验诀窍等隐性知识，从而减少了知识与信息的专用性投资，降低交易成本与创新风险进而提高组织合作创新绩效，充分彰显了虚拟组织合作创新绩效的优越性。尤其是在产业互联网时代，这种组织模式对知识资源的获取效率与质量是其他组织形式无法比拟的。然而，虚拟组织网络规模越大，联结的成员数量就越多，成员企业间在线获取的存量知识与信息资源可能就越丰富有效，企业间管理与沟通成本可能会增加进而影响知识的获取效率；同样，虚拟组织网络结构中心性越强，越能更好地协调、规范管理成员企业的行为，从而获取高质量知识资源的路径相对就越多。由此，探索虚拟组织网络规模、网络结构通过对知识资源获取的作用效应进而研究对合作创新绩效影响作用是学界当前研究的焦点。

1.1.2　研究意义

通过上述研究背景的描述，发现探索研究虚拟组织持续创新的内涵、本质与过程，剖析并实证研究虚拟组织持续创新能力的影响因素及形成机理，探寻虚拟组织持续创新能力的提升机理及路径，分析虚拟组织网络规模、网络结构对合作创新绩效的作用机制，无疑将成为虚拟组织持续创新理论、虚拟组织持续创新能力理论、虚拟组织知识集成理论、虚拟组织持续创新能力路径依赖理论、虚拟组织合作创新绩效等理论创新研究的重要前沿。

纵观企业的发展史，现代企业逐步在对市场机制的替代中成长。然而，企业和市场是资源配置的两种方式，只依靠其中的一种方式，都不可避免地会增加组织成本或交易成本，有机结合企业职能机制和市场价格机制的中间组织的产生便成为经济发展的内在规律。企业和市场的交融所产生的中间组织，边界已经模糊不清，超越了单纯的企业和市场，被经济学家称为未来的企业组织形式。再者，展望信息技术迅猛发展、市场竞争环境激烈多变的知识经济时代，企业要在此环境下生存，必须具有"柔性管理"的思想，使其组织充满灵活性、可塑性与敏捷性，随环境变化协同发展。这种灵活性与敏捷性一方面要求该组织具有广泛的内部资源连接能力，能通过在各部门建立小组而自行重塑，并运用内部市场竞争来协调各小组的合作；另一方面该组织还能随时建立外部合作关系以保证其获得自身没有的资源与能力。于是，企业组织的网络化、扁平化、弹性化便成为企业适应知识经济时代市场环境的必然产物，它们的具体表现形式——虚拟组织的大发展也就成为大势所趋。具体来讲，虚拟组织对我国经济发展具有以下理论与现实意义。

第一，从宏观层面看，研究虚拟组织持续创新机理与路径能够支撑并推动国家"双创、智能制造 2025、工业 4.0 及供给侧改革"战略实践。"大众创业、万众创新"的基础条件即为创业者自身知识资源融入社会网络与创新平台实现资源共享与能力协同，虚拟组织的构建应用为双创驱动提供了创新平台与渠道路径；党的十九大报告明确了"产业互联网＋智能制造"战略，要求产业链节点企业促进 B2B 中间产品与 B2C 终端消费品标准与产品质量提升，增加制造的有效供给，以满足消费者不断升级的需求，推动制造业从以产品为导向向以服务为导向的服务型制造业转变，尤其是"互联网＋信息技术"载体的推广普及在激发用户个性化需求的同时，也降低了企业获取信息的成本，提高了企业内外信息共享、沟通协作效率，为虚拟组织支撑国家发展战略实践提供了基础保障。同时，还能够促进我国市场经济体制的完善，企业间的协作和专业化分工，打破了条块分割的状态，必定会为我国市场经济体制的发展发挥作用，市场经济体制包含行政和市场两种协调方式的结合型体制，以虚拟组织为代表的两种协调机制的中间组织符合市场经济体制的企业组织形式，它的构建与发展也必定会促进市场经济体制均衡地采用混合协调机制进行国民经济的宏观管理。

第二，从中观层面看，拓展并丰富了虚拟组织创新理论及虚拟组织持续创新能力理论。作为提供和调解成员企业核心能力、集成共享市场发展机遇和参与全球商业事务的虚拟组织，能够促进高新技术企业尤其是科技型中小企业打破产业集群企业边界，主要基于以下三个方面。一是高新技术产业的产品产量小且具有知识、技术、技术密集，资源、能源消耗少，建立高新技术产业集群对原材料、中间产品等资源禀赋依赖程度低，不受地理位置资源的限制，但对高效的人力资源和创新环境、条件等需求却是极其迫切的。二是高新技术产业的产品品种多，产品更新速度快，相应的从产品创意到商业化应用的时间需求更短，加上产品复杂性与市场不确定性增强，对产品模块化设计与生产的需求增加，强化了虚拟组织在高新技术产业集体中的敏捷应用。三是高新技术具有研发投入大、初期风险高、增长率高、附加值高的基本属性，所以高新技术产业的发展一方面不能依靠一家独做，需要众多企业共同努力开发，并分担开发风险；另一方面由于丰厚的回报又吸引了大量相关企业投入其中，促进形成了虚拟产业的空间集聚，为虚拟产业集群的形成和发展提供了条件和基础，凭着网络化优势，借助于合作企业的能力，以双赢或多赢的方式集聚，形成纵向或横向的多层次聚集效应。

第三，从微观层面看，能够指导企业应用虚拟组织持续创新理论及持续创新能力理论实现企业资源组织模式及资源连接方式的再造与创新，为我国产业结构的重组、科技型中小企业创新、企业集团发展提供持续创新思路。首先，由于部门的条块分割、产业的重复建设以及由此形成的"小而全、大而全"的状况是我国产业结构最具突出的病症，因此，虚拟组织概念及持续创新方式的提出之所以对我国企业具有非同凡响的意义，在于其所倡导的"业务归核化、能力协同化"的创新思想，利用外部资源与能力，有助于克服"大而全，小而全"的弊端，促进社会专业化大分工。其次，虚拟组织也是搞活科技型中小企业的新方式与新手段。一方面，科技型中小企业可成为行业内大企业价值链上的节点企业，完成大企业虚拟研发、生产与营销业务；另一方面，科技型中小企业可自己形成联盟。这些都能弥补中小企业在资金、设备、技术力量等方面存在的不足，使中小企业在利用外部资源中提高竞争力。最后，它还为我国企业集团的发展模式提出新思路。企业集团是以资产为纽带，具有法人资格的一体化企业形式，在组建和管理上带有很浓的行政色彩，缺乏吸引力和辐射力，而虚拟组织模式打破企业集团的边界，鼓励集团管理方式从原有的上下级行政指令方式转变为以契约为基础获取界面协调权与合作创新收益权相结合的方式。此外，虚拟组织持续创新机理与路径研究为我国企业创新发展的管理思想、组织形式、运作模式提供了新的催化剂。首先，虚拟组织包含了分权管理、人本管理、柔性管理、战略管理的管理思想；虚拟组织蕴含着竞争性合作、利用外部资源超常规发展、企业管理中引进市场机制、市场交易中引进企业机制等先进的经营思想。其次，它向企业展示了一种以知识、信息、技术为核心的集聚创新资源、灵活而又统一的动态网络化企业组织形式，这种组织形式能够调动下属部门和员工的积极性，发挥个人的创造力，企业的经营管理能随着环境进行动态的调整，最终达到决策科学的目的。最后，它向企业提供了联合开发技术、虚拟生产联盟、虚拟营销联盟等具体的、可操作的虚拟运作模式，对我国企业的微观经营管理都有重要的借鉴意义。

1.2 研究视角与理论基础

1.2.1 研究视角

对于一种新型组织模式的研究，首先要分析其产生的经济背景，然后才能找到研究切入点，从而构建起基本的研究框架。

虚拟组织创新理论是在新经济背景下提出的新组织理论前沿命题。现有文献中，国外对虚拟组织创新理论的研究从时间和内容上可以分为三个阶段：①虚拟组织构建阶段（1991—2000 年），该阶段侧重于虚拟组织的构建、运营与管理、效率边界、敏捷制造研究（Kantar & Stein，1992；Byrne，1993；Hoffman & Hegarty，1993；Szulanski，1996；Berendt & Annalise，1998）；②虚拟组织运营阶段（2001—2009 年），该阶段侧重于虚拟组织知识管理、知识共享、组织间知识转化、知识共享影响因素等（Hedberg & Holmqvist，2001；Shin，2001；Molina，2003；Raymond，2006；Rosen & Furst，2007；Lin，2007）；③虚拟组织创新阶段（2010 年至今），该阶段侧重于知识集成机理（指导、交换、社会化和内化）与知识集成效率、动态创新能力等研究（Shari & Shang，2010；Garicano & Wu，2012；Chuang & Jackson，2013）。关于虚拟组织创新理论，国内研究从时间与内容上也主要分为三个阶段：①虚拟组织理论认知与初探阶段（1991—2000年），该阶段主要是探索界定虚拟组织的概念、内涵与外延特征（王圣广和马士华，1999；魏一鸣和徐伟宣，1999；陈胜军和杨松华，2000）；②虚拟组织创新理论起始阶段（2001—2010年），该阶段研究主要聚焦在虚拟组织治理机制（张喜征，2003；冯涛和鲁政委，2003）、合作伙伴的选择（孙东川和叶飞等，2001；李刚和程国平，2006）、合作利益分配机制（卢纪华和潘德德，2003）、知识创新机制（薛晓芳和覃正，2008）；③虚拟组织创新理论发展阶段（2010年至今），该阶段主要研究集中在虚拟组织知识转移（徐升华，2011）、知识共享（姜文，2011；商淑秀和张再生，2015）、知识管理及知识创新（张志元和李兆友，2014）。

从现有研究内容、研究结构与研究视角看，主要集中在虚拟组织自身合作基础、创新特征、治理属性等创新前端研究，对于虚拟组织如何持续创新，影响虚拟组织持续创新的驱动因素、持续创新机理、持续创新能力的影响因素及形成机理、持续创新路径、虚拟组织规模结构与持续创新绩效关系等研究很少甚至空白。因此，本书基于虚拟组织持续创新机理与路径视角展开相关研究。

1.2.2　理论基础

科斯（Coase，1937）在其《企业的性质》中提出企业与市场是资源配置的主要方式。沿着这一经典研究，威廉姆森（Williamson，1985）进一步指出在市场和企业之间存在一种混合型组织，提出用市场、网络组织和企业三分法替代传统的两分法。在此基础上，马丁内兹（Martinez，1990）指出混合型组织存在企业间，随着市场不确定性强度与产品复杂性强度双重因素的影响，认为组织模式的演进有四种组织形式：科层制组织、模块化组织、网络组织与虚拟组织（见图1.1）。其中网络组织是基于市场不确定性由地位平等的节点企业依靠共同目标自发聚合起来的组织；模块化组织是基于产品复杂功能分解为功能模块，在统一标准界面下独立地被设计和生产对市场变化作出适应性选择而形成的组织；虚拟组织是建立在产品复杂性与市场不确定性对各成员企业能力集成重组并行创新的一种动态组织。

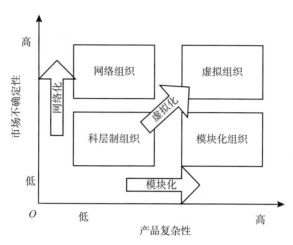

图 1.1 企业间混合型组织模型

而后由美国机械工程学会名誉理事普瑞斯、戈德曼和内格尔（Preiss, Goldman & Nagel，1991）在共同完成的题为《21 世纪制造企业研究：一个工业主导的观点》的研究报告中首次提出了虚拟组织的概念，认为虚拟组织是为了在激烈的市场竞争中获取有利的地位，使整个社会制造资源得到充分利用，在企业间建立以市场为导向的动态联盟。达维多和马龙（Davidow & Malone，1992）认为虚拟组织是企业借助互联网技术平台在价值链上与供应商、分销商、顾客之间用统一语言进行资源与能力交互的无边界的动态组织；而后柏恩（Byrne，1993）提出虚拟组织是企业为了快速把握市场机遇而快速将多个企业组成暂时性动态联盟。可见，虚拟组织作为一种新兴组织，突破了传统组织的规模边界与能力边界，强调借助外部力量整合企业内外部资源以实现市场机遇的动态组织（赵纯均和陈剑，2002），是建立在合作伙伴彼此突出优势、相互信任、信息技术支持基础之上（Walton & Whicker，1996）。

网络组织与模块化组织的发展很大程度上推动了虚拟组织的产生与兴起。网络组织是基于企业间契约关系形态的一种制度安排，根据网络组织成员之间的相互关系及地位，网络组织可以分为有核网络组织和无核网络组织，其中企业集团、分包制、供应链管理、模块化组织、虚拟组织属于有核网络组织；而战略联盟、企业集群属于无核网络组织（闫二旺，2006）。虚拟组织与模块化组织作为网络组织的一种组织形式，与传统联盟组织之间在组织属性上存在差异性（见表1.1）。

表 1.1　　　　虚拟组织与传统联盟组织、模块化组织的特征比较

特征	组织形式		
	传统联盟组织	模块化组织	虚拟组织
形成方式	合同	授权、指导	设计规则的吸引
组织边界	固定、静态连接	柔性可渗透，潜在连接	规模边界与能力边界虚拟化连接
联结关系	产权协议	显性契约/协议	显性契约和隐性契约
决策方式	高层远距离	共同参与协调	主导企业/ASC 协调委员会
联结资源	资产专用性高	资产专用性适度	投资专用性资产
	松散型资源	非松散型资源	互补与异质性能力组合
规范基础	雇佣关系	互补性	认同与信任
作业方式	串联式	串并联式作业	以互联网信息技术为基础，并行分布作业
结构特征	层级管理	经营授权	模块运营
协调方式	指令/强制	谈判/半强制	竞争/自由
合作氛围	正式、科层化	非正式、科层化	开放、平等、互惠
适应环境	稳定环境	受外界支配的环境	动态环境
适应战略	差异化与低成本	响应性战略	创新性战略

伴随着虚拟组织的出现，以及互联网与信息技术的快速发展，产品个性化、复杂化、层次化等需求偏好的转变以及对时间价值的要求，相应地出现了柔性制造系统（Flexible Manufacture System，FMS）、精益生产（Lean Product）、准时制（Just in Time）、资源需求计划（Enterprise Resource Planning，ERP）、并行工程（Concurrent Engineering）、敏捷制造（Agile Manufacturing）等一系列资源组织与管理模式，其高能效集成化、高智能

柔性化的特征极大提升了企业变异感知与市场应变能力，起到了一定的局部效能，为虚拟组织发展打下了物质基础。可见，基于感知敏捷性、能力协同性、创新速度性、品牌共享性为结构属性的虚拟组织其形成与发展存在一定的经济动因及理论脉络。

1. 价值链理论

价值链之父迈克尔·波特（2001）认为，产品的价值是由整条价值链上各个链节共同所创造的，因此产品在市场上的竞争力实质上就转化为价值链上各环节协同的竞争力。然而，在价值创造活动中，并不是每一个节点都创造价值，实际上只有某些特定的价值活动才创造价值，这些活动就是形成并保持企业竞争优势的战略环节，企业的竞争优势实质上是企业在价值链上拥有战略环节的优势。企业只有保留自身核心业务，将非核心业务交由有专长的企业运作。

2. 资源互补理论

资源互补理论认为企业无法获取经营管理需要的所有资源，必须从外部环境中获取互补资源才能得以生存，因此从资源交换的视角用企业间权力关系将企业连接起来形成一个由内外部共同构成的综合体，企业只掌握价值链上最有优势的核心功能资源，其他非核心功能资源可通过借用外部资源与能力实现内外资源整合与控制，聚变出超常竞争优势（Pfeffer，1978）。虚拟组织正是企业获取、整合与利用所需资源的一种新兴组织形式，充分彰显了其获取、整合、集成资源能力的优越性。基于这一思想，青木昌彦和安藤晴彦（2003）从"业务归核化"视角提出了模块化组织理论，认为企业应该在专注于自身核心业务的同时将非核心业务剥离，一方面在企业内部围绕产品或功能进行模块化归集；另一方面在企业外部，通过外包、外协贴牌、网络联盟等业务活动，实现组织模块化。模块化组织如同价值链中的战略环节，由于承载着核心业务的企业在模块化联盟组织中享有更多控制权，会将非核心业务外包给网络中的其他企业，领导着整个网络的生产。因此，会出现不对等的合作联盟，即非核心企业紧密地围绕核心企业，并以核心企业的技术为依托进行生产和运作。所以，无论是在技术上还是结构上，核心企业都拥有更高的网络位势，即在价值活动中所占据的位置都是要高于非核心企业的。

3. 交易成本理论

随着企业社会化程度和受生态约束度的加深，企业外部经营成本逐渐加大，打破企业成本内外化界限并促使企业放弃垂直资源整合以选择构建或参与虚拟组织进行资源连接，实现企业轻资产运营，某种意义除了比谁的资源具有关键性外，重点比谁的企业组织组合得快，解散时谁的成本最低（郑英隆，1999）。也就是说构建虚拟组织实现外包还是自组织生产，或者说什么情况条件下要构建或参与虚拟组织，这就需要比较交易成本与组织成本的高低。交易成本理论是以交易作为基本单元分析交易成本与组织成本的比较制度理论，交易成本是交易过程中产生的信息收集、谈判、签约、监督实施及对策等各种成本（李敬波和汪波，2007）。韩智勇和高玲玲（2004）基于交易成本理论解释虚拟组织产生的经济动力及"虚拟度"的理解（见图1.2）。交易的生产成本和转移成本共同决定了一项交易的实现方式：

令 $\Delta TC = TC_1 - TC_2$，其中 $TC_1 = Cs_1 + Cr_1$ 表示交易通过市场实现的总成本，$TC_2 = Cs_2 + Cr_2$ 表示交易通过企业实现的总成本，则

$$\Delta TC = (Cs_1 + Cr_1) - (Cs_2 + Cr_2) = (Cr_1 - Cr_2) - (Cs_1 - Cs_2)$$
$$= \Delta Cr - \Delta Cs$$

如图 1.2 所示，当企业把一项交易市场化所获得的生产成本的节约额 ΔCs 大于由此造成的转移成本的增加额 ΔCr 时，$\Delta TC < 0$，即 $TC_1 < TC_2$，则企业会把该项交易外化，通过市场来实现交易，从而降低交易实现的总成本；反之，当 $\Delta Cs < \Delta Cr$ 时，$\Delta TC > 0$，即 $TC_1 > TC_2$，则企业会选择自行组织该交易；当两者相等时，企业的内化和外化过程会达到一种均衡状态，该均衡状态在图 1.2 中反映为 ΔCs 与 ΔCr 两曲线交点 B。

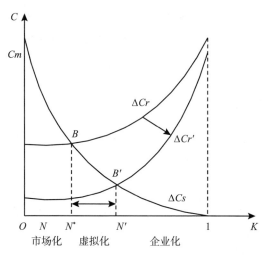

图 1.2　虚拟组织产生的动力机制分析示意图

虚拟度是衡量虚拟组织效率边界和规模边界的重要指标，反映虚拟组织规模及成员企业间合作的程度。基于价值链分解与知识分工，虚拟组织成员企业通过契约联结在价值链上不同战略环节贡献核心能力。为此，可以将核心企业外包给联盟企业的交易量 n_1，或者直接用虚拟组织中联盟企业的数量 n_2 来定义虚拟组织的虚拟度 N，与虚拟度 N 直接相关并决定虚拟组织效率边界的两个变量即虚拟组织的生产成本和组织成本。图 1.2 中 Cm 表示一项交易通过契约外包给联盟企业完成时会引起的虚拟组织成本的增加额，随着外包交易量（即虚拟度 N）的增加，组织难度以及合作的不确定性都会随之增加，由此可推出 Cm 与虚拟度之间的关系是正相关的，每一项虚拟交易都会带来生产成本的节约，所以虚拟度 N 越大即外包的交易数量越多，虚拟组织的总生产成本 Cs 就会越小。

虚拟组织产生以后，成员企业间的交易成本大大降低。首先，虚拟组织合作创新模式减少了市场交易的不确定性，同时合作创新能够产生连续博弈的行为选择效果，可以有效抑制机会主义倾向与败德行为、逆向选择等不对称性行为，一定程度上降低了缺货成本；其次，虚拟组织成员企业间现实信息共享与能力协同大大降低了企业间的信息交流成本，"互联网＋信息技术"的广泛应用促使企业间合作创新过程中采用并行工程、精益生产、敏捷制造及柔性组织资源成为现实；再次，由于虚拟组织成员企业间都是核心业务或能力的参与结合，其规模经济性更加明显，一定程度上降低了重复投资成本与生产成本。总之，在虚拟组织与单个核心企业独立运作的比较中，可以看出，企业边界明显发生了变化（见图 1.2），由于在虚拟组织中成员企业之间核心业务或能力的结合导致的规模报酬，使原来的 ΔCr 曲线的 B 位置向右移动至 ΔCr_1 曲线的 B' 位置，企业边界 N 由 N^* 移至 N'。可见，虚拟组织用一系列外包契约实现资源与能力联结大大降低了市场交易的转移成本的同时，促进了成员企业共同进行创新资源投入，且隐性契约作为一种资产相互抵押的激励机制，迫使成员企业按照事先约定规范自己的行为，在降低交易成本的同时，实现了企业间研发资源共享的目标。

4. 核心能力理论

普拉哈拉德和哈默（Prahalad & Hamel，1990）提出核心能力理论，认为企业核心能力能够为客户带来价值效用和独特的知识与技能，是组织技术、智力、信息、制度、流程和文化等知识要素的集合。虚拟组织是由联盟企业基于市场机遇实现核心能力共享与协同创新的动态组织，每个节点企业只负责其具有核心能力的某一业务过程或专业模块，通过联盟企业之间的能力的取长补短功能进行紧密协作以实现市场机遇。因此，在价值链重组中具有核心能力的节点企业是构建并形成虚拟组织的前提基础。通过集成整合节点企业贡献的核心能力及优势资源实现强强联合以持续获取竞争优势。能力理论强调"业务归核化"，把核心业务交给具备核心能力的合作伙伴去完成。

可见，虚拟组织核心能力资源的战略运用取决于包括主导企业在内的联盟企业间共享各自的独特资源的获取、整合、协调与配置，资源的使用价值取决于运用资源创造价值的能力。因此，虚拟组织的核心能力就是对联盟企业贡献核心能力的集成。要提升虚拟组织持续创新能力，需要通过创新以增加知识存量、知识增量与知识质量来提升核心能力（见图 1.3），表现在以下几个方面：①虚拟组织唯有通过创新不断更新升级集成重组的核心能力才能维持其生命力的延续及持续竞争优势，而核心能力是通过具有独特运动性质和规律的组织知识形成的，组织知识又需要核心能力对它的应用、重组、整合及应用，虚拟组织创新是核心能力与知识交互创新的渐进过程；②虚拟组织通过成员企业间共享核心能力的协同效应及优势资源的互补效应增强合作创新的速度性，以满足组织对市场机遇反应的敏捷性，实现速度经济与敏捷经济；③虚拟组织创新是对组织内共享的资源与能力要素的重组配置，是一个相互作用、叠加迭代、循环往复的创新过程，具有自组织性、自我更新及自适应性创新功能；④虚拟组织持续创新能力的本质就是生产或获取新知识并应用知识将之转化为机遇产品以满足市场价值的能力；⑤虚拟组织创新能力是一个动态能力集合函数，即 $f(x) = f(h_1 + h_2 + \cdots + h_n)$；⑥虚拟组织自身是一个创新生态系统，通过网络契约实现成员企业优势资源整合与核心能力协同集成而形成一套面向市场机遇或客户动态需求的解决方案。

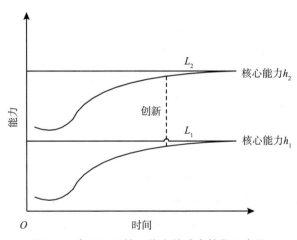

图 1.3 虚拟组织核心能力的动态转化示意图

1.3 研究内容与结构安排

1.3.1 研究内容

围绕虚拟组织持续创新机理与路径研究，需要透析并回答以下五个方面的问题：一是虚拟组织作为动态敏捷性组织，如何联合成员企业实现持续性创新，即其持续创新的本质与机理是什么；二是有哪些关键能力驱动虚拟组织持续创新，持续创新能力的影响因素是什么，这些因素之间是如何相互作用并影响持续创新能力的；三是如何提升虚拟组织持续创新能力，其中具体的提升机理是什么，有哪些路径可循；四是参与虚拟组织持续创新的成员企业规模与结构如何影响虚拟组织合作创新绩效，事关虚拟组织合作创新的持续性。为此，本书围绕以下五方面内容展开研究。

1. 虚拟组织持续创新的内涵、本质与过程

要研究虚拟组织持续创新，首先需要明晰虚拟组织持续创新的内涵、本质与机理。虚拟组织介于市场与企业之间一种动态混合型网络组织，创新形态上如同企业一样，也是有生命周期的，从产生到解体经历酝酿期、组建期、运作期与解体期四个周期（孙东川和叶飞等，2002），能否延长虚拟组织生命周期使之具有与可持续创新的三个基本特征即时间持续性、效益增长持续性和成长发展持续性（向刚，2005），或者是说有哪些关键要素或构件能够推动或影响虚拟组织持续创新。目前关于虚拟组织持续性的研究成果还没有，仅有少数学者基于交易成本理论、博弈论、价值链理论、资源依赖理论提出稳定性来源于管理控制、时间和关系控制（王正军和潘正平等，2010）。因此，本书将在企业持续创新理论基础上，结合虚拟组织的创新属性以及与传统联盟组织创新的差异，探索研究虚拟组织持续创新的本质即创造虚拟组织持续创新曲线，在此基础上探索研究虚拟组织持续创新的要素构件即创新动力、创新过程、关系学习与界面管理以及要素之间的关系，进而演化并推出具有动态、有机、循环、可持续的持续创新运行机理。

2. 虚拟组织持续创新能力的影响因素及形成机理

研究虚拟组织持续创新，明晰了虚拟组织持续创新的内涵、本质与机理，相应的也就理解了影响虚拟组织持续创新的内部构件和作用点，但是这些构件和作用点能否形成一种常态化的创新能力进而推动虚拟组织持续创新，那就还需要弄清楚虚拟组织持续创新的能力的影响因素与形成机理。关于虚拟组织持续创新能力的研究，目前主流文献几乎没有涉及。现有研究分两部分：一是关于持续创新能力的研究文献相对偏少，大都是基于传统组织，研究内容主要聚焦在对持续创新能力的评价（刘慧，2014；陈战波和朱喜安，2015）；二是关于虚拟组织创新能力的研究主要是基于知识创新与知识管理视角（徐升华，2011；姜文，2011；商淑秀和张再生，2013；张志元和李兆友，2014）。因此，本书借助虚拟组织持续创新理论、企业持续创新及创新能力理论脉络，首先研究虚拟组织持续创新能力的内涵、本质及结构。本书认为，虚拟组织持续创新能力实质上就是作用于持续创新系统关键要素构件的作用力。通过持续创新的四个构成部件及其对持续创新的作用过程可以分解为创新发起、创新实现、学习能力与界面管理四个能力维度。创新发起基于市场机遇拉动和技术推动形成，由变异感知、信息诠释与创意决策构成；创新实现是从创意形成到商业化过程（张军和许庆瑞等，2014）；能力的本质是知识，来自成员企业贡献的显性知识（如机遇信息、产品信息、客户信息、规则、制度与流程等）与隐性知识（即成员企业的核心知识，以产品模块或专业模块载体形式共享）动态交互作用。可见，虚拟组织持续创新能力的作用过程就是从知识资源获取到知识集成的实现过程。借助虚拟组织的结构属性、知识流动特性以及企业创新能力的影响因素，虚拟组织持续创新能力的影响因素可以分为主体因素（即知识主体的转移能力与吸收能力）、知识因素（即显性知识资源获取与隐性知识资源获取）、环境因素（即信任和信息技术）。主体因素中知识的转移与吸收能力是通过学习能力实现的，界面管理是关联界面关系协调，而信任是虚拟联盟组织最佳的关系治理方式（Kramer，1999）。因此，本书将虚拟组织持续创新能力的影响因素归结为显性知识获取、隐性知识获取、知识集成、学习能力与信任五个要素，打通了影响因素与能力结构之间的逻辑关系。在此基础上，探索研究虚拟组织持续创新能力的形成机理。

3. 虚拟组织持续创新能力的影响因素及形成机理的实证研究

在研究虚拟组织持续创新能力影响因素的基础上，提出自变量即显性知识资源获取、隐性知识资源获取与中介变量和因变量的理论假设，以及调节变量即学习能力与信任在自变量与中介变量即知识集成的调节效应理论假设，以及中介变量即知识集成对因变量即持续创新能力的理论假设，提出理论模型。运用调查问卷法进行问卷设计、样本选取、问卷收发，数据整理分析，并借助 SPPSS 19.0 与 Amos 17.0 应用一手数据测量因子的特征值、信度与效度，同时验证主效应、调节效应、中介效应以及有调节的中介效应提出的理论假设，进而验证六个因素之间的作用机制，证明虚拟组织持续创新能力的形成机理。

4. 虚拟组织持续创新能力的提升机理及路径研究

通过文献检索发现，关于传统组织创新能力提升路径的研究较多，但对虚拟组织持续创新能力的提升路径研究很少。大都是基于传统组织从不同视角研究创新能力的提升路径或提升方法。基于提升创新要素的视角研究（Humphrey & Schmitz, 2000）；基于关系学习，知识存量积累的视角（Selnes & Sallis, 2003；Mcevily & Marcus, 2005；Chang & Donald, 2008；Yang & Lai, 2011）；基于外部知识获取与知识集成的视角（董小英等，2006；张小梯等，2011；何悦桐，2012；龙勇和穆胜，2013）等。知识是有价值的信息，嵌入在成员企业参与合作创新的个体之中，合作创新过程中显性知识与隐性知识通过知识转化系统（SECI）在"个体—组织—组织间"进行知识共享、获取与集成。因而，提升持续创新能力实质上就转化为提升虚拟组织知识（包括显性知识与隐性知识）存量、知识增量、知识质量、知识集成效率及其之间相互作用转化形成的能量集合，而后能量转化为能力。本书在虚拟组织持续创新能力影响因素及形成机理的基础上，探索性研究虚拟组织持续创新能力的提升路径，剖析并演化了各路径类型对提升虚拟组织持续创新力的作用过程。

5. 虚拟组织网络规模、网络结构对合作创新绩效的作用机制研究

现有研究中，鲍姆和凯拉布瑞兹（Baum & Calabrese, 2000）基于社会网络视角研究发现价值网络能够为企业提供获取精准知识、信息与互补资源的渠道与通路，网络规模的增长对企业创新绩效有促进作用；柯林斯和克拉克（Collins & Clark，2003）基于网络结构视角研究发现网络结构中心度对企业创新绩效有重要影响；钱锡红等（2009）认为较好的网络位置有利于集群企业创新；而后胡海青等（2011）通过实证研究发现网络结构嵌入性与知识资源获取具有正相关关系；窦红宾和王正斌（2012）通过实证发现知识资源获取对企业成长绩效有正向影响；李纲等（2017）认为企业利用网络能力获取知识资源进而提升财务绩效与非财务绩效；李奉书和黄婧涵（2018）认为网络结构中心性越强的成员企业链节点向量数较多，自然从网络中获取的知识信息量越大，从而嵌入产品模块的专业知识、技术含量就越高，传递给客户价值量就越多进而提升合作创新绩效；张保仓等（2018）基于知识获取视角实证研究了虚拟组织知识资源获取对持续创新能力具有显著的正向作用效应。

现有研究中，学界对于社会网络的研究主要聚焦于企业自身外部网络规模、网络结构、网络位置对知识资源获取、企业成长绩效、财务与非财务绩效、创新绩效等的影响，但基于虚拟组织的视角探索网络规模、网络结构对合作创新绩效的作用机制研究缺乏，尤其是在产业互联网时代，企业如何借助"互联网+信息技术"载体快速构建虚拟组织以实现成员企业间高质量、高效率获取显性知识资源与隐性知识资源，从而高标准创造客户价值进而实现高效益的合作创新绩。因此，从虚拟组织显性知识与隐性知识资源获取的角度来分析网络规模与网络结构对合作创新绩效的作用机制，为企业尤其是科技型中小企业如何通过构建与运用虚拟组织高效率、高质量创造客户价值进而实现持续创新提供相应的理论贡献及实践应用价值。

1.3.2 结构安排

本书内容按照逻辑关系可分为两大部分，即理论分析与实证分析。理论分析包括第1章至第4章，重点论述虚拟组织持续创新研究框架、虚拟组织持续创新机理及持续创新能力的形成问题，并对虚拟组织持续创新能力的影响给出了理论解释。实证分析包括第5章至第8章，用以验证虚拟组织持续创新能力的形成机理、虚拟组织持续创新能力的提升机理与提升路径，在此基础上，实证研究虚拟组织网络规模/网络结构对合作创新绩效的作用机制。

第 1 章，导论。从虚拟组织产生的背景出发，引出本书研究的主要问题，简要介绍总体框架与各章节内容安排，提出所采用的研究方法与技术路线。

第 2 章，虚拟组织持续创新文献综述与研究框架。本章对虚拟组织、虚拟组织持续创新、虚拟组织持续创新能力的相关概念进行了回顾与界定，理清了虚拟组织持续创新能力影响因素的文献脉络，梳理了显性知识资源获取、隐性知识资源获取、知识集成、学习能力、信任与持续创新能力之间的作用关系，对现有的研究进行了总结和评述；综述了创新发起与知识资源获取，界面管理与信任、创新实现与知识集成之间的关系，以及知识资源获取与知识集成关系的调节变量即学习能力与信任。在此基础上，提出了虚拟组织持续创新能力的形成机理，梳理了持续创新能力提升路径的现有文献。

第 3 章，虚拟组织持续创新的内涵、本质与运行过程。本章重点分析了虚拟组织持续创新的内涵与本质，构建了虚拟组织持续创新演化曲线模型，探索研究了虚拟组织持续创新的构成部件，提出了虚拟组织持续创新的运行过程。

第 4 章，虚拟组织持续创新能力的形成机理。本章从虚拟组织持续创新能力的内涵、本质与结构入手，探索性分析了虚拟组织持续创新能力的影响因素以及因素与能力结构之间的作用关系，剖析了虚拟组织持续创新能力的形成机理。

第 5 章，虚拟组织持续创新能力形成机理的实证研究。本章主要是通过实证研究，验证虚拟组织持续创新能力的影响因素及形成机理。

第 6 章，虚拟组织持续创新能力的提升机理及提升路径。本章主要是从虚拟组织持续创新能力提升的两个关键要素即知识资源获取的效率与质量入手，在已知学习能力与信任影响知识获取效率的基础上，实证研究了网络规模与网络结构中心性对知识资源获取质量的正向作用效应，提出虚拟组织持续创新能力的提升路径。

第7章，虚拟组织持续创新能力提升机理的实证研究。本章主要基于虚拟组织关系学习的视角切入，将关系学习的过程分解信息共享、共同理解与关系记忆三个关联过程，在知识吸收能力的调节作用下，信息共享与共同题解通过关系记忆中介对持续创新能力的正向作用效应，证明了学习能力为虚拟组织知识存量与知识增量的增长起到了关键作用。同时，也进一步证明了虚拟组织持续创新能力的提升路径。

第8章，虚拟组织网络规模与网络结构对合作创新绩效的作用机制研究。本章主要基于知识资源获取的视角，探讨虚拟组织网络规模、网络中心性与合作创新的关系机制，一是探索虚拟组织网络与结构中心性是否正向影响合作创新绩效；二是验证虚拟组织合作创新的持续性与稳定性。

后记。结合现有研究成果形成主要研究结论，对企业构建与运营虚拟组织持续创新的管理启示，指出研究中仍然存在不足和有待改进之处，在此基础上提出今后进一步研究的方向。

1.4　研究方法与技术路线

1.4.1　研究方法

在具体研究方法的运用上，将综合汲取价值链理论、资源互补理论、交易成本理论、核心能力理论与组织创新理论等相关理论知识，采用理论分析与实证分析相结合、分析与归纳相结合、系统分析与比较分析相结合的方法，识别归纳出虚拟组织持续创新能力的影响因素，为进一步的研究提供基础。

1. 文献研究方法

文献梳理与分析是了解相关理论、成果、范式与方法的起点，也是选择研究主题和研究设计的基础性工作。通过阅读、分析和归纳文献，可以理清虚拟组织及其持续创新的理论溯源与研究现状，并对虚拟组织、持续创新、虚拟组织持续创新、能力、创新能力、虚拟组织持续创新能力等基本概念进行明确界定，剖析它们的内涵与特征，综述虚拟组织持续创新能力的影响因素、因素与能力结构的关系，在此基础上构建虚拟组织持续创新能力的形成机理模型。通过梳理持续创新能力提升路径的相关文献，提出虚拟组织持续创新能力的提升路径。

2. 比较分析方法

本书重点通过比较影响持续创新能力的影响因素，识别并找出虚拟组织持续创新能力的关键影响因素，分析因素之间以及因素与持续创新能力的作用关系，提出虚拟组织持续创新能力的形成机理。

3. 定量实证研究方法

在充分的理论探讨并形成研究假设后，本书采用了大样本问卷调查的方法获取研究所需的足够数据，利用描述性统计分析、信度分析、效度分析、相关分析、层级回归分析、结构方程建模等统计分析方法对样本数据进行分析，定量检验基本的假设，形成显性知识资源获取、隐性知识资源获取在学习能力与信任调节作用效应下通过知识集成对持续创新能力作用效应的基本判断。

1.4.2　技术路线

在研究背景及相关文献基础上，提出了技术路线（见图 1.4），共涉及六个研究问题：一是探索研究虚拟组织持续创新的内涵、本质与运行过程；二是在虚拟组织持续创新理论研究的基础上，剖析虚拟组织持续创新能力的内涵、本质与结构，探索研究虚拟组织持续创新能力的影响因素及形成机理；三是通过影响因素与持续创新能力、影响因素之间的文献梳理，提出研究假设与理论模型，并通过实证对研究假设与理论模型进行验证；

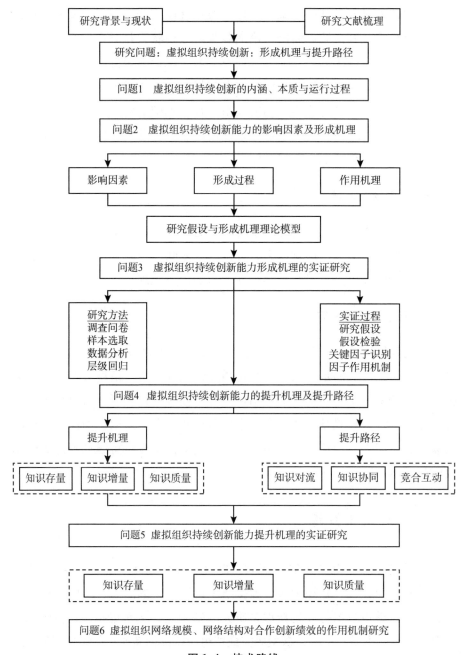

图 1.4　技术路线

四是基于知识存量、知识增量与知识质量的相互作用，探索虚拟组织持续创新能力的提升机理模型及提升路径；五是实证研究虚拟组织持续创新能力的提升机理模型；六是探索研究虚拟组织网络规模、网络结构对合作创新绩效的作用机制研究。

1.5　主要结论与创新

1.5.1　主要结论

（1）虚拟组织持续创新就是以动态价值链为核心，利用组织柔性对市场机遇反应的敏捷性与核心能力集成协同创新的速度性，持续不断地洞见、捕捉市场机遇并形成创意产品或项目，通过企业间共享知识、技术、信息、流程、渠道等创新要素与支持性资源的集成、重组过程，输出产品与绩效以满足顾客价值及企业价值需求，在此基础上创造或挖掘新的隐性需求，从而持续推出和实施新的创新项目、关联产品延伸进而获取持续创新经济效益的循环迭代过程。持续创新的本质就是创造虚拟组织持续创新曲线；创新动力、创新过程、学习能力、界面管理是虚拟组织持续创新的关键构件，四者之间交互作用演化了持续创新的内在机理；虚拟组织持续创新能力的本质就是对成员企业共同知识资源的获取与集成。

（2）虚拟组织持续创新能力分解为创新发起能力、创新实现能力、界面管理能力及持续学习能力四个维度，分别作用于持续创新系统中的创新动力、创新过程、界面管理与组织学习四个过程，这四种能力相互作用、相互制约、相互分享合作创新过程中的知识、经验、惯例及技能等知识流与信息流，从而推动虚拟组织持续创新。

（3）虚拟组织持续创新能力的影响因素是显性知识资源获取、隐性知识资源获取、知识集成、学习能力与信任；虚拟组织持续创新能力的形成机理就是显性知识资源获取与隐性知识资源获取在学习能力与信任调节作用下通过知识集成对持续创新能力的正向作用效应；知识资源获取分别对持续创新能力、知识集成有非常显著的正向作用；知识集成对持续创新能力影响显著，知识集成在显性知识资源获取与持续创新能力之间起部分中介作用，而在隐性知识资源获取与持续创新能力之间起完全中介作用；学习能力和信任显著调节知识资源获取对知识集成的正向作用，且显性知识资源获取与隐性知识资源获取随着企业间学习能力与信任度的增强通过知识集成中介对持续创新能力的作用就越显著。

（4）虚拟组织作为企业间知识共享、知识集成的创新平台模式，彰显其知识创新与价值创新的独特性与优越性。通过分析虚拟组织知识共享、共同理解、关系记忆、吸收能力对提升持续创新能力的影响机理，构建了虚拟组织持续创新能力提升机理模型。在此基础上，选取261家企业作为样本进行了实证研究，结果证明了信息共享与共同理解对提升持续创新能力有显著正向作用，关系记忆对提升持续创新能力有显著正向作用，吸收能力对信息共享、共同理解与关系记忆有正向调节作用。

（5）虚拟组织作为一种新兴的市场资源连接及能力重组模式，彰显出其持续价值创新的优越性。通过分析虚拟组织持续创新能力的作用本质，阐述了虚拟组织持续创新能力形成过程，指出了持续创新能力是知识存量、知识增量与知识质量相互作用转化而形成的知识能量集合。在此基础上，构建了虚拟组织持续创新能力提升机理模型，提出了提升虚拟组织持续创新能力的三种基本路径，即竞合互动路径、知识对流路径、创新协同路径，深入剖析了它们对提升虚拟组织持续创新力的作用机理及演化过程，提升了虚拟组织持续创新能力理论与实践应用价值。

（6）网络规模对显性知识资源获取、合作创新绩效有显著正向影响，网络中心性对显性知识资源获取、隐性知识资源获取与合作创新绩效有显著正向影响，网络规模对隐性知识资源获取影响作用不明显，显性知识资源获取在网络规模对合作创新绩效影响中起完全中介效应，隐性知识资源获取在网络中心性对合作创新绩效影响中起完全中介效应。

1.5.2　主要创新点

通过对研究背景与研究问题的概述，本书创新点主要体现在以下三个方面。

（1）提出并实证研究了虚拟组织持续创新能力影响因素及形成机理。虚拟组织持续创新能力的影响因素即为显性知识资源获取、隐性知识资源获取、学习能力、信任与知识集成；虚拟组织持续创新能力的形成机理即为显性知识资源获取与隐性知识资源获取通过知识在学习能力与信任的调节作用下通过知识集成对持续创新能力的正向作用效应。

（2）提出并实证了虚拟组织持续创新能力的提升机理及提升路径。实证研究了知识资源获取质量的关键影响因子即网络规模与网络结构中心性，学习能力与信任调节知识资源获取的效率，提出了虚拟组织持续创新能力的三种基本路径：竞合互动路径、知识对流路径、创新协同路径。对培育与提升虚拟组织持续创新能力的路径具有重要的理论指导与实践意义。

（3）首次提出了虚拟组织持续创新的内涵、本质与过程。在研究持续创新内涵与本质研究基础上，提出了创新动力、创新过程、界面管理与学习能力是构成虚拟组织持续创新的关键部件，探析了虚拟组织持续创新的运行过程。对指导虚拟组织实现持续创新有重大理论价值与现实意义。

第2章　虚拟组织持续创新文献综述与研究框架

虚拟组织作为成员企业之间资源能力共享集成的动态联盟，与信息数字技术快速发展及应用形成的"互联网＋新经济"及共享经济时代具有很强的契合性，是企业借助互联网载体突破组织边界，通过 PC 端与移动终端在全球时空范围内配置资源与能力以应对稍纵即逝的市场机遇。经过十几年的发展，虚拟组织已成为企业构建持续竞争优势、持续为客户创造价值的必然选择。然而，学界关于虚拟组织持续创新的研究及应用尚处于空白阶段，如何构建虚拟组织持续创新的研究框架体系是理论界今后研究的方向。本章研究的内容就是首先界定虚拟组织持续创新的相关概念与内涵，梳理相关文献研究脉络，在总结前人关于虚拟组织创新研究文献的基础上，理清虚拟组织中成员企业位势的驱动因素、分类模式与实现路径，透过能力本质综述持续创新能力相关的知识共享、知识整合、知识集成的影响因素及关联逻辑，构建一个虚拟组织持续创新研究框架，作为研究的理论依据。

2.1　虚拟组织的内涵、特征与整合模式

2.1.1　虚拟组织的内涵

虚拟组织是以互联网信息技术为基础，以实现机遇为目标，借助外力

整合企业内外部优势资源，实现组织资源与能力高效集成的合作组织（邓小健和赵艳萍，2006）。其精髓在于发挥自身优势，对外部资源进行有效整合的动态网络组织（陈林、徐伟宣和刘同鑫，2000）。市场机遇实质上来源于三个方面：一是未满足客户现有的价值需求，称之为显性需求或现有需求，也就是说目前供给产品或服务还有改进及提升空间，但是企业自身资源与能力又无法给予支持，需要借助外力共同升级现有产品用于满足或超越客户需求；二是借助产品与服务载体挖掘并洞察客户知识与产品语言信息，从而创造客户隐性价值需求；三是国家或行业相关政策引导支持所诱发的发展良机。

从资源配置视角来看，虚拟组织的本质即为资源整合体，且整体功能大于部分之和；从交易费用及形成机理视角来看，虚拟组织是通过企业市场化形成的介于企业与市场的中间组织（苗盼，2011）。

从资源与能力共享视角来看，虚拟组织是基于共享各个成员的核心能力，能够利用整个社会要素资源在市场竞争中保持优势，所以又可将虚拟组织视为核心能力动态联合体，因为其突破了企业边界和企业资源的限制，借助外力来拓展自身资源或能力的不足，实现功能虚拟（包国宪和贾旭东，2005）。虚拟组织实质上是外部资源与能力的寻租（胡立君，2000）。

从虚拟组织结构视角看，主要有联邦式、星型及平行式三种（陈剑和冯蔚东，2002），其中联邦式是通用的虚拟组织模式，由主导企业发起，联结一个或几个核心能力互补、利益共享、风险共担、相对稳定、流动性小的骨干企业组成核心层，通过共同组织的协调指挥委员会（Alliance Steering Committee，ASC）来负责虚拟组织内部协调、资源整合、战略决策、职能模块（如研发、筹供、生产、营销等）分配等工作，同时以知识、项目、产品或市场机遇为中心，选择成员企业形成外围层（贾旭东和郝刚，2013）。在通用结构模式下，假设虚拟组织核心层企业为 $A_i(i=1,2,3,\cdots)$、其各自的战略为 $S_i(i=1,2,3,\cdots)$，组建虚拟组织 V_a 是核心层企业基于其自身战略考虑分别作出的决定，即 V_a 的构建首先要符合 S_i。当 V_a 的核心层形成并组建了 ASC 后，ASC 的首要工作是达成能

够分别满足和符合 S_i 的共同战略，称之为虚拟组织 V_a 的核心战略 S_A。S_A 设定了 ASC 的工作思路、流程与原则，尤其是选择合作伙伴的标准和策略，其作用和地位类同星型模式中的核心企业。接下来，寻找合作伙伴 $C_j(j=1，2，3，\cdots)$ 以形成虚拟企业 V_a 的外围层，同时，为实现 S_A，ASC 更要制定 V_a 的战略 S'，由所有合作企业 C_j 共同执行，对 C_j 而言，加入 V_a 可能是为了响应市场机遇，也可能是为了降低成本、分担风险，但无论出于什么目的，C_j 加入 V_a 并非是对 S_A 的无条件响应，而是出于其自身战略 S_{cj} 的考虑，因此，成员企业 C_j 在执行 S' 就是在执行其原有战略 S_{cj}（见图 2.1）。

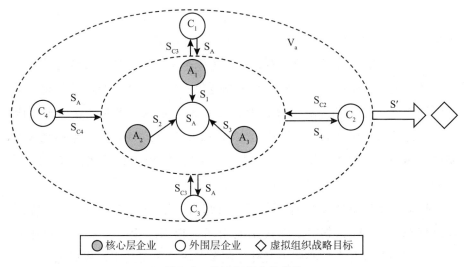

图 2.1　虚拟组织主体结构

在创新过程中，A_i 与 C_j 贡献的资源和能力将分别承担虚拟组织价值链上某一战略环节的职能。此外，从组织结构模式与组织层次关系来看，星型模式是两层结构中核心层不断缩小的极值状态，也就是说核心层只有一个盟主企业，称之为主导企业或核心企业（见图 2.2）。平行模式是核心层不断扩大的极值状态，即核心层与外围层重合（包国宪和贾旭东，2005）。从构成要素来看，虚拟组织运行由市场机遇、核心能力、联盟企业、组织模式、企业重构、敏捷性这六大要素构成，其中市场机遇具有时间性、约束性、效益性和风险性特征，敏捷性是构成企业虚拟组织运作的核心（刘书庆和董雅文，2006）。

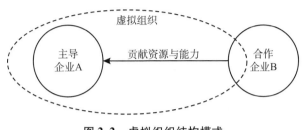

图 2.2　虚拟组织结构模式

可见，虚拟组织实质上是以市场机遇为入口，借助外力整合企业资源与能力，以实现价值链完整功能的动态联盟组织。构建虚拟组织并协调战略目标统一是其持续创新的基础及创新效率的关键，不管是以核心层企业协调运作的联邦组织模式，还是以核心企业协调的星型组织模式，虚拟组织实质上是通过合作创新平台实现成员企业各自目标的同时共同实现核心层或核心企业的战略机遇目标，在这一点上，体现了能力的互补性和目标的一致性。

2.1.2　虚拟组织的特征

"互联网＋信息技术"的发展及应用催生了虚拟组织的形成与扩容。相比传统联盟组织，虚拟组织具有以下基本特征：①价值创造碎片化。相比传统组织"自研发、自供给、自生产、自服务"完整价值链运营模式，虚拟组织则采用"业务归核化＋能力协同化"经营法则，只做自己最为擅长的价值环节，非核心能力部分借助于专业组织联合创新，资源组织与能力连接从企业内转变为企业间，分工从产业间、行业间转向产品间、部件间甚至节点间，进而打开了企业边界与产业边界，可用的互补资源在哪里，企业的边界就拓展到哪里。②价值网络动态化。虚拟组织是一种动态网络组织，最终的价值创造和价值实现依赖于利益相关者之间的创新合作，它用并行、动态、开放的价值网络取代传统组织线性、静态、封闭的价值链条来实现价值创造。一般而言，虚拟组织核心企业依据市场机遇、客户诉求与战略目标在全社会织网，并根据痛点需求匹配、更新、选择节点，以保证虚拟组织中的节点企业是最优的，进而保证合作创新生产的解决方案从品质上、效率上、速度上能够满足并超越客户的价值效用与价值体验，某种意义上说，动态性是虚拟组织能够持久保持竞争优势的主要原因。③企业去管理化。虚拟组织成员企业间的资源共享与资源获取通过契约关系与市场关系替代传统组织中的行政关系和产权关系，层级式组织形态受到挑战，而扁平化、网络化的流程型组织结构是将企业进入市场落到实处的有效形态。从成本角度来看，虚拟组织的运营成本重点关注结果而无须对过程投入，从而降低了企业的固定成本，增强了企业经营的灵活性；从风险角度来看，对虚拟组织价值网络而言，每个成员企业基于目标、声誉、信任与承诺加入平台网络，单个节点企业的故障对系统整体带来的影响会因存在"节点替补者"被大大降低。因此，节点企业的机会主义行为被网络的动态性所约束，传统组织风险通过融入价值网络进而被外部化解决，经营趋于零风险；从激励角度来看，契约化、市场化关系让每个节点企业具有很强的自主性，这就意味着它们对自己的利益负责，而利益又能来源于对网络的贡献度，所以节点企业在契约化、市场化关系下具有很强的自我激励，通过更新、强化自己来获得入围资格，通过溢出效应带动网络优化。④运作去物质化。从投入角度来看，企业更多地使用制度、品牌、网络等"去物质化"资源创造价值，实体投入规模占比下降；从生产过程来看，各价值创造环节依靠网络连接与协调，使得虚拟化运营能力增强。

相比传统联盟组织，虚拟组织具有组织结构动态性、地理位置分布性、结构可重塑性、市场机遇快速应变性、资源能力互补性、信息技术依赖性等经济特征。在资源整合与共享界面上，具有边界模糊、核心专长集成、并行分布作业、信息网络依托、柔性化生产、组织结构扁平化等网络特征；在合作创新形式上，虚拟组织可分为内包、外包、众包、皮包四种平台组织形态（见图2.3）。

（1）内包模式。它是指企业内部各分部被看作一个个内部平台市场，彼此间为目标共识与市场机制实现业务与能力链接进行自由竞争与自愿合作。首先，各分部可就总部的某项任务竞争，最优者获胜。其次，企业根据客户需求或项目任务，对现有价值链环节进行分拆，分解为节点模块，分部各自负责自己最擅长的节点模块，而后集成整合，这就意味着企业项目任务委托给"最优者"完成，内包的本质是企业内部进行市场化配置资源。最后，企业将经营层次不断地转变为一个个高度自律的模块，进而再将其看成一个个内部市场，项目任务与节点模块通过挑选"最优市场"以实现最优结果，但是内部市场资源与能力有限，需要拓展至企业外部。

（2）外包模式。它是指致力于将企业非核心环节、非优势环节或低价值增值环节进行委托外包，自身仅专注核心能力与核心优势环节或高价值增值环节。外包的委托对象是市场中的专业组织或专业机构，旨在用外部的专业知识和技能弥补自己价值链环节的短板。

（3）众包模式。信息技术的快速发展激发个体参与价值创造的欲望，个体价值在价值创造过程中日益凸显。企业的注意力逐渐从市场中的专业组织或机构转移到市场社会大众身上，依赖个体的能动性和创造性为组织发展创造无限可能，由此诞生了众包。众包模式搭建了企业需求与社会闲置资源供给的桥梁，其基本特征为"以众好实现更好"。众包与外包的区别在于：一是外包模式依赖于"专好"进行价值创造，而众包则是依赖于社会大众、创客或者小微企业进行价值创造，大众多样化、个性化价值为组织发展创造了无限可能；二是外包旨在实现扬长补短，而众包则只满足于将自己的非核心或非优势价值节点委托于市场，而自己专注于核心业务，旨在从市场获取资源与能力。

（4）皮包模式。它是指企业将价值链功能在全社会范围内进行最优配置，形成实物资本趋近于零的皮包型企业。其基本特征是：①实体规模降到极致。在信息技术支持下，企业可以便捷、低成本地在市场获取所需要的资源与能力。企业在保证自身核心能力的基础上，几乎所有成本都可来自可变成本，企业趋近于零实物轻资产运营，实体规模降到极致。②无形边界达到极致。在网络技术支持下，企业的固定成本与可变成本是一种替代关系，具有此消彼长的特征。当固定成本投资趋近于零时，企业经营几乎完全依赖于可变成本投资，这意味着企业实现了轻资产运营，且资源整合能力趋近于无穷大，进而带来无形边界再到极致。皮包模式是企业典型的小规模大网络、小实体大虚拟、小核心大外围式组织形态。

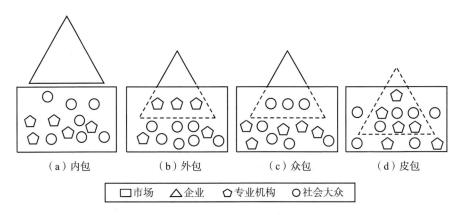

（a）内包　　　（b）外包　　　（c）众包　　　（d）皮包

□ 市场　　△ 企业　　◇ 专业机构　　○ 社会大众

图 2.3　虚拟组织形态模式

总体来看，虚拟组织是企业在信息技术革命下关于"资源最优配置"问题持续求解的结果。外部资源与能力几乎全部挖掘并连接到位，企业在全社会范围内配置优势资源，真正实现了"社会办企业"。①

2.1.3　虚拟组织的整合模式

从虚拟组织的经营模式来看，主要包括业务外包、企业共生、策略联盟三种（陈菊红等，2000），根据虚拟组织形成的理论脉络及所有权归属，虚拟组织资源可以分为两类：一是核心资源（或核心能力），即形成核心企业（主导企业）的核心功能并存在于其内部的资源；二是虚拟资

① 李海舰、李燕. 企业组织形态演进研究——从工业经济时代到智慧经济时代［J］. 经济管理，2019（10）：22－36.

源，即核心企业不拥有但却可为核心企业创造价值的存在于成员企业的资源（赵艳萍和况世宝等，2011）。核心企业在虚拟组织网络内属于位置和技术双高的企业，网络可见度很高，处于整个网络中的中心位置，控制着核心技术和资源，主导着网络中知识和资源的流动，占据价值链的高位以及网络中的关键节点，掌握着整体生产或服务网络最为关键的技术，对成员企业具有一定的吸附性，成员企业为了获得更多的资源和生存发展机会，围绕在核心企业周围，服从核心企业的指挥，核心企业受自身资源的限制，在保留核心功能的同时，必然会剥离自身不擅长或直接经营成本高的一些功能，但这些功能又是其响应市场机遇所不可或缺的。因此，核心企业必然需要获取并整合虚拟资源来弥补非核心功能，实现功能延伸与扩展。可见，虚拟组织作为敏捷性动态组织，其价值创造过程或运作过程是核心企业为响应市场机遇，根据战略目标及其功能分解，在任务分配、界面协调、成本及风险控制方面选择与之相互匹配的成员企业，基于信任与成员企业进行合作创新，实现核心资源和虚拟资源的整合与交互，从而获取竞争优势以实现互利多赢。虚拟组织资源整合模式如图 2.4 所示。

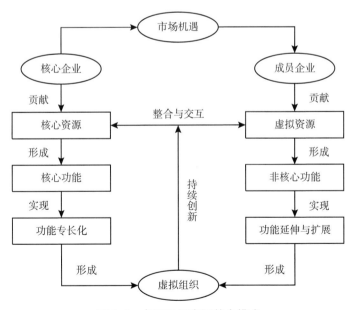

图 2.4　虚拟组织资源整合模式

综上所述，可以看出：虚拟组织构建与运作的基础来源是通过持续协同创新实现价值创造。构建虚拟组织能够获取以下独特优势：①共享基础设施和研发技术，共担成本与风险；②把合作伙伴之间具有异质性与互补性的核心能力连接共享；③通过资源与能力共享缩短"观念→现金"的时间；④形成并增强规模经济的差异性与速度性；⑤获得市场渠道，共享市场机遇与客户忠诚度；⑥从出售产品过渡到出售方案；⑦通过参与企业间的相互信用融资调节资源短缺，在解决资源来源问题的同时降低了资金成本，发挥了资金协同效应，且基于虚拟组织利益共同体的组织特性，债权债务的清偿较其他企业容易，缩减了资金占用的绝对规模的同时降低了财务风险。同时，要研究虚拟组织持续创新能力影响因素这一课题，必须明晰创新主体的内涵、结构与模式，辨析虚拟组织创新与传统联盟组织创新之间的差异。

然而，企业位势作为一种重要的战略性资产，对维持构建企业网络竞争优势非常关键。虚拟组织动态柔性结构中，核心企业与成员企业的网络位势如何定义分类，其驱动因素与转化路径是什么，需要进一步分析探讨。

2.2　企业位势的驱动因素、分类模式及转化路径

虚拟组织持续创新过程中，成员企业间经济资源的对流合作与重复性交易十分频繁，企业位势业已成为企业在网络组织获取创新资源保持竞争优势的关键资产。为此，一些国内外学者从不同的视角对企业位势进行了分析与研究。蒂斯、皮萨诺和舒恩（Teece, Pisano & Shuen, 1997）在其提出的著名的动态能力构架中，将企业的动态能力归纳为过程、位势和路径三个维度，其中位势是企业的专门资产，包括信息、知识、技术、品牌、声誉及与相关利益者的关系等关键资产。在网络组织中，企业拥有的稀缺性或专门性资产越多，所处的位势就越高。企业位势是由"位和势"组成，位置产生势力，而势力的增减反过来会影响企业距离网络中心位置

的远近。由于网络位置是网络节点之间关系建立的结果，所以占据良好网络位置的企业在知识获取、信息集成及资源支配方面具有相对优势，并且在网络中具有更高的可见度和对异质性资源更强的吸引力。因此，网络位置又可以被作为企业一项重要的社会资本或者位置资本，能够获得定义产业或者规范网络的机会，是企业获得经济利益的基础。本书从企业位势的来源及驱动因素两方面构建了企业位势的分类模型，探寻了企业位势提升与转化的全新过程。

2.2.1　企业位势的来源与内涵

企业位势的概念来源于物理学位势理论。物理学中物体由于处于某一位置而具有一定的势能，世间所有物质或非物质的传导与扩散均是由势差引起的，并总是从高势能向低势能扩散。同样，网络组织中每个企业总会处于某一位置，因此具有一定的势能，从而拥有对资源的吸引能力，相对高位势的企业对资源具有较强的吸引力，吸引的资源经过优化配置与整合，形成能力或资源优势。

牛顿在其巨著《自然哲学的数学原理》中提出了万有引力定律，即 $F = G\dfrac{Mm}{r^2}$，其中，M 为中心天体质量，m 为目标物质量。为研究引力，引入了势的概念，即在距 M 天体中心 x_0 外任一点 x 处有一物体质量为 m，它在 x 点处产生的引力势能 $E = G\dfrac{Mm}{r}$，其中 $r = |x - x_0|$，$m = \rho v$，密度为 ρ，体积为 v。

借鉴物理位势，我们来构造企业位势。企业位势是用来衡量企业在市场中的"势"，其内涵在于：企业通过组织创新、文化塑造、流程优化、市场聚焦等经营手段，借助网络扩展并延伸企业资源规模，提高企业资源整合的能力，增强企业综合实力，从而提升企业在联盟网络中的市场地位。根据企业位势的内涵并借助引力势能的概念，将 M 定义为网络组织中的核心企业，m 为目标企业。网络组织中核心企业占据网络的中心位置

x_0，对网络资源有较强的吸引力。假设在距离核心企业 r 外任一点 x 处有一目标企业 m，那么 m 在点 x 处的势能即 $P = G\dfrac{Mm}{r}$。由于核心企业 M 在网络中作为参照物，可以看作一个常数，为此就可以构造出企业位势 P_c 的表达式，即 $P_c = G'\dfrac{m}{r} = G\dfrac{\rho v}{r}$。将 G 定义为企业所处的市场环境，即企业资源能力与外部环境交互相耦合的市场导向；ρ 定义为企业素质，即企业整合资源的能力；v 定义为企业规模（包括资产规模、市场规模、组织规模）；r 为企业距离网络核心企业位移距离，即 $r = |x - x_0|$。

从企业位势内涵及表达式中不难看出，企业位势来自企业的综合实力，且随着企业综合实力的相对增强而提升，是企业资源规模、企业资源整合能力和企业外部环境（市场导向）交互作用形成的一个市场高度。企业综合实力表现为企业资源规模及企业整合资源的能力。企业位势不是企业的绝对属性，而是企业在一个特定网络中占据产业链或价值链上的相对位置，并享有这一位置所能吸引的新资源及整合资源的新能力，带来的一种能力或者说是一种条件，也就是说，企业在联盟网络中的结构位置反过来也会影响企业位势（见图 2.5）。如在某一生产网络中，模块集成商由于处于整个网络与市场的接口，占据了价值链的高位，从而具有支配网络中资源流动以及其他成员生产行为的能力。另外，企业位势与企业规模、企业素质、市场导向呈正相关关系，与距离核心企业的位移 r 呈负相关关系，企业位势是企业规模、企业素质和市场导向交互作用形成的函数集合。

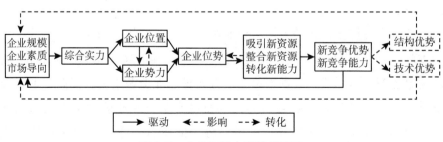

图 2.5　企业位势内在转化机理

2.2.2 企业位势的驱动因素

企业作为市场交易的主体，要实现其战略目标，既需要有生产要素，还需要具备能够有效运用这些要素资料的能力。正如彭罗斯（Penrose，1959）所言，企业是资源和能力的集合体，企业资源包括土地、劳动和资本等有形资源，以及知识、技术、品牌、声誉、社会资本等无形资源。劳森和萨姆松（Lawson & Samsom，2001）等把现实经济活动中的资源划分为两类：竞争性资源和非竞争性资源。竞争性资源即是可交易、易模仿的有形资源；而非竞争性资源主要是指无形资源，是企业持续竞争优势的来源。

由此，可以看出，企业规模实质上就是具有交易性和竞争性的有形资源的集合函数，即 $f = f(v)$，其中 v 为资产规模、市场规模及组织规模。资产规模中，流动性资产的要素投入及固定资产的过程消耗均作为基础生产条件决定着企业的生产效率、生产质量与平均成本，同时掌握着生产网络中的关键原材料及流通渠道；市场规模是企业产品与服务的营收规模、渠道网络规模及顾客结构规模，从市场存量规模及增量规模与市场体量的占比衡量企业市场的竞争力与竞争空间，反映着企业在市场网络中占据的关键销售渠道和关键市场；组织规模主要从管理层次与管理幅度、劳动力总量及结构比例来分析企业的管理效率及人员配置效率，重点是关键人才的引进与控制。企业规模除满足企业需求外，盈余部分如固定资产、渠道网点等均可以对外寻租。因此，企业规模除了交易性与竞争特征外，还应该有经济寻租特性，企业规模内置于市场竞争力以及对资源的影响与吸引力，企业规模与企业位势呈正相关关系。企业素质即是与企业家精神、企业文化、信息、知识、技术、品牌、网络位置、声誉及社会资本等无形资源相关联的能力集合，这些具有异质性、不可模仿、不可替代特征的无形资源形成企业的核心能力，对企业内部资源及网络资源具有吸引、整合及支配功能，从而形成企业核心技术与核心能力，影响了企业网络的结构位置或网络位势。具有动态性与复杂性的外部环境促使企业在有形资源交易及无形资源共享上，以顾客价值需求及市场核心需求为导向优化资源配置，在战略需求匹配上实现价值创新与网络重构。从企业位势定义来看，企业在网络中距离核心企业的位移 r 影响企业位势的大小，但由于 r 是企业在某一时点的状态，随着企业位势的上升而变小，不具有驱动性，所以企业规模、企业素质及市场导向（即以客户需求为中心面向市场配置资源与能力）是企业位势的驱动因素。企业位势驱动因素及基本特征见表2.1。

表 2.1　　　　　　　企业位势驱动因素及基本特征

影响因素	资源结构	基本特征	实质内涵	驱动力
企业规模	有形资源	交易性	资产规模	市场竞争力资源影响力
		竞争性	市场规模	
		寻租性	组织规模	
企业素质	无形资源	异质性	资源吸引	技术能力核心能力
		不可模仿	资源整合	
		不可替代	资源支配	
市场导向	环境资源	动态性	顾客导向	价值创新网络重构
		复杂性	市场导向	

2.2.3　企业位势的分类模式

1. 企业位势划分的理论依据

企业位势来自网络组织占用、支配或控制的战略资源规模以及对这些资源优化整合的能力素质。价值创造活动中，价值链中占据战略环节的企业能够控制网络中相对更多的资源、信息及知识，并且相对于其他生产环节的企业，有着更强的资源吸引与整合能力，掌握着核心技术，这样也就在技术和结构上赋予了这类企业高于非战略环节企业的势能，使其享有更高的企业位势。

资源依赖理论则从资源交换的视角用企业间权力关系将企业连接起来，认为企业是由内外部共同构成的一个综合体，且企业价值链上业已存在对企业生存有价值但稀缺的资源，企业只掌握最有优势的核心功能，其他功能可通过借用外部资源与能力实现内外资源整合与控制，聚变出超常竞争优势。青木昌彦和安藤晴彦（2003）从"业务归核化"战略视角提出了模块化组织理论，认为企业应该专注于自身核心业务的同时将非核心业务剥离，一方面在企业内部，围绕产品或功能进行模块化归集；另一方面在企业外部，通过外包、外协加工、网络联盟等业务活动，实现组织模块化。模块化组织如同价值链中的战略环节，由于承载着核心业务的企业在模块化联盟组织中享有更多控制权，会将非核心业务外包给网络中的其他企业，领导着整个模块网络的生产，因此会出现不对等的合作联盟，即非核心企业紧密地围绕核心企业，并以核心企业的技术为依托进行生产和运作。所以，无论在技术上还是结构上，核心企业都拥有更高的网络位势，即在价值活动中所占据的位置都是要高于非核心企业的。

商业生态系统理论从联盟网络组织视角将企业划分核心型、支配型和缝隙型三类，其中核心型、支配型两类企业在商业生态系统中充当资源调控和资源整合者角色，为此将它们合并统称为核心企业，掌握着网络组织中最多的渠道与资源；其他大多数企业属缝隙型，它们依靠自身特有优势在联盟网络中寻求细分市场，向专业化与差异化发展。

网络组织理论认为网络位置是一种网络结构状态，承载着网络内信息、知识、关系资本及商业机会等创新资源，具有相对位势的特征，所以又称之为网络位势。鲍威尔（Powell，1996）等从网络中心性、结构洞、弱关系和嵌入性四种网络位置对企业绩效的影响进行了研究，得出处于中心位置的企业可以通过信息收益与控制收益提升企业绩效；结构洞位置因为具有较高的可见度，可以从网络中连接许多异质信息流，利用信息优势获得网络成员的认可、尊重与信任，有利于合作关系的建立；弱关系作为洞与洞之间的桥梁，可以刺激知识流动与共享；嵌入性是企业在网络位置的边缘末端，可以输入或分享网络信息与知识。

综上所述，较优的结构位置能够承载并吸引创新资源，在资源利用与安排上保留企业核心技术等核心资源或能力外，其他非核心功能借助联盟网络虚拟出去，将别人的投资为己所用；同时，现有研究文献中从网络节点的联结程度描述了四种网络位置的状态，但没能够述及附着在位置上的企业位势类型及其间转化路径。

2. 企业位势划分的模式类型

根据企业位势的内涵与定义，并结合上述理论划分依据，我们不难发现，企业位势的表现为企业在网络组织中所处的相对位置，而这一位置的来源则又可以归结于企业的相对综合实力，这一实力不仅包括了企业的技术实力，同时也包括了企业在网络中的结构位置，即对于网络中信息和知识获取、整合、协调和影响中所扮演的角色。这也就表明了，企业作为单个行为主体，其网络位势来自其网络中拥有的技术优势和结构优势，网络位势越高，知识流动与扩散就越占优，获取和吸收的知识数量和质量、创新的能力和机会也就越高。

首先，企业自身的技术优势毫无疑问是企业综合竞争力的首要决定因素。技术作为企业素质的基础，在网络构建初期，技术优势奠定了企业在网络中的地位，决定了企业的话语权和权威性；在随后的发展过程中，技术优势也是企业拓展关系网络的筹码，处于技术相对劣势的企业会自发地依附或围绕在高技术优势的企业周围。因此，企业的技术优势不仅决定了企业的创新速度，也塑造了企业的地位以及在网络中对于知识的敏感度。

其次，结构优势是企业占据有利的网络位置而获取更多的信息收益、知识价值和控制优势，因此在一定程度上决定知识扩散的路径，并影响网络信息与知识扩散的功能与绩效；同时，结构优势带来的网络地位和网络权力影响着知识扩散的流程及稀缺资源的分配。另外，占优的网络位势还可以增强企业创造新价值和达到经济目标的能力，企业获取知识的内容、范围、质量和传播效率等都受制于其嵌入网络的结构特征。因此，占据网络中结构优势的企业就享有差异化的创新资源获取优势和优越的创新机会。

为此，将企业的技术优势和网络位置的结构优势定义为企业位势的两个维度，根据两个维度的高低水平（H－L）得出了企业网络位势的矩阵（见图2.6）。并划分出了四种类型的企业，即核心企业（H－H型企业）、次核心企业（H－L型企业）、弱核心企业（L－H型企业）以及非核心企业（L–L型企业）。

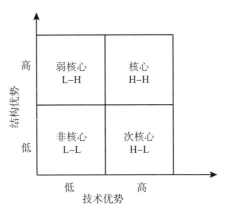

图 2.6　企业位势的分类模式

3. 企业位势的基本特征

根据企业位势的分类模式及联盟网络中企业连接的节点位置，企业位势特征见表2.2。

表 2.2　　　　　　　　　企业位势的位置结构与位置特征

企业位势	非核心企业	弱核心企业	次核心企业	核心企业
位置结构	嵌入性	弱关系	结构洞	中心性
位置特征	低技术优势 低结构优势	低技术优势 高结构优势	高技术优势 低结构优势	高技术优势 高结构优势

核心企业（H–H型）属于结构和技术优势双高的企业。该类型企业是网络中的少数，网络可见度很高，处于整个网络中的绝对中心位置，控制着核心技术和资源，主导着网络中知识和资源的流动，同时占据价值链的高位以及网络中的关键节点，掌握着整体生产或服务网络最为关键的技术。网络中的其他成员企业为了获得更多的资源和生存发展机会，积极围绕在核心企业周围，服从核心企业的指挥，从而整体网络的秩序性和执行力都相对较高。

次核心企业（H-L型）属于网络中技术优势较高但占据位置不佳的企业，由于在创新和外部知识获取方面的领导位置，因此占据了次核心地位。该类型企业的特征是：一方面依靠着自主技术优势，在网络中有着不可替代的技术地位，但另一方面也彰显出与其他成员企业网络关系强度较弱。

弱核心企业（L-H型）属于结构优势高而技术偏弱的企业。该类型企业在网络中占据着路径中的中心位置，但是由于技术薄弱、话语权有限，因此虽然可以扮演网络中的桥梁角色，却无法主导网络活动。

非核心企业（L-L型）属于技术和结构都处于低优势的企业。该类型企业大多依附在其他三种企业周围，靠模仿技术或满足其他企业需求维以生存，多为网络中的新创企业。而其发展通道主要是从现有技术或者单维度结构提升自己，发展成为次核心或弱核心企业，在逐渐掌握网络中的支配权和话语权后，对于薄弱环节重点发展，从而发展成为核心企业。

网络资源的流动类似于物质的传导与扩散，同领域中，高位势企业较低位势企业拥有对资源更强的吸引与吸收能力，资源会从低位势企业流向高位势企业，被吸引的资源经过整合后形成企业的核心竞争力，并将企业推向更高的位势。企业自身的网络地位决定着其从外部获取创新资源的数量与质量，这种网络地位即是企业位势。

2.2.4　企业位势的转化路径

企业位势来源于企业的综合实力，从影响企业位势的驱动因素及其特征可以看出，提升企业位势的路径有三种：一是扩大企业规模，即扩大资产规模、市场规模与组织规模；二是提升企业素质，即对战略核心资源的整合能力；三是聚焦市场导向，即以客户需求为中心面向市场配置资源与能力。而联盟网络中，因占据网络位置与掌握核心技术等战略性资产强弱不同所归类出来的非核心企业、弱核心企业、次核心企业及核心企业之间位势转化的路径也不尽相同。

美国管理咨询专家林奇（Lynch，1993）认为，企业成长有三种基本方式，即内部扩张、并购整合和战略联盟。内部扩张是企业通过盈利再投入、举债、融资等方式增加有形资源规模的实体扩张方式，并通过产品与服务载体拓展企业客户规模与市场规模，从而增强企业综合力并提升企业位势。并购整合是企业通过市场行为拥有或控制其他企业，使其自身拥有或控制资源与能力增加的实体扩张方式。并购可以迅速扩大企业规模与客户规模，同时通过并购带来的技术、信息、品牌与声誉等战略资产提升了企业素质与能力，从而提升了企业位势。并购主要包括纵向并购与横向并购。战略联盟是两个或两个以上有共同战略利益的企业，通过协议、契约结成的优势互补或优势相长、风险共担的合作模式。为此，战略联盟可以使联盟企业间的资源与能力相互扬长补短，把单个企业的规模扩张成为诸如供应链和价值链等形式的更大规模的虚拟组织，形成利益共同体；同时能够使企业快速响应并满足市场及客户的核心需求，掌握产品在市场上的主导权与市场话语权，在体现规模经济的同时也带来了速度经济，从而提升企业位势。企业间的战略联盟从联盟形式上看，主要包括供应链联盟、研发联盟、生产联盟和营销联盟。

随着互联网经济的快速提升，价值网络重构作为一种新的成长方式，可以在特定范围和领域内通过网络关系快速取得共享资源。也就是说，企业将自身经营活动与供应商、分销商、客户、竞争对手及科研院所、金融机构等组成的网络系统进行协同合作，合作各方以资源互补、能力相长为标准寻找合作伙伴，实现价值链接，价值网络重构可通过合作关系实现互利共赢而产生关系性租金。因此，借助企业成长理论，可以将内部扩张、并购整合、战略联盟及价值网络重构定义为企业位势提升的四种基本路径，不同类型企业位势转化的路径选择见表2.3。

1. 非核心企业向弱核心企业的转化

非核心企业由于自身拥有的资源存量有限，能力相对较弱，决定了其外部网络节点企业数目相对较少，且节点企业的发散性与异质性较低，在外部网络的构建上主要靠企业家的社会资本影响来实现。为此，非核心企业欲想改变并提升其在网络中的结构位置，唯有精心打造培育自身的品牌与声誉资产去影响并推动企业市场规模扩张，就需要将企业资源进行聚集

表 2.3   不同类型企业位势转化的路径选择

转化路径	非核心→弱核心	非核心→次核心	弱核心→核心	次核心→核心
基本路径	内部扩张	战略联盟	价值网络重构	并购整合
路径演进	市场细分→核心产品聚焦→部件集成→业务拓展	跟随模仿→自主创新技术引进→二次创新技术联盟→集成创新	产品功能解构→业务外包→重构网络→延伸技术资源与能力	资源纵向/横向整合→高价值区转换→拓展组织规模、客户规模与资源规模
路径选择	单品极致化部件模块化	技术购买技术创新技术合作	产品模块化价值网络重构	前向一体化横向并购价值创新

于并专注于核心产品：首先走单品极致化路径，用品质经济树立企业口碑以扩大市场规模；同时承接的零部件可以采用部件模块化路径，从零件生产商升级成为部件提供商；在此基础上，通过有选择性地对业内零部件企业并购整合，以求规模经济扩张。

（1）单品极致化路径。传统非核心企业以渠道为核心经营，资源投资重心的缺乏以及产品线较长致使生产过剩、营销不良与库存积压。单品极致化就是承接客户交付的产品，借助跟随模仿或自主创新，在外观、性能、体验以及更新速度上做到企业资源与能力聚集的极致，通过产品品质、快速服务响应赢得多头客户青睐，从而增加订单规模，就这样循环轮动用产品品牌及声誉拓展市场及用户规模。

（2）部件模块化路径。部件模块化就是以一个零件（或部件）为中心，将周边的零件嵌入、组合、集成为产品模块的过程。从 19 世纪末福特 T 型车的流水线生产，到近代日本丰田的精益化生产（Just in Time，JIT），再到当前以大众横置发动机模块化（Modular Querbaukasten，MQB）平台模式，始终围绕降低生产成本和使用成本目标不断进化生产制造结构模式开始，向数线并产的标准化、模块化发展。比如，大众采用的 MQB平台就是将发动机、变速箱加上前轴和前悬挂放在同一模块内，再与车身等模块总装，通过模块化平台应用的加深，大量的汽车零部件实现标准化，在不同品牌和不同级别的车型中达到共享。因此，随着模块化生产的不断深入，产业链与价值链的企业需求结构也在快速发生改变，体量不同、复杂程度不等的模块将会成为划分零部件市场的标准，可能会出现一级模块、二级模块等层次分类形式，越接近金字塔顶端的一级模块供应商，越容易成为垄断者，越具有市场话语权与主导权。所以，作为非核心企业，尤其是零部件生产商，要想提升其在网络中的结构位置，必须采用部件模块化路径，将现有零散部件功能按照需求进行优化、组合、集成，形成模块化装配，由零件提供商转变为部件集成商，在此基础上可以对行业内其他零件商进行并购整合，扩展自身的生产规模与市场规模。

2. 非核心企业向次核心企业的转化

基于非核心企业与次核心企业的基本特征，非核心企业转化为次核心企业，需要通过技术升级来完成，必然选择从跟随模仿到自主创新、技术引进到二次创新、技术合作到集成创新三种路径。

（1）技术购买路径。技术购买是企业通过市场行为，以现金资产获得技术的所有权或经营权，直接用于技术与产品创新；同时，利用技术知识的溢出效应，可用于企业识别、吸收、转化，实现二次开发应用与创新。除规避自主研发所要求的专业技术人才、物质资源、科研条件与设备等硬件投入外，缩短了研发周期，降低了研发失败的风险。用技术外购方式提升企业技术性优势在市场交易中非常常见且较为直接。

（2）技术创新路径。技术创新是企业依靠自身的努力产生核心技术或观念的突破，并在此基础上完成新的后续环节，实现科技成果商品化的行为。非核心企业由于知识、技术和人才等关键资源比较薄弱的特性，企业需从同业领先者获取技术用于探索性知识学习，实现从跟随模仿到自主创新，这是非核心企业以最小代价、最快速度追赶并达到次核心企业技术水平的实现途径，也是最终实现自主技术创新的必经阶段。

（3）技术合作路径。技术合作（或称研发联盟）是两个或两个以上的企业基于市场机遇和自主创新需要，以共同参与开发新技术和新产品等为目的而结成的一种优势互补、利益共享、风险共担的正式但非合并的合作组织。非核心企业为改善资源结构、分散和降低技术创新风险、缩短创新周期和扩大创新空间，可以在现有技术资源与能力基础上，借助外部网络资源开展纵向与横向合作，结成研发联盟进行开放式技术创新。其中，纵向合作是非核心企业与科研机构、高等院校进行合作，通过产学研的紧密结合加速科技成果的产业化；横向合作是非核心企业与其他相关企业进行合作，通过联盟合作实现优势互补、技术资源共享及利益共赢增长，通过合作可以延伸企业技术资源，实现技术集成创新。

3. 弱核心企业向核心企业的转化

弱核心企业在网络中占据着较优的结构位置，并拥有一定的品牌、声誉、信息知识等战略性资源，但是由于技术薄弱、行业话语权有限，所以弱核心企业需要借助其结构优势的平台提升技术优势以转化为核心企业。技术价值来源于产品实现过程，为此，将产品功能解构然后进行模块化研发外包，选择产品模块化路径用以延伸并拓展技术资源的存量来提升技术优势；另外，利用位置结构品牌、声誉等战略性资产优势，选择重构企业价值网络路径，充分利用网络内技术资源发展企业技术优势。

（1）产品模块化路径。产品模块化就是企业将产品功能进行解构，划分为通用（标准）模块、专用模块与集成模块三部分，企业保留产品品牌、技术标准与集成组装部分，其他模块交由上游标准供应商、专业供应商、装配集成商来完成，这样就从价值链整合模式中占主流的、由单一的主导厂商与零部件供应商之间形成的二元结构转变为多个品牌厂商与多个模块供应商之间的多元网络关系，从而降低了专业分工深化所导致的资产专业性提高而带来的违约风险和交易成本。与此同时，与供应商、集成商在交货及时性、性价比及买方信贷方面形成互惠互利的战略同盟关系，高品质、高速度地满足并超越客户产品与服务需求，在让客户体验速度经济的同时快速占有市场资源并拓展市场规模，提升企业位势。

（2）价值网络重构路径。价值网络重构是将具有不同核心价值模块或者具有核心能力的企业通过契约建立起来的业务合作关系，根据网络结构，将这些相互关联的价值模块连接起来，形成一个包含供应商、渠道商、服务商、互补品商、竞争对手及相关利益合作者的价值网络，并通过价值创造、价值传递和价值协同等过程，最终完成对客户的价值交付。价值网络根据功能由三部分活动构成：一是价值链活动，通过上下游企业一系列的价值创造活动，不断改变产品的性能并赋予其一定的功能属性以满足客户需求；二是供应链活动，包括原材料、中间产品和商品在供应商、制造商、分销商、终端消费者之间的空间转移和交接过程，供应链的效率越高，转移成本就越低；三是产业链整合，不同产业上下游通过信息传递、知识共享实现纵向协同，满足市场需求并获得产业链一体化价值利润。价值网络重构可以将技术资源模块化在网络内选择联盟企业进行转包、分包及联合研发，分解、共享与利用网络技术资源，形成企业可持续技术成长优势。

4. 次核心企业向核心企业的转化

次核心企业在网络中拥有自主技术优势，并在创新和外部知识获取方面具有领导地位与话语权，如何进行结构升级是次核心企业转化为核心企业的关键。由于次核心企业拥有核心技术，其在产品设计与品质管控上具有绝对优势，很容易赢得下游渠道商的口碑树立及品牌建设，所以企业可以在现有产品基础上进行深加工，选择前向一体化战略路径延伸到高价值的产业下游区域以提升结构优势，同时应用横向并购路径，快速整合行业结构，提升企业经营规模及市场规模；另外，可以重新识别和定义顾客需求，采用价值创新的路径实现客户规模及其持续购买量的增加，从而提升企业位势。

（1）前向一体化路径。前向一体化就是企业通过收购或兼并下游的分销商来建立自己的分销体系，并利用自身技术优势对现有产品进行深加工，实现产品线向产业链下游高附加价值区域延伸，形成产销一体化经济联合体。采用前向一体化路径可以升级现有产品与产品线的高附加值结构，从而领先竞争对手；同时控制并建设自己的分销渠道及网点布局，可以对顾客的需求快速作出反应，从而扩大了企业的经营规模与市场规模。比如，华硕公司从主板生产商向电脑商的结构升级、比亚迪公司从电池生产商向整车商的结构升级，以及可口可乐公司通过前向一体化整合下游分销渠道迅速占据全球市场。

（2）横向并购路径。横向并购是对存在竞争关系、产品经营领域相同的同行业内有选择性的并购。通过横向并购，在减少竞争对手的同时可以迅速扩大经营规模及市场规模，提高行业的集中度，提升企业的经济体量与资本效率，从而提升企业位势。作为楼宇广告行业的框架传媒可以堪称通过横向并购快速整合行业、快速提升企业市值与企业结构优势的典范。框架于 2005 年用了短短 6 个月时间并购整合了广州圣火、领先广告等 9 家企业，迅速提升了框架传媒的市场话语权与影响力，也为后来被分众传媒高价并购增加了谈判筹码，同年 10 月最终以 15 亿元人民币的价值与分众合并。框架用了短短 8 个月的时间，使企业市值从 2005 年年初的 3 200 万元人民币估值升至 15 亿元人民币，提升了 50 倍，创造了通过横向并购整合行业实现企业市值急速膨胀的奇迹。

（3）价值创新路径。企业价值来源于客户价值，企业为客户创造的价值越多，客户规模及其持续购买量就会增加，企业的价值也就越大；而企业位势又来自企业价值的规模存量与速度增量，所以企业位势会随着企业价值的累积而提升。金和莫伯尼（Kim & Mauborgne，2005）首次提出了价值创新的概念，认为价值创新是对产品—市场关系的重新界定，即企业在广泛的范围内重新识别顾客的需求，选择大多数顾客的共同需求作为创新的方向，然后重新设计产品以更好地满足这些顾客的需求。价值创新就是从顾客价值的创新需求出发，在引导客户需求、识别潜在需求的基础上，通过创造顾客未曾想象的价值需求来创造市场。通过价值创新，可以改变行业需求规模和需求属性。价值创新实现的路径即为创造新价值曲线，具体而言，就是将影响顾客价值的因素进行重新优化组合。如通过创新产品组合（增加功能、增加服务、改变产品定位与属性、改变交易方式）、重新定义顾客的认知质量、价值链重组等途径进行价值创新，比如法国艾柯公司创造的"福美乐"价值创新曲线。

综上所述，本书以"企业位势"作为核心概念，从物理位势的视角推导出了企业位势的理论定义，界定了企业位势的基本内涵；分析了企业规模、企业素质、市场导向（环境）是影响企业位势的驱动因素，其中企业规模及企业素质与企业位势呈正相关关系，企业距离核心企业的位移与企业位势呈负相关关系，市场导向（外部环境的耦合性）与企业位势呈正相关关系。在综合已有研究文献并考虑概念体系可操作性的基础上，尝试了从结构优势与技术优势两个维度系统性构建了企业位势的分类模型，将网络中企业位势分为非核心企业、弱核心企业、次核心企业及核心企业四类，并完整阐述了企业位势的基本特征；在此基础上，结合影响企业位势的驱动因素及分类依据，全面探讨并演化了四类企业位势的成长方式及转化路径。

2.3 虚拟组织持续创新研究综述

2.3.1 虚拟组织持续性的理论解释

虚拟组织是以市场机遇为切入点，经历酝酿期→组建期→运作期→终止期四个周期，延长生命周期的关键在于合作企业创新过程中对外部环境变异感知或者说对市场机遇有敏捷的持续预见能力与捕捉能力（Jennings，2007），同时，还需要定义市场机遇覆盖的市场范围及对应的客户需求，将顾客现有需求及潜在需求识别理解，以设计规则与业务流程等显性知识的形式在虚拟组织成员企业之间进行共享获取、知识集成整合，高效快速生产出客户需求的解决方案与价值主张，及时传递给客户，并以解决方案作为交易载体持续挖潜识别客户系统性服务需求以建立虚拟组织与目标客户持续性的交互认知，进而实现持续创新。上述过程充分展现了虚拟组织独特的组织柔性、反应敏捷性、动态适应性的本质属性，但这些属性的实现隐含两条前提假设：一是反映虚拟组织动态适应性的成员企业自我更新自组织系统；二是反映虚拟组织柔性与敏捷性的资源互补性。

虚拟组织持续性主要是通过机遇产品的升级、关联产品与关联项目的延伸、成员企业的更新等创新方式以延长其生命周期，客观上也延长了持续创新周期（解学梅和隋映辉，2008）；王正军和潘正平等（2010）基于交易成本理论、博弈论、价值链理论与资源依赖理论分析了虚拟组织敏捷性与稳定性的矛盾又统一的关系特征，并提出虚拟组织稳定性与持续性是建立在其敏捷性的基础上，稳定性与敏捷性构成了相对稳定面，与成员企业间的创新协同性构成一个三维虚拟组织相对均衡可持续发展的立体空间（见图 2.7）。假定 V 为虚拟组织价值指数，a 为常数项，β 为相对均衡系数，W 为稳定性（W_1，W_2，W_3，W_4 分别代表组织柔性、知识型员工、先进制造技术、敏捷管理），M 为敏捷性（M_1，M_2，M_3 分别代表管理控制、时间、关系协调），X 为协同性（即成员企业间合作），基于价值增值的虚拟组织相对均衡模型则有

$$V = a + \beta(b_1 W + b_2 M + b_3 X)$$

$$W = f(W_1, W_2, W_3, W_4)$$

$$M = f(M_1, M_2, M_3)$$

$$X = f(X)$$

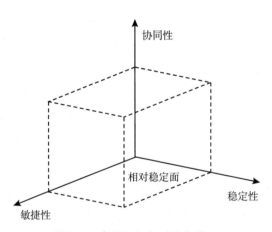

图 2.7　虚拟组织相对均衡模型

根据自组织理论的观点，虚拟组织高度柔性的组织结构及信息交互的对称透明属性能够使得创新系统的基础职能模块通过自组织形式形成自身

的秩序以适应外部环境，并将外部环境变化特征信息反馈到系统内部，通过改善职能分工模块和重新自组织达到学习与适应环境的能力，从而实现知识、信息流程等创新资源与人财物等支持资源循环交互作用的持续创新过程（张蕾和任守榘，1999）。

2.3.2 持续创新理论溯源

现有文献中，国内外学者对传统组织持续创新的研究居多，有关虚拟组织持续创新研究的很少。本研究主要立足于虚拟组织的结构属性及持续创新的内涵去探索研究虚拟组织持续创新。创新理论最早形成于 20 世纪初，由著名美籍奥地利经济学家顺彼得（Schumpeter，1912）在其《经济发展理论》一书中首次提出，认为创新就是不同要素的重新组合，是将生产要素与生产条件组合建立一种新的生产函数引入生产体系，通过市场获取潜在利润的过程。创新组合包括五种情况：引入新产品；采用新工艺；开辟新市场；采用新材料；引入新方法。沿着这一经典创新理论，国内外学者对持续创新理论进行了探索与发展研究。

1. 国外持续创新研究综述

今井正明（Masaaki Imai，1986）首次提出持续改进的概念，引起了国外学者对持续创新研究的关注。蒂斯和皮萨诺（Teece & Pisano，1994）认为，持续创新是一种及时响应进行产品快速创新的能力，或者是有效协调和重置资源的能力；夏皮罗（Shapiro，2001）从持续创新主体和创新时空角度，认为持续创新是组织全员自发创新；罗德里格斯（Rodriguez，2003）基于创新对象的视角认为持续创新是新品创造、流程再造的创新系统；戈根森（Gorgensen，2005）基于创新方法与手段的角度认为持续创新是企业运用新观点和新方法的过程；麦克亚当和加洛韦（Mcadam & Galloway，2005）从学习与创新角度，认为持续创新是持续改进、学习和创新不断的相互作用；路易斯和马蒂厄斯（Luiz & Mateus，2007）提出应从总体上综合把握持续创新、绩效和知识管理的关系，认为企业持续创新的基础是知识与知识组合，尤其是知识吸收与转移速度成为持续创新关注焦点，并提出增强学习能力以加快知识的转移与知识吸收速度，从而进行持续创新；莎莉和商（Shari & Shang，2010）从创新过程视角认为持续创新是知识、技术、流程等创新资源与人财物等支持资源循环交互作用的过程。在研究持续创新的过程中，较为有代表性的国外学者提出了有关持续创新的模型，持续创新模型主要研究者及其贡献见表2.4。

表 2.4   **持续创新模型主要研究者及其贡献**

模型名称	研究者	时间	主要内容贡献
CIMA 模型	Boer	2001	该模型采用组织能力、个体学行为、组织控制机制和环境中的意外事件、公司特征等多种相关变量描述了产品持续创新过程中的持续学习过程
CIMA 模型改进	Soosay	2005	基于产品创新和持续改进文献，在 CIMA 的基础上，提出了一个持续创新过程投入和产出的有序框架模型，该模型包括驱动力、个体能力、学习行为、组织能力、不可预见和绩效措施
"凳子"模型	Hyland & Boer	2006	从战略角度，阐述了企业的持续经营绩效主要是由卓越的经营、创新和战略决定，而经营、创新和战略的卓越是由经营、创新和战略能力决定，并构建了一个持续创新理论的"凳子"模型，即持续创新为"把今天的卓越与实现明天和后天卓越（即持续的绩效）的活动整合起来的能力"
协作创新模型	Raymond	2006	通过对协作、创新和经济发展关系的分析，建立了一个持续创新的商业模型，指出协作创新是企业持续创新的一个很好的模式
动态创新模型（DIM）	Shari & Shang	2010	通过对现有文献分析和经验案例的考察，对领导、企业家精神、资源管理、动态能力及它们与持续创新的关系进行分析，提出一个持续创新能力管理的一般动态创新模型（Dynamic Innovation Model，DIM），说明整合这些能力可以实现企业持续创新的动态循环

通过梳理国外研究文献，企业持续创新遵循从"创新驱动→创新实现→创新目的→战略目标"这样一个创新逻辑过程，为研究虚拟组织持续创新打下了基础，此外，国内学者朱卫东和薛豪娜等（2013）通过文献梳理提出了国外持续创新理论研究进展与未来研究方向框架（见图2.8）。

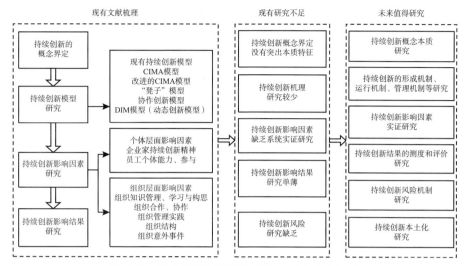

图 2.8 国外持续创新理论研究进展与未来研究

2. 国内持续创新研究综述

从国内文献来看，傅家骥等（1992）在其《技术创新——中国企业发展之路》一书中讨论了市场需求与企业持续创新的关系，并提出为诱发企业持续创新首先要创造市场需求进行市场创新；向刚等（1996）首次提出了持续创新概念，认为企业持续创新是在一段相当长的时期内，持续不断地推出和实施新的创新项目实现创新经济效益的过程；王大洲（2000）提出了持续创新与制度安排、持续创新与企业成长的逻辑关系；夏保华（2001）提出了持续技术创新，认为技术创新的持续性是技术创新持续不断地适时进入新的技术轨道的活动过程；创新是一个创意形成与开发的过程，是一个从构思创意并验证创意进而形成创意并实施创意的过程，创意是创新的开始（崔相宝和苗建军，2005）。现实中创新是企业家敏锐洞察市场机遇，预见并发现机会也正是创意生成的过程。持续创新经历创意形成、创意实施及商业化应用三个过程，这三个过程前后连接、相互推进，每创新一步既是对前面创新过程的继续与深化又是验证与完善（李支东和黄颖，2009）。因此，持续创新是前后程序相互作用、相互影响、交互迭代的循环过程，如图 2.9 所示。

图 2.9　持续创新的往复迭代循环过程

　　国内学者段运龙和向刚等（2008）基于制度结构视角提出了企业持续创新制度结构的作用机理；解学梅和隋映辉（2008）基于科技产业集群的视角对持续创新周期演化机理与关联模式进行了研究，将持续创新周期演化为生产→开发→预研→再生产→再开发→再预研的持续演化模式，提出了科技产业集群持续创新演化曲线模型；单汨源和李盈（2010）基于卓越绩效模式对企业持续创新机制进行了研究，提出了创新动力、创新过程、学习能力与创新管理是持续创新的构成要素，分析了构成要素与持续创新之间的关系；马蕾和刘小斌等（2011）通过案例从技术惯域的视角分析了持续创新动态过程，认为持续创新经历变动态、渐稳态、稳变态、新渐稳态、新稳变态、刚性态六个演变过程。

　　通过上述国内外对持续创新的文献梳理，发现学者们对持续创新的概念从不同的视角进行了描述与界定，但没有对持续创新的构成要素及要素之间的交互作用进行研究，尤其是虚拟组织持续创新的内涵、本质与运行过程目前在国内外研究很少，这也是本书探索虚拟组织持续创新理论的研究尝试与突破。

2.4　虚拟组织持续创新能力研究综述

2.4.1　能力理论综述

　　关于创新能力的演进沿用了"能力—核心能力—动态能力—知识创新能力"逻辑结构，历经了战略管理理论、经济学发展理论、知识经济理论与知识创新理论四个演进阶段。

1. 战略管理理论阶段

能力理论起源于安索夫（Ansoff，1965）提出的企业战略理论，强调指出战略管理是企业在竞争中获胜的关键，把战略这一概念推向企业管理的实践之中；接着，钱德勒（Chandler，1971）又提出了"结构追随战略"，把组织结构设计提到战略的高度，强调组织结构应随着战略调整而相应调整。而后，波特（Porter，1985）基于结构—行为—绩效的逻辑提出了竞争战略与五种力量模型，使得战略环境可以分析，并指出了企业差异化、低成本、集中化三种基本竞争战略；普拉哈拉德和哈默（Prahalad & Hamel，1990）将核心能力引入管理界，标志着资源战略理论的出现，为解释企业绩效、战略被视为寻找租金提供了基础。企业资源战略管理理论认为，战略管理最为重要的原则是通过资源积累与配置，赋予所有资产的异质性，从而获取持续竞争优势。所以，战略理论主要在于试图寻求企业竞争优势的源泉并以此来界定企业的外延，把企业拥有异质性的资源与能力作为影响企业经营绩效与竞争优势的关键因素，回答了企业异质性和企业边界决定问题。

2. 经济学发展理论阶段

经济学对企业能力理论的认识是把企业视为利润最大化组织，按此准则优化投入产出，并用交易费用作为解释企业为什么在市场经济中存在以及企业边界的界定问题。认为企业是一系列资源的集合，企业的竞争优势与成长发展源于企业拥有的异质性资源与拥有技能诀窍经验的独特能力。能力理论认为企业竞争优势来自企业内部资源与能力禀赋，与企业竞争优势来源于产业结构即"结构—行为—绩效"逻辑框架的认知存在差异，产业结构框架着重从产业结构、垄断竞争、产业进入与退出壁垒等方面来解释企业的竞争优势，侧重于企业外部的产业结构。但是基于企业外部环境动荡性、不确定性因素来看，能力理论相比产业结构理论对企业长期竞争优势来源具有更强的解释力。

3. 知识经济理论阶段

2000 年年初，受经济全球化的影响，知识经济理论成为解释能力来源的热点，知识作为独特生产要素被认识。基于能力提升和生产增长的角度来看，能力的有效性在于通过劳动分工所带来的财富的增加，实际上创造新增的、新颖的专业能力的力量主要来自建立在模块分工后的"1 + 1 > 2"知识协同创新效应。进一步研究中，知识被视为企业能力的深层因素，企业作为知识载体的经济主体，知识获取比知识应用需要更强的专业化分工，专业化分工使得参与成员获取一种特定的活动，从而导致新知识的产生。因此，生产需要许多拥有不同类型知识的单个专业人员之间的协调，或者企业间知识资源的互补。根据资源基础理论的观点，能力是将一组资源要素组合起来使用的方法与技能，产生于各种有形资源与无形资源的相互作用中（吴正刚和韩玉启等，2004），通过组织过程协调关系与整合资源，是技能和知识累积的复合体（Day，1994），或者说是企业在向市场创造、生产和提供产品过程中可重复的行为模式（Schulze，1992）。由于知识能够指导行动，决定行动的效率和效能，是组织或个体能力的内在决定因素（彭锐和刘冀生，2005），所以本质上看，能力就是一种知识，来自知识的动态交互作用（Grant，1996），是组织中的积累性学识，特别是协调不同生产技能和各种技术流有机结合的学识（Prahalad & Hamel，1990），能够极大地增加对顾客的使用价值，是可以反复执行的流程和惯例。

4. 知识创新理论阶段

随着外部环境的动态变化，高效率的技术创新成为企业制胜的关键。作为创新理论重要组成部分的企业创新能力成为研究热点，涌现了许多与其相关的理论与实证研究。与创新能力相关的概念被提出，如吸收能力、技术创新能力、知识整合、知识集成等。能力需要不断更新并通过整合、构建、重构资源与能力形成动态能力以应对快速变化的市场环境（Teece & Pisano，1994）。根据知识基础理论的观点，知识作为能力的最终逻辑归宿，体现在能力形成的知识积累本质和能力演化的知识更新本质两个层面（刘晔，2012）；从能力的功能视角看，能力表现为对企业资源配置、使用、整合、重组、更新与制度化（Zhai et al.，2004）；从价值创新视角看，能力是为创造顾客价值而蕴藏在企业内外流程中的知识和技能（Day，1994），且顾客价值的关注焦点由原来产品或服务的交易经济价值和关系附加价值逐渐向企业上下游提供的资源与能力等网络未来价值（或价值创造潜力）转移（刘石兰和任浩，2007）。

可见，能力的本质是知识或知识的组合，对于虚拟组织而言，是分布嵌入在虚拟组织参与个体、团队、组织及组织间的知识，这些知识是如何参与指导并推动创新，或者说创新能力的内涵及构成要素是什么，对探索虚拟组织持续创新能力的研究非常关键。

2.4.2 创新能力研究综述

1. 创新能力的内涵

关于创新能力的内涵，学者们从不同视角进行了述及与定义。艾米顿（1998）从创新过程视角将创新能力定义为创造思想、使用思想、将思想商业化的能力；劳森和萨姆松（Lawson & Samsom，2001）从能力本质视角认为创新能力是把知识和创意持续转化到新产品、新流程和新体系中的能力；李金明（2001）从核心能力视角认为创新能力就是创新地组合企业稀缺资源的能力；德鲁克（2006）在《21 世纪管理挑战》中提出，凡是能使现有资源的财富生产潜力发生改变的事物都足以构成创新，即创新能力就是赋予资源的能力，是以新思维、新发明和新描述为特征的概念化过程；张素平（2009）从网络能力视角认为创新能力是根据市场显现和潜在的机遇需求，持续不断地整合网络内共享的知识和技能，实现创意市场价值的过程能力；陈力田、赵晓庆和魏致善（2012）结合创新与能力的本质内涵，将创新能力界定为企业搜寻、识别、获取外部新知识，或发现已有知识的新组合及新应用，进而产生能够创造市场价值的内生性知识所需要的一系列战略、组织、技术及市场惯例；宋志红和陈澍等（2010）将创新能力定义为一个过程，即集成整合从内外部获取的市场知识与技术知识形成创意，并与资源组合创造顾客价值的过程。

可见，创新是企业发展的源动力，知识是创新的基础性资源，是构成企业核心竞争优势的关键。虚拟组织作为一个核心能力联盟共同体，也可以说是一个知识联盟，其创新能力实质上就是对成员企业共享知识资源的知识集成能力。

2. 创新能力的构成要素

创新能力是一种多维度的综合能力，学术界关于创新能力的结构研究目前主要集中在两个视角：一是基于创新要素视角；二是基于创新过程的视角。前者主要强调创新能力的管理职能，后者重点界定新产品开发及形成过程。伦纳德（Leonard，1992）基于创新要素将创新能力分解为技术创新能力、制度创新能力和支持创新能力；杜塔（Dutta，2005）等基于创新过程将创新能力界定为创新思想、使用思想和思想商业化等能力，认为新思想的来源和新思想的实现是技术创新的两个必要条件。根据系统理论的观点，创新系统是由若干相互关联具有特定结构和功能的要素组成的有机整体，且系统与环境之间存在着物质、信息与能量交换，并通过输入、转化、输出及反馈活动运动发展（叶明海、王吟吟和张玉臣，2011）。可见，创新过程由资源输入系统、转化系统、输出系统及反馈系统组成，创新能力系统由创新投入能力、创新协调能力、创新产出能力及创新反馈能力四部分构成（罗鄂湘和吴睿智，2012）；吕一博和苏敬勤（2011）基于创新过程将创新能力分解为创新发起能力、创新实现能力、创新推广能力；崔总合和杨梅（2012）基于创新管理要素将创新能力划分为技术创新、管理创新、市场创新和制度创新四个维度；孙立媛和邓三鸿（2012）综合考虑风险控制与创新意识两个要素将创新能力界定为六个维度，即创新意识、创新投入、创新过程、创新产出、风险控制与组织管理；克洛桑和阿帕伊丁（Crossan & Apaydin，2010）从过程观视角将创新能力分解为创新发起、组合管理、开发与实施、项目管理以及商业化五个序列；向刚和汪应洛（2004）从机会捕捉能力、新组合实施能力、持续创新效益实现三个维度构建持续创新能力系统；张首魁和苏源泉（2007）基于网络环境将持续创新能力分解为资源、研发、商业化、技术吸收、信息和组织六个维度；单泪源和李盈（2010）基于卓越绩效模式将持续创新能力界定为创新投入、创新过程、创新产出与创新环境支持四个过程要素构成；曹洪军和赵翔等（2009）运用层次分析法（Analytic Hierarchy Process, AHP）将持续创新能力划分为创新意识、创新投入、创新产出、创新管理与创新方式五个方面；基于知识链的价值实现过程可将创新能力分解为知识获取、知识开发与创新、知识共享与传播、知识使用与保存四个维度（施宏伟和魏莉，2010），以提高创新能力的存量和增量。

除此之外，部分学者从进化论、内环境视角对创新能力的结构进行了划分研究，如谢尔（Sher，2005）等从进化论视角，认为环境理解力既能推动企业适应市场与环境，又是创新能力的重要组成部分；胡安（Juan，2011）等从企业内环境视角，认为创新能力由知识能力、组织能力和人力资源管理能力三维构成。其他方面的研究划分主要集中在投入、研发、生产、营销和管理等产品流程管理要素方面。

通过对创新能力结构分解维度的相关文献梳理与归集，发现持续创新能力结构主要是基于要素观、过程观和系统论这三个研究视角，同时认为创新产出能力不属于创新过程能力的要素范围，故不予考虑。从能力作用要素与能力作用过程两个维度可归纳为五条主线：一是基于创新管理要素将创新能力分解为技术创新、管理创新、市场创新和制度创新四个能力维；二是基于创新能力的应用场景，将创新能力解构为知识资源的获取及知识资源的集成应用两个资源维；三是基于创新能力的作用过程，将创新能力界定为创新发起、创新实现及商业化应用三个过程维，由此可将创新能力分解为创新发起能力、创新实现能力、创新推广能力；四是基于知识创造过程，将创新能力分解为知识生产、知识传递及知识获取三个知识维；五是基于进化论的视角，认为环境理解力既能推动企业适应市场与环境，又是创新能力的重要组成部分。因此，虚拟组织持续创新能力的维度划分或要素构成综合了要素观与过程观，基于其持续创新过程将其分解为创新发起能力、创新实现能力、界面管理能力与关系学习能力，这四种能力是实现持续创新能力的关键，而这四种能力是如何作用持续创新能力或者说四种能力是通过哪些关键因子作用持续创新能力的，这需要探索并识别出虚拟组织持续创新能力的影响因素，通过因素与四种能力的交互关系来揭开虚拟组织持续创新能力影响因素与能力之间作用关系。

2.4.3　虚拟组织持续创新能力的影响因素

熊彼特（1912）以企业技术—经济间的互动机制为研究对象，提出了"创新是各种要素的重新组合"创新理论，开辟了创新理论研究的先河。之后，国内外学者将创新理论演变为两大分支，即以技术变革为对象的技术创新理论和以制度变革为对象的制度创新理论（刘伟和向刚，2003）。沿用上述创新理论，学者们从不同创新对象的视角提出了产品创新、工艺创新、管理创新、市场创新、机制创新、制度创新、文化创新、观念创新、组织创新等研究视域，但是这些创新对象背后一定内化有承载知识这一特殊创新资源在支撑与传导，所以可以将上述不同创新对象所涉及的创新行为归纳为知识创新、技术创新、制度创新三种创新范畴。其中知识创新是追求新发现、探索新规律、创立新学说、创造新方法、积累新知识，是持续增进技术创新与制度创新所需知识的过程（刘劲杨，2002），是技术创新与制度创新的基础。更深层次来讲，知识创新是知识在创新系统内市场机遇搜索应用、生产、扩散、转移并与技术开发、应用相互作用的过程，知识创新成果或者说知识输出经过技术创新的生产应用实践以产品形式转化为生产力，反过来通过技术创新开发出的新技术与创造出技术应用的新组合又应用于知识创新或生产实践。基于此，知识的生产及应用根植于知识与技术的互动作用过程中，知识创新指导并服务于技术创新与制度创新，知识创新的直接作用结果是增加创新系统的基础知识存量和增量，当然知识创新必须以服务于技术创新与制度创新为前提，尤其是技术创新所需知识的应用要求，这样才能创造出适合于创新系统的知识产品。可见，知识创新与技术创新主要解决的是生产新知识、开发新技术、创造新组合等知识的生产问题，而制度创新主要是改善知识的流动效率。交易成本理论认为，知识流动是有成本的，且成本大小直接影响知识流动的效率。而制度创新正是通过规制、秩序促使与先进技术关联的生产活动得以有效运行并使给定状况的生产力潜能得到释放。

因此，探索虚拟组织持续创新能力的影响因素首先要遵循以下逻辑：首先，成员企业按照模块分解与能力分工共享知识资源（显性知识与隐性知识）；其次，对吸收获取的互补性知识与自身知识进行配置整合，更新自己知识体系的同时，完善并提升专业模块的品质与性能；最后，对成员企业共享整合后的知识模块及显性知识资源进行集成，以标准模块或集成模块知识资料储存于组织知识库以备查询和应用。可见，虚拟组织持续创新能力实质上就是对企业间共享知识资源的集成能力，探索虚拟组织持续创新能力的影响因素首先要识别知识共享与知识整合的影响因素。

1. 知识共享的影响因素

通过整理文献发现，关于知识共享的研究，学者们主要是从经济动机、交往动机、认知识动机和利他动机四个方面进行研究。

（1）经济动机源自经济交换理论和知识市场理论。经济交换理论认为，行为是受理性的自我利益所引导的，知识共享行为的动机就体现在其获得或感知收益大于其实施该行为的成本；知识市场理论则将人的知识共享行为视为一种市场行为。实质上，在组织内部存在知识市场，遵循市场运行机制和运行规律。对于知识拥有者而言，只有当他觉得有利可图时，才会把自己的知识拿到市场去共享。

（2）交往动机源自社会交换理论。社会交换是一种没有明确定义价值的、内在的奖励，共享知识的目的是期望将来的互惠并获得他人的认可。由预期的互惠关系和感知的声誉提升两个指标来测量：①预期的互惠关系，社会交换的价值在于对声誉、权力和长期的关系的维持，以获得将来的互惠收益。互惠是一种收益，因为它导致了个体产生有责任、感激和信任的感觉。②感知的声誉提升。社会交换理论指出，社会交换产生了社会报酬，如赞赏、地位和被尊敬的感觉。在知识经济时代，专长被高度地估价。通过向其他人展示这项专长，共享者可以获得认可和尊重，这将导致自我概念的提升（O'Dell & Grayson，1998）。

（3）认知动机源自社会认知理论。社会认知理论认为，行为可以依据认知、行为与环境决定因素之间持续的交互作用而得到最佳的解释，其核心概念包括自我效能、结果期待和个人目标。

（4）利他动机源自移情理论、自我归因理论、个性品质理论。现实中人们之所以愿意帮助他人，在于他们能从帮助他人中获得内在的快乐和愉悦，把共享知识时感到快乐作为一种内在动机（Chennamaneni，2006）。

虚拟组织知识共享是成员企业间知识（包括显性知识或隐性知识）的交换并共同创造新知识的过程（Hooff et al.，2004），是知识主体双方或多方互动，成功将知识相互转移至对方，彼此协助形成各自有效的行动能力（Senge，1997），并从知识转移与知识接收过程中受益，并使知识能量在"个体—组织—组织间"相互转化。

从虚拟组织网络结构及创新过程层面来看，是拥有不同知识专长的企业间彼此进行交流与合作，进而获取对方专长性知识的过程。虚拟组织企业通过知识共享而获取的知识加以消化、应用，最终创造出新的知识，新创知识又在知识共享作用下，会逐渐被其他企业所吸收，企业通过新知识再创造和再共享，形成"知识共享→知识吸收→知识创新→知识再共享"这样一个知识循环对流、知识价值增值的知识迭代过程。因此，知识共享对知识积累能够产生动态协同、价值放大的乘数效应。野中郁次郎（Nonaka，1991）提出了知识转移的SECI模型，即知识的社会化、外在化、综合化和内在化，认为外部知识的接收只有通过学习与自身原有的知识相结合，并进一步内化才能真正成为自己的知识。胡汉辉（2006）认为在知识共享过程中，低位势知识个体理解与吸收知识的能力依赖于其与高位势知识个体之间的重叠知识，彼此之间重叠知识的相似程度（即知识距离）直接影响着知识共享的效率。野中郁次郎和竹内（Nonaka & Takeuchi，1995）从知识转化视角，指出虚拟组织知识共享是个体与组织、组织与组织间通过网络信息技术实现隐性知识与显性知识之间的互动交流过程，共享模式分为外化、内化、组合化与社会化等。森格（Senge，1997）认为知识共享不是一个获取过程，而是一个组织学习的过程，一种帮助他人获得有效行动力的过程。霍文（Wijnhoven，1998）基于知识转移的角度，认为知识共享是知识拥有者与知识接受者共享交换的知识，通过信息媒介进行的知识转移，知识接受者通过已有知识对新知识进行阐释或两者彼此互动的过程。达文波特和托马斯（Davenport & Thomas，1990）基于知识交换与知识价值的视角，认为在组织内部也存在一个"知识市场"，它是知识交换与知识转移的平台环境，知识共享过程可以看作是组织内部的知识参与市场的过程，与其他商品一样，知识市场也有买卖双方，市场的参与者都可以从中获得好处。亨德里克（Hendrik，1999）认为知识共享是一种沟通的过程，知识是一种特殊的资产，不能自由传送，接受者在接受他人所共享的知识时必须具备相应的知识去获得知识。也就是说知识共享涉及两个主体：知识拥有者和知识需求者，知识共享包括知识拥有者外化知识和知识需求者内化知识两个过程。埃里克森和迪克森（Eriksson & Dickson，2000）从知识创造角度，提出知识共享过程包括认知与行为两方面的内容，并且由于不同的过程而造成共享的差异，当人们共享现存知识的过程中同时也创造出新的知识，这就意味着知识在共享和使用时，新的知识也被创造出来。亚瑟（Arthur，2001）等认为，组织知识的积累必须通过知识与信息充分结合，在共享的组织文化下达到乘数的效果。罗森和弗斯特（Rosen & Furst，2007）探讨了虚拟组织知识共享的障碍和对策。亚当和科扎诺格鲁（Adam & Kozanoglu，2007）基于安全性和选择性提出虚拟组织信息共享方法。莫利纳（Molina，2003）等基于竞合互动环境视角，认为尊重与信任是影响集群企业间合作初期知识共享的重要因素。

通过梳理上述国外学者对知识共享的研究，可以将对知识共享的认识归纳为两个方面：一是内容导向，知识共享包括知识库与知识类型化，其中知识库系统是不同主体间知识共享的技术手段，知识类型的转化是不同主体间知识共享的基础；二是过程导向，知识共享为一种沟通学习进而帮助他人发展新的行动能力的过程，组织成员在向他人学习、与他人沟通时，就是在共享知识。在内容导向与过程导向研究中关注知识获取的同时着重强调沟通学习。

关于知识共享的影响因素研究，宋艳（2007）在分析虚拟企业知识转移影响因素的基础上，从知识转移的基础结构出发，以虚拟组织的技术依赖性为核心，建立了基于虚拟组织知识转移模型。王娟茹和罗岭（2015）指出虚拟组织是企业实现知识转移的有效组织模式，探讨了虚拟企业进行持续知识转移的条件，分析了虚拟企业的成员规模与持续知识转移的关系。郑国光等（2007）总结了虚拟组织是知识转移约束的一般方法，并建立跨"时间—地域—组织—文化"多维度的知识转移模型。林（Lin，2007）通过将动机观点融入理性行为理论，以实证研究来考察内部动机（知识自我效能感和帮助他人带来的快乐）和外部动机（期待组织的报酬和互惠的益处）在影响雇员知识共享意向方面的作用；姜文（2011）基于网络组织的视角，将影响企业间知识共享的因素归纳划分为四类：①知识共享主体因素，包括意识（即知识共享意愿、知识共享动机、心理安全感）、利益（知识供应方与接受方利益）与能力（供应方的知识转移能力与接受方的知识吸收能力）；②知识共享对象因素，包括知识特性、知识距离（即不同企业在知识结构与知识水平上的差异）与知识存量（知识存量越大意味着知识之间的相关性与重复性概率就大，知识距离就小，知识共享交流的语言就越多，易于共享）；③知识共享手段因素，包括知识共享平台（如知识仓库、知识地图与群件）、知识协作网络与交流途径；④知识共享环境因素，包括信任、文化（如文化特征、文化距离）与政策。陶厚永和刘洪（2008）认为影响知识共享的因素主要受个体预期的成本收益、个体所拥有知识的性质（显性知识与隐性知识）、高位势知识个体的共享动机和表达能力、低位知识个体的共享动机和吸收能力，以及环境因素的影响。个体预期的成本收益，主要是基于知识低成本的传播特性或者说边际成本为零的观念，但是知识拥有者有很高的潜在成本与过程成本，有一定的知识价值私有感知，因此在知识共享过程中，对知识共享有预期成本收益，或者说是期望报酬；知识性质主要是指显性知识与隐性知识的属性与结构，显性知识指的是可编码的，可以用文字、数据、公式、说明书、手册以及数字表达，具体表现为数据库、说明书、文档、规章制度等形式记载；而隐性知识主要是依附存储于个体大脑，不能编码、难以清晰化或通过正式途径获取，主要表现在经验、印象、感悟、技术诀窍和惯例等。随着信息技术和编码技术的发展，显性知识共享越来越容易，但是隐性知识因为其难以编码和表达，从而对知识共享的影响较大；邱茜和张春悦等（2010）认为，影响知识共享的因素主要从四个方面来考究：①组织因素，即组织文化、组织结构、协调机制等；②主体因素，即自我效能感知、帮助他人带来的快乐、互惠的益处等；③知识因素，即包括显性知识与隐性知识；④环境因素，即信任、文化规范及信息技术。谢卫红等（2014）通过梳理国内知识共享文献将影响知识共享的因素归纳为三类：①知识特性，主要从知识的经济性（成本与收益）与知识的隐含性来测量；②共享主体要素（个体与组织），其中个体因素包括共享意识、共享能力、共享成本、共享风险、信任五个方面，而组织因素主要包括组织结构、文化、激励、领导、知识产权保护；③共享手段，包括共享技术（如编码技术、知识库技术、信息通信技术）和交流平台。曹兴和刘芳等（2010）基于知识共享动机理论将知识共享的影响因素归纳为四类：①主体因素即知识的拥有者与知识接受者；②知识因素即知识特性（知识显性与隐性）；③知识共享手段即信息技术；④知识共享情景即包括组织环境与氛围，如组织文化、信任、薪酬期望等。叶璐等（2010）认为知识共享是知识供给方将知识与信息提供需求方或者帮助需求方或与需求方协作共同解决问题、制定新思路或执行企业政策或程序，是供需双方通过书面信函、面对面、信息网络等渠道方式共享自身的知识并获取所需要的知识。可见，知识共享是知识提供方与知识接收方双向知识沟通、知识提供及知识利用过程，即知识提供者转移知识和知识接收者查找、利用和吸收知识的过程，通过知识共享进行知识创新不仅为企业带来规模经济和范围经济优势，而且可以带来联结经济优势。龚立群和朱庆华等（2012）通过实证构建了一个虚拟组织知识供需双方知识共享行为影响因素模型。

综上所述，关于知识共享影响因素，学者们基本上都是围绕知识共享意愿、知识共享动机、知识共享行为三部分或其一展开，但是无论从哪一个侧面研究基本都遵循以下逻辑框架结构：①知识共享主体，即知识供给方的知识转移能力、知识接收方的知识吸收能力；②共享客体，即知识特性，包括显性知识与隐性知识；③环境因素，包括网络结构（网络密度、中心性、结构洞）、情景关系（信任、承诺与相互依赖）、文化距离；④知识共享手段（如信息技术、知识库与知识地图等）。

2. 知识整合的影响因素

知识整合是企业对获取新知识的加工及原存量知识的重新整理，并对新旧知识有机地进行匹配、选择与融合，进而形成企业新的核心知识体系（陈力和鲁若愚，2003），或者说是对不同来源、形式、内容及状态的知识资源进行获取、筛选、组合、加工、创新乃至重构整个知识体系的动态过程（曹霞等，2012）；骆品亮和刘明宇（2009）基于价值创新视角，提出了知识模块整合实质上就是在重组知识模块时对模块的替代、去除、增加与调整。基于价值创新的模块化知识整合如图 2.10 所示。

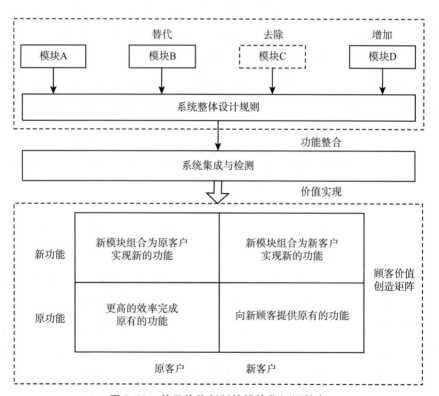

图 2.10 基于价值创新的模块化知识整合

从图 2.10 可以看出，依据功能分解与知识分工对接形成模块，模块间通过替代（用效率高的模块替代效率低的模块）、去除或增加为原有客户或新客户提供更有效率的产品或服务；同时通过模块操作和系统集成可以实现产品和服务规模化定制以满足客户多样化的需求。可见，知识整合在企业持续创新系统中始终处于核心位置，是技术创新和知识创新的基础，企业为保持产品市场竞争优势，需要持续不断地挖掘和整合新知识。知识共享与知识整合被视为企业知识创新的核心环节，对企业技术创新水平的提升及持续创新能力的塑造起着关键作用。

国外学者亨德森（Henderson，1990）基于架构创新的视角，认为知识整合实质上是将企业的组分知识转化为结构知识的过程，是对企业知识资源的重新配置；法雷尔（Farrell，2005）认为知识整合是对原有知识整合创造出新知识的过程；魏江和徐蕾（2014）认为知识整合对促进企业创新能力跃迁具有中介作用；简兆权和吴隆增等（2008）认为，吸收能力特别强调企业对外部创新机会的认知、掌握与运用开发，企业的吸收能力越强，就越有机会把竞争对手的外溢知识引进企业内部。新知识必须通过整合后融入现有知识结构中才能发挥作用，知识整合就是将个别知识系统化，或是将集合起来的知识内化到组织成员的知识体系中。科古特和赞德尔（Kogut & Zander，1992）认为，知识整合需要以知识为基础，而关系学习是组织知识的主要来源。关系学习主要是指企业间的外部学习，企业间互动学习时，从外部获取的知识通过匹配对接转化为企业有机知识并整合到企业知识网络中便于知识扩散与传播，从这个层面上而言，关系学习能够促进组织知识的流动与扩散，提升知识的整合能力。格兰特（Grant，1996）指出，在知识整合过程中，公司所拥有的相关存量知识越多，就越能将知识以共同语言的形式表达出来，从而促成知识的整合应用。陈明和周健明（2009）从创新性文化与支持性文化的视角研究了知识整合在企业文化与知识转移绩效之间的中介效应，指出了企业文化对知识转移绩效起先导和基础作用，其中创新性文化是企业进行外部知识获取的关键。潘文安（2012）基于供应链联盟视角，提出了联盟间的关系强度能够提升知识整合效率，认为在供应链联盟中，企业间强联结对知识能力的影响是建立在彼此相互信任和情感承诺的基础上，能够打破并克服外部知识整合过程中封闭状态，并降低外部知识整合成本，紧密的伙伴关系还可以使双方共同进行知识规划活动，并达成共识，促进技术信息标准化和保持流程的一致性，从而有利于知识整合过程中系统化能力的提升。此外，强联结容易使伙伴之间对相互文化、价值和信念的认同感较强，有利于组织成员的彼此沟通、相互适应和协调，可以促进知识整合过程中社会化能力的提升；李贞和杨洪涛（2012）通过实证研究了学习能力与知识整合的关系，认为学习能力能够促进知识整合效率。陈伟等（2014）基于知识共享与知识整合中介效应的视角实证了网络结构与企业核心能力关系，并从网络联系密度、网络稳定性与网络中心性三个维度测量网络结构，认为知识共享、知识整合在网络联系密度与企业核心能力、网络中心性与企业核心能力关系中起着完全中介作用；而在网络稳定性与企业核心能力关系中起着部分中介作用。

综上所述，知识整合的影响因素主要集中在企业文化、关系学习、网络结构（如网络联系密度、网络中心性和网络稳定性）等方面。在这几个因素中，关系学习强调的是通过企业间的沟通、调整以及合作来形成外部行为的学习能力。

3. 知识集成的影响因素

格兰特（1996）提出了知识集成的概念，认为企业的第一角色以及企业能力的本质就是知识集成。蒂斯、皮萨诺和舒恩（Teece, Pisano & Shuen, 1997）从动态组织视角指出了知识集成是动态组织的基本职能和组织能力的本质。知识是有价值的信息，虚拟组织企业间或信息系统间交换的数据和信息都是知识的载体，知识集成也是信息系统的集成目标（和延立和杨海成等，2003）。由于知识具有较强的柔性、条理性和系统性属性，知识集成可以将不同层次、不同来源、不同结构、不同内涵在知识与知识、知识与人、知识与过程间的整合或重构，实现知识创新，并最终持续创新能力的动态过程（王娟茹和杨瑾，2005）。关于组织间知识集成效率的影响主要集在网络结构、认知相似性、关系学习、伙伴间信任和文化差异等方面。

知识集成是对企业间共享知识资源的系统化集成能力（Boer，1999），是个体、组织、组织间进行知识交流和创新的过程。基于知识集成的作用机制视角，陈福添（2006）将知识集成划分为知识转化、知识转移、知识应用和知识保护四个维度。陈力（2005）认为知识集成由知识吸收、共享、系统和发展四个要素构成。张小娣等（2011）根据知识来源与结构将企业集成分为内部知识集成与外部知识集成。内部知识集成强调组织知识从个体知识中获取与积累，通过 SECI 知识转化系统形成组织可支配利用的新知识体系，实现知识在个体与组织之间循环往复扩散与传播；而外部知识集成强调借助网络组织实现知识识别、知识获取、知识利用三个过程（陈衍泰，2007）。

综上所述，通过对知识共享→知识整合→知识集成影响因素的影响分析，发现影响持续创新能力的影响因素主要归结为三大因素：一是主体因素，即知识的转移能力与吸收能力；二是知识因素，即显性知识与隐性知识的存量与结构；三是环境因素，即包括网络结构、关系因素（信任、承诺与相互依赖）、期望报酬与信息技术、关系学习。首先，对虚拟组织而言，知识主体是成员企业，拥有显性知识资源与隐性知识资源，是通过企业知识共享→知识获取→知识整合→知识再共享循环往复交互的，并且知识的转移与吸收能力实质就是企业对知识的获取能力，因此，将主体因素与知识因素合并成为"知识资源获取"因子；环境因素中，虚拟组织结构也就决定了其网络结构及核心层或核心企业的主导地位，网络结构及其网络中心性、网络关系密度及结构洞不予考虑；期望报酬是通过企业间网络契约事先约定的规则与机制安排的，故不予考虑；近年来互联网与信息技术的发展，ERP 信息对接平台已基本趋于完善，故予以排除。最后取学习能力与信任，因为虚拟组织合作创新本身就是处于一个高度信任的环境，信任是虚拟组织创新的基础，也是界面管理与界面关系治理的工具；此外，学习能力是关系着知识存量与知识获取能力的提升，是虚拟组织持续创新的关键。因此，通过梳理与分析文献，虚拟组织持续创新能力的影响因素从理论上分析包括以下因子：知识资源获取、知识集成、学习能力与信任。

通过以上对知识共享、知识整合、知识集成影响因素的文献综述，理论上识别了持续创新能力的影响因素，但是这些影响因素背后的理论逻辑与演化过程以及因素之间的作用机理是什么在第3章深化研究；同时对虚拟组织持续创新能力如何提升，提升路径有哪些，有必要进一步探索研究。

2.4.4 虚拟组织持续创新能力的提升路径

关于虚拟组织持续创新能力的提升路径研究，国内外学者研究很少，大多数学者都是基于传统组织的角度去探索研究创新能力的提升方法与路径，通过梳理文献，主要有以下研究：瓦格纳（Wagner，2005）从创新要素视角认为通过过程升级、产品升级、功能升级、价值链升级四条路径结合应用与创造新知识以提升创新能力；张素平（2009）认为可以从战略规划引导、创新文化构建、知识学习交流、资源整合配置四种路径予以提升创新能力；董小英等（2006）从知识获取、知识内化、知识应用等知识管理视角提出了知识与动态创新能力的关系模型，认为创新能力实质就是选择能力、匹配能力、执行能力与评估能力的总称；李长玲（2004）基于知识供应链即知识获取、知识开发与创新、知识共享与传播、知识使用和保护视角，认为通过知识创新可以将知识供给者、创新者、使用者以网络结构模式连接起来以实现知识经济化，从而提高创新能力的存量与增量；施宏伟等（2010）基于知识链结构提出了"知识溢出—模仿创新、知识转移—应用创新、知识集成—集成创新"三种创新能力路径；王瑜与任浩（2014）基于模块价值创新视角提出了竞合互动、价值对流、模块操作是提升创新能力的三种路径；马柯航（2015）从知识协同角度提出合作竞争、网络协同、知识交流是提升创新能力的三种路径。另外，关于创新能力及其影响因素的变量关系研究主要集中在：张根明等（2010）基于激励体系视角，实证了创新价值观、创新氛围、创新激励制度与创新能力是正相关关系；张座铭等（2014）实证了开放式创新与创新能力存在倒U型关系，强调企业间协同创新过程中知识产权归属与产权保护对创新能力的重要性；李宏贵等（2011）基于社会资本视角提出了社会资本通过创新资源（信息、知识、资金）、组织学习与整合机制影响创新能力的理论分析框架；何悦桐（2012）基于战略柔性和选择能力视角，认为不确定性环境下提升选择能力、增强战略柔性对创新能力有显著影响；张小娣等（2011）从知识集成角度实证了知识内部集成与外部集成显著影响技术创新能力与管理创新能力；吴永林等（2016）从协同创新研究视角，认为企业间通过协同创新可以分摊投资成本与分散创新风险，技术互补与资源互补能够联结异质企业合作创新，取长补短，共同发展；秦德智等（2015）基于创新文化与创新能力的关系视角，认为创新文化决定了组织拥有创新资源的数量与品质，也决定了在持续创新活动中创新资源的配置方式，创新性文化具有创新倾向、组织支持、组织学习、创造力、市场导向和价值导向等特征。

鲍威尔（Powell，1990）指出"竞争能促使集群企业加快生产速度以及创新和知识转化的加速度"，肯定了竞争对创新能力的关键作用。也就是说，在竞争机制的作用下，企业为生存与发展，必然加速产品更新与创新进程，缩短产品生产与商业化周期。之后，巴里和亚当（Barry & Adam，1996）提出了"合作竞争"的概念。他们认为，在共同创造市场时，商业运作表现为合作；而当进行市场分配时，商业运作表现为竞争。卡斯泰尔（Castells，1996）曾指出，竞合互动源于利益与知识的共享，网络中任意两个节点之间均可基于经济利益连接起来形成委托代理关系、信任合作关系、知识共享关系与利益分配关系；济（Tsai，2002）从知识利用角度实证了合作竞争有利于组织间知识转移、知识共享和知识分配。沿用以上理论表述，虚拟组织是建立在"双赢互存"基础上的价值网络，成员企业通过合作创造价值，通过竞争分配价值，在合作竞争中培育自己的价值创造能力，共同建立可持续发展的创新价值体系，通过获取互补的资源与能力实现虚拟合作的绩效价值，其本质特征即为互动互助、合作共赢（Branden & Nalebuff，1996）。

通过梳理以上文献，有两个发现。一是虚拟组织持续创新能力的提升与成员企业间共享的知识存量、获取的知识质量及由学习能力与信任调节作用下知识获取的效率共同作用知识集成的效能，从而引发持续创新能力的提升。至于虚拟组织持续创新能力的形成过程、提升机理及提升路径将在后续章节进行探索研究。二是在虚拟组织持续创新过程中，知识资源的共享与对流能够加快知识更新速度，形成知识存量；成员企业间知识协同能够加快合作创新效率与品质，增强客户体验感知及用户满意；创新过程中基于企业间达成的目标共识、框架规则及成员更新规则，成员企业会珍惜网格合作创新机会展开合作竞争，贡献、共享并嵌入网络自身的异质性创新资源，形成知识资源池。因此，虚拟组织持续创新能力的提升路径可归纳为三种基本路径：知识对流路径、知识协同路径与竞合互动路径。

2.5 虚拟组织持续创新研究框架

前面已界定了虚拟组织、企业位势、持续创新相关概念、内涵、特征与外延，梳理了虚拟组织持续创新相关的研究文献，对虚拟组织结构及其创新行为有了基本了解，对虚拟组织创新的持续性、组织结构的稳定性也有了较为清晰的认识，前人的研究成果为我们打下了理论基础。然而，虚拟组织是由各企业为变现某一机遇或完成某一项目目标而联结起来的动态联盟，在合作创新过程中面临三大管理难题：一是信任与冲突；二是整体与部分；三是知识与语言。面对这三大问题，需要我们沿着前人的研究脉络，找出虚拟组织成功运营的管理路径，并结合虚拟组织学习型组织与信任联盟属性的治理机制理论解释，探索出虚拟组织持续创新的研究框架。

2.5.1 虚拟组织创新面临的管理难题

虚拟组织是战略、环境与结构的有机结合，突出的是创新联盟，要求各参与企业有异质性核心能力（或核心技术）和互补性资源，这种由各成员企业以完成某一市场机遇或项目目标而结合起来的动态性联盟，创新过程中将出现一系列复杂和多样化的管理问题。

1. 信任与冲突

虚拟组织建立在知识信息共享基础上，但在一个所有参与者只相信自己看得见的东西的社会里，信任是虚拟组织的重要成功因素。只有参与各方存在共享信息的充分信任，虚拟组织才能更好地进行知识融合。但在多数情况下，虚拟组织缺少建立信任的可行环境。信任是互动持续观察的结果，是合作双方长期投资的产物，是一种社会资本。互联网信息技术提供了强大的信息收集、加工与传递能力，基于互联网技术为载体的虚拟组织最明显和直接的利益是减少了信息获取成本，从而提高了市场效率。但是，虚拟组织固有的难点在于如何评估获取的数据信息，尤其是企业间隐性知识的获取、理解与集成，这需要一个理解与意会过程，反而会增加虚拟组织创新的速度。

2. 整体与部分

在管理学中，经常强调"1 + 1 > 2"的协同效应，但是在系统理论中，又有一个广为人知的观点：许多有效的和高效的部分结合在一起不一定能产生一个有效的和高效的整体。从逻辑上讲，虚拟组织参与企业都要将自己的核心能力共享融入创新项目，成为创新项目中的各个组件，然后这些组件通过目标共识、框架设计规则与业务流程建立起虚拟合作。合作方期望强项的协同组合会使整体效率比任何一个部分的单独效率高。但因为核心能力的不可移植性，当把一项核心竞争力从它的背景环境中移出的时候，它可能就不是强项了。尤其是虚拟组织很难形成一个明确的、无争议的目标，虚拟组织参与者在组合强项过程中需要进行大量的重新商谈和调整，这使得最后组织结果是合作各方的强项所在。

3. 知识与语言

无论是显性知识还是隐性知识，均为企业战略性创新资产，但是最重要的组织知识是那些无法言传但又不言而喻的知识，这种隐性知识很难通过信息技术传给合作者。如果没有组织的共享，那么虚拟组织所形成的伙伴关系只能是法律上和财务上的实体，而不是真正的组织。如果每位合作者都有一种表现其行为的特殊语言，同时各个合作者之间的语言环境又不适应，那么唯一的选择就是创造一种新的语言来让参与者在共同的新的环境中适应，这就需要虚拟组织进行细致的知识整合。

综上所述，可行的虚拟组织必须解决各参与主体的信任与信息共享问题。当虚拟组织的参与者主要的强项是明确的技术时，因为存在行业标准，强项之间的联合程度就会很低，在这种情况下，虚拟组织是可行的。如果虚拟组织各参与主体的核心竞争力是不可言传的意会性知识，但是虚拟的产品对核心竞争力之间联合的程度要求很低，虚拟组织知识整合所带来的信任问题并不突出，实现虚拟组织也有一定的可能性。在这种情况下，虚拟组织仅仅成为一个法律上或财务上的独立实体。如在顾问公司中，每个顾问都有自己的专长，他们可能为共同的顾客群体服务，而在实际操作中却彼此独立。但是，当虚拟组织合作者之间的强项不可言传，而且虚拟过程和虚拟产品所要求的合作程度很高时，虚拟运营就会出现很大的问题。

2.5.2 虚拟组织成功运营的路径——模块化+超管理

要提高虚拟组织成功运营的可能性，必须具备以下条件：①虚拟组织规模要适度。参与企业数量越多，就需要付出越多的努力来创造一种大家都熟悉的语言环境、语言沟通渠道来分享知识。②各主体间存在强烈的创新价值观，这促使参与企业无法言传的知识整合成功的可能性大一些。③参与各主体分享核心能力的强烈动力，这会减少知识融合过程出现的信任难题。④参与主体的网络结构。网络中心性（或企业位势）越高，距离核心企业的路径就越短，创新过程中可见度及话语权就越充足，声誉与信任的程度就越高，相应地分享知识的动力就越大。⑤强烈的知识学习、沟通和反馈氛围。因为参与创新的关键隐性知识是无法言传的，因此，让企业间不断学习、沟通和反馈是必要的，通过知识学习、知识吸收、知识转移过程，对方的专业知识和创新方法才有可能被领会、吸收与创新。由于虚拟组织管理面临的复杂性，通过市场对成员进行协调变得越来越困难，这就要求发展有效的工具或机制来管理界限不断变化的虚拟组织。

基于虚拟组织成员企业合作创新中不同目标及隐性知识的共享与传递问题，需要用一种"模块化＋超管理"的方式来构造和管理各种目标导向的活动。

（1）首先将合作创新的产品或项目内在价值功能模块化；其次将各功能模块在目标共识、统计框架规则下打包给参与企业进行分布式并行作业，参与企业获取企业之间客户知识及模块接口知识需求；再次将自身隐性知识嵌入专业模块；最后由核心企业集成各成员企业专业知识模块，形成具有高品质、高附加值、高效率的产品或项目交予客户进行体验。

（2）运用"超管理"思想与方法组织成员企业合作创新，共分四个步骤。

①分析各种抽象需要。在虚拟组织模块化设计中，抽象需要被看作在虚拟组织提供的产品和服务总体范围中的具体特征，又或被称为服务要素。客户可以通过选择服务要素使其需要具体化，或由虚拟组织核心企业将订单转化为服务要素。通过不同的组合，服务要素可以满足不同的订单。当客户提出一种无法得到满足的服务要素时，核心企业就会去寻找能够满足这种具体服务要素的转包商。

②寻求满足需求方式。在虚拟组织模块化设计中，这一步将以生产要素的形式实施。生产要素也同样描述了产品和服务范围中的具体特征，服务要素描述的是客户可能订购的东西，而生产要素描述的是一个具体组织能够生产出来的东西。虚拟组织核心企业不断寻求能够将指定的服务要素转变为生产要素的方式。由于这些生产要素是由虚拟组织的潜在外包商提供的，该过程决定了基于生产要素之上的潜在链条的形成。可行的链条形成数目取决于两个因素：一是可以找到的外包商的数量；二是由于客户需求的限制性影响使协调者只拥有对虚拟组织设计的有限自由度。

③提出满足需求方式。管理有可能在外包商之间转移以便充分利用市场中动态变化的商业机会，成本、交付以及生产时间在其中起着很大作用。程序模块用于评估成员表现，无论从信息处理的角度看，还是从实体行为的角度看，都可以认为程序模块是一种标准的程序步骤。每一个转包

商都要把各自普通生产要素转化成一系列程序模块，在每一个可能的转化中，程序模块化网络都可以在各程序模块兼容基础上被设计出来。这些程序指出以哪种形式执行的模块可以满足客户的订单。对每一个虚拟组织成员而言，经营和交易成本的计算是根据行为基础成本技术得来的，而生产时间的计算方法则采取关键路线法技术。程序模块化网络同样可以用于考察外包商之间在资源分配上的局限性，这些局限性源于外包商可使用资源的缺乏。每一个程序模块都需要具体的资源才能执行。某些资源的缺乏自然会限制协调者选择虚拟组织的最好结构。所有这些计算都可用于外包商间生产要素的分配。也就是说，对外包商进行选择可以采用程序化模块网络这种客观的概念，而将一些更为主观的标准，如声誉、信任度或历史关系等纳入模块网络内容中。

④对分配程序中满意标准的调整。在采用"超管理"方式进行管理的虚拟组织中，对标准和目标进行考察的行为明显地融入了虚拟组织的绩效评估中，而绩效评估是管理行为的普遍特征。在模块化网络设计中，这一步是对前面所有步骤的评估。虚拟组织模块化设计可以对不同的满足同一组服务要素的程序化模块网络进行比较，以清楚地呈现出是否有必要对所有的商业程序进行改进和重新进行设计。而且，模块化设计还允许协调者对服务要素的组成、服务要素转变为生产要素的方式以及外包商网络的组成进行评估。

2.5.3　虚拟组织契约的治理机制

1. 信任声誉机制

虚拟组织是以高度发达的信息技术、通信手段和网络为基础的，这已经达成学界共识。高度发达的信息传输技术，不仅为企业间达成协议后业务的沟通提供了低成本的交流方式，更为重要的是，它能够有效地利用信任声誉机制为虚拟企业的契约提供相对低成本的事前防范和事后惩罚的治理机制。

通过在传统声誉机制中加入信息传递与加工机制，使得虚拟组织在合作创新过程中，即使不依靠契约各方的无数次交易，在具有一定信息传播量的交易网络中，就算是经常更新改变交易伙伴，缔约各方也能达成合作。因为，如果存在信息高效传播机制，契约一方的欺诈行为便能够迅速传播开来，欺诈一方潜在交易伙伴便能对其进行惩罚。最常见的方式是为避免自己受骗，他们对欺诈者采取排斥行为，即拒绝与欺诈者合作。在此过程中，是否存在高效率的信息传递渠道成为声誉机制起作用的关键条件。由此，虚拟组织契约之所以能够达成并保证实施与此紧密相关。

虚拟组织合作创新过程中，高度发达的信息传输技术和网络，意味着信息的传输近乎零时差，同时信息的分类检索和提取也是高效的。在这样的环境中，声誉将得到迅速而准确的传播，如果虚拟组织成员企业的缔约一方恶意违约，将会留存恶意违约纪录，致使其被虚拟组织剔出网络。高效率的信息传输技术使参与企业能够方便了解潜在交易伙伴的信用记录。因此，在虚拟组织中参与企业受信任契约的影响一般不会受到机会主义的影响，信任带来的未来收入流的贴现值将大大提高虚拟组织参与企业契约的可执行性。

2. 学习联盟机制

知识非线性扩张和协同效应的迅速增加，使得企业仅依靠自己的力量发展其需要的所有知识和能力，是一件花费昂贵并且困难重重的事情，因而企业具有相互学习的压力；同时，企业间相互学习能够产生"共生放大"效应，有利于创新资源的形成，产生了合作剩余，因而企业具有相互学习的动力。客观地说，这些相互学习的压力和动力是任何传统企业或联盟所具有的，但是为什么唯有虚拟组织属于学习联盟组织呢？主要具有以下理由。

（1）从组织结构的特征来看，传统企业联盟过分调分工的作用，实体组织结构把社会中企业隔离成具有有限边界的若干个体，企业间交流受到"法人边界刚性"的制约，如果没有法人资本的合作是很难进行经营业务合作的；而虚拟组织强调合作的效能，网状联盟式的组织结构使得信息流替代物流成为可能，企业突破了法人企业有限物质界限，企业间交流跨越了空间壁垒与制度壁垒，交流范围更广，组织间相互渗透更深。

（2）从联盟的主要要素来看，企业联盟按功能不同进行分类，主要包括技术互换、特许权交换、合作生产、联合销售、合作开发等多种形式，在上述种类的联盟过程中，尽管合作伙伴支付的要素可能不同，但是一般都包含有形资产（如土地、服务、劳动、资本等）和无形资产（如技术、知识技能和能力、价值理念等）的贡献和影响。传统企业联盟偏重的是基于设备、劳动、资本等有形资产要素的合作，重视对有形资产的控制，忽视对合作伙伴的知识技能和能力的吸收与积累；而虚拟组织侧重的是基于知识技能和能力等无形资产要素的合作，以数字化信息流为纽带将若干个企业贡献的核心知识能力捆绑在一起，能够有效地实现对联盟伙伴间技术、知识技能和能力的吸收和积累。

（3）从联盟意图来看，传统企业把联盟作为进入新市场时减少投资降低风险的手段，企业间形成联盟是为了保证快速和可靠地进入一个原先关闭的市场，或者是为了满足当地政府的要求，让他们分享商机；而虚拟组织把联盟作为进入对方的核心知识进而显著增加学习效果的手段，强调在合作双赢的驱动下学习和创造知识。

2.5.4 虚拟组织持续创新框架模型

根据虚拟组织持续创新的属性，我们可以借鉴国内外虚拟组织与持续创新的融合理论，为虚拟组织持续创新研究提供一种理论研究范式。由于虚拟组织持续创新的独特性与优越性，我们需要利用网络组织理论、知识管理理论、学习理论、关系治理理论、知识创新理论、创新能力理论、资源互补理论、交易成本理论等，对虚拟组织持续创新过程中显性知识资源与隐性知识资源的共享获取、集成创新、企业间学习能力、关系信任、知识创新过程中形成的知识存量与增量等不同视角展开研究。在此基础上，可以初步构建一个虚拟组织持续创新研究的理论框架。

虚拟组织实现持续创新需要明确三大系统：一是知识资源来源与共享系统，主要解决持续创新的前端问题；二是知识资源集成创新系统，重点探索持续创新的过程实现问题；三是新知识新需求创造系统，用以解决持续创新的后端持续性问题。这三大系统相互作用、相互促进、相互融合，进而产生持续创新系统。虚拟组织持续创新框架模型如图 2.11 所示。

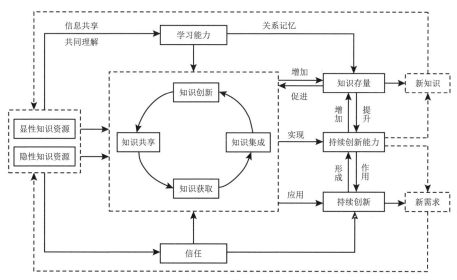

图 2.11 虚拟组织持续创新框架模型

从虚拟组织知识资源来源与共享系统来看，成员企业合作创新过程中，要贡献并共享自身从外部环境与网络资源中收集的信息、规则、惯例、流程、制度等显性知识资源，同时还要根据设计规则与产品模块嵌入内化技术、技能、经验等隐性知识，知识资源贡献与共享的数量与质量受企业间高度信任的创新环境及联盟学习氛围的影响。成员企业通过关系学习，加强显性知识资源的共享与隐性知识资源的共同理解，通过关系记忆增加虚拟组织知识存量，进而提升持续创新能力；通过信任降低信息知识交易成本，增强知识资源共享质量与效率，进而促进持续创新。

从虚拟组织知识资源集成创新系统来看，企业间获取的显性知识资源促进企业更新知识，理解客户知识与产品模块知识需求，并与自身知识快速匹配融入形成新知识，同时将自身专业知识更加精准地嵌入内化于产品模块，以增加产品附加值，借助通用框架设计规则，将专业知识模块及模块接口知识用共性语言或通俗语言的形式描述清楚，用于企业间知识模块的高效集成，在学习能力与高度信任的环境里高效集成，进而形成持续创新能力。

从虚拟组织知识资源新需求创造系统看，由于虚拟组织是在学习能力与信任机制作用下集成成员企业共享的显性知识资源与隐性知识资源，通过企业间核心能力的协同创新，能够快速形成高品质的产品，缩短产品从创意形成到商业化应用时间，从而提升客户的价值体验。以产品或项目作为交易载体，建立虚拟组织与客户的相互认知，获取客户新的知识需求及潜在需求，进而将新需求与新知识循环进入虚拟组织显性知识资源与隐性知识资源系统。

2.6 本章小结

开拓一个新的研究领域，概念界定是研究的前提，理论基础与文献梳理是研究的基础。由于前人研究虚拟组织、持续创新的成果较多，但是虚拟组织持续创新的研究的成果较少甚至空白，因此对虚拟组织持续创新概念的界定及理论溯源就显得尤为重要。

（1）界定了虚拟组织的内涵、特征与模式，通过梳理虚拟组织国内外文献脉络，明确了虚拟组织是以市场机遇为入口，借助外力整合企业资源与能力实现价值链完整功能的动态联盟组织。而后，剖析了虚拟组织的组织结构，认为虚拟组织是由核心企业与成员企业组成，成员企业依据价值链节点或产品任务模块贡献共享知识资源并协同创新的组织形式，并探讨了虚拟组织的四个基本经济特征，即价值创造碎片化、价值网络动态化、企业去管理化与运作轻资产化。在此基础上，创新性地提出了虚拟组织的四种组织形态模式，即内包模式、外包模式、众包模式与皮包模式。

（2）根据虚拟组织的结构属性与经济特征，从结构优势与技术优势两个维度识别并界定了虚拟组织核心企业的概念，依据企业结构优势与技术优势组合创新性地将企业划分为核心企业、次核心企业、弱核心企业和非核心企业四类；同时剖析了虚拟组织企业位势的驱动因素与转化机理、分类模式与转化路径。其中企业规模、企业素质与市场导向是形成企业位势的驱动因素。从非核心企业→弱核心企业→次核心企业→核心企业的路径演进中，认为内部扩张、战略联盟、价值网络重构与战略并购是企业位势由低到高转化的基本路径。

（3）基于虚拟组织的生命周期理论、资源互补理论与协同创新理论探讨了虚拟组织创新的稳定性、协同性与持续性。由于虚拟组织持续创新文献很少，本书从"虚拟组织—持续创新—虚拟组织持续创新"的理论框架系统梳理了虚拟组织创新持续理论溯源。同样，虚拟组织持续创新能力的研究文献偏少，通过"能力—创新能力—持续创新能力"的研究框架，从战略理论、经济学理论、知识经济理论与知识创新理论四个发展阶段解释了能力与持续竞争优势理论的演进过程；通过梳理文献探讨并明确了创新能力的内涵与构成要素，基于创新要素与创新过程两个视角，创新性地将创新能力解构为创新发起能力、创新实现能力、界面管理能力与关系学习能力。在此基础上，基于知识共享、知识整合与知识集成三个研究视角，通过对国内外文献系统梳理，理论上探索了虚拟组织持续创新能力的影响因素，即知识资源获取、知识集成、学习能力与信任。最后，又梳理了虚拟组织持续创新能力的路径依赖相关文献，理论上探索了成员企业间共享的知识存量、获取的知识质量，以及由学习能力与信任调节作用下知识获取的效率共同作用知识集成的效能，进而引发持续创新能力的提升。

（4）从虚拟组织持续创新面临的管理难题入手，从中寻找出虚拟组织成功运营的路径，即模块化与超管理，提出了虚拟组织持续新的研究框架，并结合虚拟组织持续创新的属性，探讨了虚拟组织成员企业间的关系治理机制。在此基础上，通过上述文献脉络梳理，提出了虚拟组织持续创新的研究框架，即虚拟组织显性知识资源获取与隐性知识资源获取在成员企业学习能力与信任机制的作用下，通过知识集成中介对持续创新能力的作用机制。

第3章 虚拟组织持续创新的内涵、本质与运行过程

互联网技术革命及消费者需求的不断更新，推动了虚拟组织的诞生与发展，作为新型的价值创造系统，虚拟组织以核心能力为节点，能够集成整合价值链上的优势资源，紧抓市场机遇，持续为客户创造价值。首先，本章以第2章虚拟组织持续创新的研究框架及前人文献综述为研究基础，结合虚拟组织的内涵、结构及特征，借助企业持续创新理论基础，提出虚拟组织持续创新的内涵，剖析并提出虚拟组织持续创新的本质即创造持续创新曲线；其次，在此基础上，基于创新过程与创新要素两个维度提出创新动力、创新过程、学习能力与界面管理是虚拟组织持续创新的四个构成部件，并进一步演化四个构成部件与持续创新的运行过程，丰富并拓展虚拟组织持续创新理论，旨在深化对虚拟组织持续创新的研究和认知，为展开虚拟组织持续创新能力的研究打下基础。

3.1 虚拟组织持续创新的内涵

虚拟组织作为新产业结构的经济本质，通过对企业价值链的分拆、集成与重组，能够重构企业价值链条及其链上的价值分布，延伸并整合企业核心能力及关键资源，使之具有企业价值链的所有功能，是介于企业与市场的中介动态组织。因此，要探索虚拟组织持续创新的内涵与本质研究，首先要在虚拟组织理论研究基础上诠释其与传统联盟组织之间的创新差

异，结合持续创新的研究，提出虚拟组织持续创新的内涵与本质。

3.1.1 虚拟组织

虚拟组织是以互联网信息技术为基础载体，以市场机遇为入口，基于战略共识与共同目标联结在一起的动态能力联盟，而市场机遇顾客对新产品及服务的需求或原有产品的更新换代，机遇具有时间性、约束性及效益风险等特性。从内涵上看，虚拟组织即为捕捉市场机遇而存在的一种动态网络组织，核心企业组建虚拟组织的首要任务就是识别市场机遇，其关键在于对市场环境的分析、预测未来市场的发展变化，持续从中预见、洞察、捕捉和识别市场机遇；从本质上看，虚拟组织就是一个核心能力机会联盟，通过成员企业间信息联系、知识、技术及成本共享等资源与能力连接方式实现合作创新（Goldman et al.，1991），并通过组织与环境界面实现资源交流与价值转移，实现组织与市场的价值置换功能。可见，虚拟组织作为信息化、数字化、网络化的新型动态经济组织，其独特的资源配置方式与能力重组模式，为成员企业提供了一个无限利用或共享跨界资源的合作创新平台，并形成一种让参与企业使用自身并不曾拥有的资源而获得虚拟利益的合作机制。相比传统联盟经济组织，虚拟组织在创新方式上具有的经济特征见表 3.1。

表 3.1　　　　传统联盟组织与虚拟组织在创新方面的比较

类项	传统联盟组织	虚拟组织
核心能力	独有、分散与多元	协同、集成与整合
形成机理	市场组织化的结果，基于规模经济实现的战略一体化合作	企业市场化的结果，基于市场机遇实现的能力重组
创新方式	创新是在联盟企业原有价值链或流程的基础上进行	借助互联网信息技术平台，搜索整合价值链异质互补性资源
创新过程	串行作业	并行作业
反应速度	市场反应缓慢	反应敏捷快速
组织结构	静态性、稳定性	动态性、可重塑性

由表 3.1 可以看出，任何企业组织自身拥有的资源总是有限的，虚拟组织作为一种新的资源配置与能力重组的专业化经营方式，提供了一种无限利用或共享跨界资源的动态结构，并形成一种让参与企业使用自身并不曾拥有的资源而获得虚拟利益的合作机制。虚拟组织不仅可以拓宽融资渠道，而且还能够缩短从产品概念到现金流的商业化周期，其创意决策是基于市场机遇的特性和社会资源、网络资源的能力供给状况下形成的，在不降低经济效益的前提下，实现信息成本、代理成本与投资成本减少的同时，提升了网络资源的利用效率。

由此可见，构建虚拟组织创新有两种方式：一是价值链创新，即将价值链上各价值节点依据参与企业核心能力及优势资源高效配置重组；二是竞争关系上的合作创新即共赢。因此，虚拟组织实质是为了抓住并实现市场机遇，借用并整合外部核心资源与能力来拓展自身企业价值链完整功能，依靠组织敏捷性及创新速度性来实现组织规模经济的速度化与差异化竞争优势。高度市场不确定性与产品复杂性催生了虚拟组织的形成与发展，而组织柔性引发的对市场机遇反应的敏捷性与能力协同创新促动的速度性决定了虚拟组织创新的持续性与稳定性，可见，虚拟组织是建立在与动态环境相适应的动态稳定型组织，动态性是基于组织结构中成员企业资源的更新与调整，稳定性是虚拟组织相比传统组织对动态环境更能适应与变通，且价值创新目标及资源较为聚焦，在共同打造速度经济与品质经济的同时，更能赢得客户的青睐及对品牌的忠诚，进而更能把握市场机遇，延续组织生命周期以实现虚拟组织的持续性。

3.1.2　持续创新

创新是企业各种生产要素的重新组合，创新活动本身具有间断性，即非连续性（约瑟夫·熊彼特，2007），是赋予资源以创造财富的新能力（彼得·德鲁克，1998）。基于此种理论思想，受欧盟资助立项的"21世纪的持续性技术创新政策研究"项目（POSTI，1999—2001年）于1999年从持续创新的目标及标准两个层面提出了持续创新的定义：一是具有持续性目标的创新；二是具有环境质量改进目标的创新。沿用创新理论思想，结合现实情况，创新实质上就是应用新观点、新方法、新知识实现新品创造、流程再造、技术与制度创新的全过程，是开发与开创的有机结合。单从持续创新来看，还需要强化组织学习的效能，通过学习可以增强知识获取、吸收与转化进而产生新知识以增加知识存量，以实现产品管理、技术管理、市场管理进行持续改进（Boer，2001）。因此，从创新要素与创新过程来看，创新又是组织知识、技术、流程等创新资源与人财物等支持资源循环交互作用的过程；从创新效益来看，企业创新的目的是为了持续不断地实现创新收益以扩大再生产规模从而形成规模经济。可见，持续创新就是企业在特定经济社会环境下，生产或接受、消化吸收和应用有价值的新颖性知识，从而更新和扩展产品线、服务、工艺、制度的过程。持续创新的内涵与定义见表 3.2。

表 3.2   **持续创新的内涵与定义**

研究视角	研究者	时间	持续创新的内涵与定义
目标与标准	POSTI	1999	一是持续性目标的创新；二是环境质量改进目标的创新
学习与创新	Bore	2001	持续改进、学习和创新的相互作用，是开发与开创的完美结合
创新对象	Camison	2004	新品创造、流程再造的创新系统
方法与手段	Soosay	2005	运用新观点和新方法的过程
创新过程	Davison & Hyland	2006	知识、技术、流程等创新资源与人财物等支持资源交互作用的过程
周期与绩效	向刚	2005	相当长时期内，持续推出和实施新的创新项目并实现创新效益的过程
创新要素	李支东和黄颖	2009	对各种生产要素的创新性集成，包括管理创新、技术创新与市场创新

通过对持续创新内涵的梳理，实现持续创新需要满足三个关键要素：一是时间的持续性，即通过产品更新或改良或新产品、新项目的产生自然

延长组织的生命周期，使得从项目或机遇→酝酿→组建→运作→终止→新机遇/新产品→再酝酿→再组建→再运作……实现周而复始、循环迭代；二是效益上的持续性，无论从创新方法、创新工艺、创新手段、创新制度的改进，还是创新思想、创新流程、创新要素的改善均是为了在不影响品质经济的前提下降低成本、提高产品实用价值与附加值，进而为客户和企业创造效用和价值，以获取产品、品牌及客户的长期持有；三是发展上的持续性，基于生命周期的自然延伸及产品价值的持续性，组织发展的持续性才能成为可能，在此，发展的持续性还要考虑环境变量的可持续性，遵循欧盟资助项目（POSTI）提出持续性的概念，除了价值目标与时间目标外，还要加强对环境改善的关注，此处的环境从企业与社会层面而言指的是企业的社会责任，即发展的持续性要履行外部环境的改善责任，此外，还要关注企业持续创新环境的改善，如信任与学习环境等。

3.1.3 虚拟组织持续创新

通过对虚拟组织及持续创新内涵的文献梳理，可以得出，虚拟组织持续创新就是利用组织柔性对市场机遇反应的敏捷性与能力集成创新的速度性，持续不断地获取市场机遇，实现从创意到产品商业化应用的创新循环过程。虚拟组织持续创新的本质就是聚焦机遇与效率对组织共享的资源与能力等创新要素集成与重组，通过持续创新不断更新组织的核心能力，快速创造满足机遇需求与顾客多样化、层次化、个性化需求的核心产品及产品组合，实现顾客价值与组织创新价值的统一。基于虚拟组织持续创新的定义有以下四个特性：①虚拟组织具有自组织与自我调节功能，外部环境变化时，会根据市场需求特性及组织目标打破结点、资源和活动三者原有的平衡，更新合作企业及企业组合能动地适应环境；②维持虚拟组织持续创新的关键在于共享远景规划与结构资本、合力打造组织品牌与建立高度信任文化；③虚拟组织共享的是成员企业的核心能力，因此在人才、信息、技术、资金、成本等资源要素相比传统联盟更具创新优势与竞争优势；④虚拟组织持续创新是知识"生产→存储→应用→再生产→再存储→

再应用"的循环往复过程。

3.2 虚拟组织持续创新的本质

虚拟组织的组织结构决定了其协同创新的经济功能及比较优势，同时也因为目标完成或项目终结使得虚拟组织经济生命结束，因此延长虚拟组织的生命周期是虚拟组织持续创新的经济基础。实际上，相比传统联盟组织，虚拟组织更具有较强的生命力。首先，虚拟组织凭借其对市场机遇的预见、捕捉及反应速度，能够精准识别客户的核心需求及隐性需求，为需求转换及产品创新赢得了先机，在满足客户需求的同时也可持续获得客户潜在的机遇流与产品流；其次，参与企业核心能力的共享、交互及并行作业在产品或项目创新速度、创新品质、创新成本上具有明显的比较优势，在为顾客价值创新的同时，提升了虚拟组织品牌的知名度、美誉度与忠诚度，从而扩展了市场规模并夯实了客户基础，因此市场机遇及隐性机会、新产品创造与老产品创新随着虚拟组织的持续创新渐变为常态化；最后，虚拟组织的动态结构决定了其具有的自组织功能，虚拟组织主导企业联结一个或几个核心能力互补、利益共享、风险共担、相对稳定、流动性小的骨干企业组成，通过主导企业或协调委员会（Alliance Steering Committee，ASC）负责组织构建、战略决策、内部协调、资源整合、职能分配等（包国宪和贾旭东，2005），即虚拟组织可以通过建立"合作企业池"实现组织因机遇、目标及资源能力要素需求的不同适时更新选择合作企业，以完成虚拟组织生命的持续性。由此看来，虚拟组织也是有创新生命周期的，且组织创新曲线呈 S 形，并经历孕育期、成长期、成熟期和衰退期四个阶段，主要是通过关联产品、关联项目、合作企业适时选择与更新以及各种方式创新来延长其生命周期，客观上也延长持续创新周期。

综上所述，敏捷性作为虚拟组织的本质特征贯穿于其持续创新的全生命周期，虚拟组织创新实质上就是共享的资源与能力等创新要素的集成与重组。基于关联产品或关联项目在时间上的持续性，从而也决定了虚拟组织在其生命周期内从首次创新、二次创新、三次创新到 n 次创新历经创意形成、创意实施、商业化应用的循环往复全面运作模式。从微观层面讲，也可以说是技术范式经过饱和极限后不断演化的过程，在创新生命周期内遵循着生产（Production）→开发（Development）→预研（Advanced Research）→再生产（Reproduction）的 PDAR 衍生性创新模式。基于虚拟组织创新是建立在"市场机遇→产品价值实现→新机遇→新产品价值实现"这一价值创新循环，可见其创新轨迹具有间断非连续性特征。由于持续创新是一个在时间和创新产出上持续不断的过程，且创新资源因产品或项目的不同在投入总量与配置结构上不会均匀分布，持续创新能力也不会随时间推移而均匀提升，因此虚拟组织持续创新不是线性轨迹，而是沿着每次创新曲线在技术范式饱和极限后向上不断延伸形成的一种螺旋式上升、波浪式前进的间断性持续演化轨迹，其被称为虚拟组织持续创新曲线（见图 3.1）。持续创新曲线由于持续创新的综合特性存在着若干个蜿蜒上升的回峰，是组织不断实现创新设想→创新研发→创新生产→需求满足→新创新设想→创新预研的链式循环持续的过程。因此，虚拟组织持续创新的本质即为创造持续创新曲线。

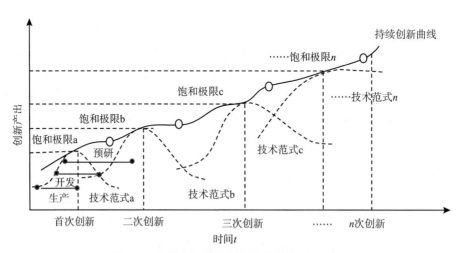

图 3.1　虚拟组织持续创新演化曲线（PDAR）

综上所述，虚拟组织持续创新曲线是时间上的持续性、市场机遇获取的持续性及从创意到商业化过程的持续性叠加效应，彰显了虚拟组织拥有市场机遇洞察捕捉的敏捷性、合作伙伴选择的自我组织性与自我更新性、资源能力共享获取的柔性与高品质性等合作创新的优越性。当然，要明晰虚拟组织持续创新的运行过程，有必要弄清楚虚拟组织合作伙伴的选择、合作网络的治理以及创新收益的分配机制。

3.3　虚拟组织合作伙伴的选择

虚拟组织中合作伙伴关系的构建是一个非常重要的问题，它直接关系到虚拟组织持续创新的成败。同时，虚拟组织中合作伙伴的选择与优化，又是虚拟组织构建过程中的一个重要阶段，该阶段需要全面权衡各种因素，对潜在的合作企业进行全面考察，并从中选出最优化的伙伴组合。在虚拟企业运行之前，首先要对伙伴进行选择，虚拟组织合作伙伴的寻找过程包括在线发布合作伙伴需求信息，同潜在合作伙伴沟通，对潜在合作伙伴进行初步评价，对最终的合作伙伴进行定量评价及根据评价结果选择最优合作伙伴，同合作伙伴签约。

3.3.1　选择原则

1. 核心能力原则

组建虚拟组织的目的之一就是为了获取优势互补，而这种"优势"就是各成员的核心竞争力。从这点上讲，具备核心竞争力是能够参与虚拟组织的基本条件。因此选择合作伙伴的首要步骤就是识别潜在合作伙伴的核心能力，看潜在的合作伙伴的核心能力是否能弥补自身核心能力的部分或全部不足之处。若潜在合作伙伴的核心能力与自身的核心能力不具有互补性，那么企业在该阶段就淘汰出局；否则企业就可进入下一阶段的考核。

换言之，参加虚拟组织的合作伙伴必须具有并能为联盟贡献自己的核心能力，而这一核心能力又正是虚拟组织确实所需要的，从而避免重复投资，降低虚拟组织的学习成本，提高合作项目的完成质量与效率，这是虚拟组织立足之根本。

虚拟组织形成的合作网络连接偏好性的"择优连接"表明企业会倾向于选择连接数目较多的网络节点，它们一般具有较强的生产能力和较高的行业声誉。与较高声誉的企业合作可以提高企业自身（在合作网络中）的地位，而与较低声誉的企业合作的结果则相反。择优连接机制的存在一方面是时间的原因，通常集群中的老企业有较长的时间来积累与其他企业的关系连接；另一方面一些企业通过先进的技术、有竞争力的产品以及良好的管理，在短时间内也能够获得大量的关系连接。

2. 敏捷性原则

通常虚拟组织的敏捷性是指企业应对环境（需求、竞争、市场等）不确定性变化，并将变化转换变现为机会的能力。虚拟组织构建合作创新网络的目的就是为了更好地把握快速变化的市场机会，包括对外部环境变化的快速反应以及在网络内部合作伙伴之间并行创新实现快速任务协作。由此，我们将虚拟组织的"敏捷性"同时定位于外部获取机会信息的敏捷性与内部合作创新的敏捷性。其中，外部敏捷性即对虚拟组织外部环境变化的快速反应能力，如市场策略的调整、伙伴的重新选择等；内部敏捷性即对虚拟组织内部资源集成事例的快速协调控制能力，如组织内部信息、材料的快速组织协调等。与传统组织不同，虚拟组织缺乏高层级的调控机制，因而伙伴间的协同控制变得非常重要。这就要求在评价潜在合作伙伴时，除生产能力之外还需同时兼顾信息和知识交流的便捷性，而不是片面地追求评价指标的全网络最优。

虚拟组织构建的本质是为了提高企业应对外部环境变化的敏捷性，因而在合作伙伴的选择过程中，需要侧重关注提升内部敏捷性的问题。内部敏捷性要求虚拟组织合作伙伴之间具有良好的信任关系，地理距离相对接近，联结成本及交易成本最小，最小化的网络直径需要保证任意两个伙伴之间的生产信息和材料传输路径最短，从而增强内部敏捷性。假设核心企业 s 在网络 G 中搜寻合作伙伴 v 的沟通成本与它们之间的距离 $d_G(s, t)$ 成正比。于是，敏捷性原则便反映为虚拟组织成员间沟通的便捷（中介节点尽量少）问题。可以用图 G 的直径（任意两个节点之间距离的最大者）来度量图 G 中节点沟通的便捷性，表示为 $\text{diam}(G) = \max\limits_{x,t \in G}\{d_G(s, t)\}$，用集合 $VE = (V_{ve(p)}, E_{ve(p)}) \in G$ 表示，合作网络 G 中针对项目 p 最后形成的虚拟组织，其中 $V_{ve(p)}$ 是虚拟组织成员集，$E_{ve(p)}$ 是虚拟组织成员之间联系的边集。因此，虚拟组织的敏捷性问题就是让 $\text{diam}(VE)$ 尽可能的小，这是虚拟组织运作的必要条件。

3. 学习能力原则

虚拟组织的一个主要目标就是迎合和把握快速变化的市场机会，因此对各个伙伴企业具有较高的敏捷性要求，要求其对来自虚拟组织外部或虚拟组织合作伙伴之间的服务请求具有一定的快速反应能力，这就需要合作成员企业建立一种适应动态变化的学习能力，通过互动学习避免组织犯错误或者是避免组织脱离既定的目标和规范，是一种允许出现错误的复杂的循环的组织学习过程，很大程度上依赖反馈机制，可见，虚拟组织实质上是一种学习联盟的组织。学习型联盟是企业联盟的高级形式，由若干企业基于互联网信息技术为载体集成共享各自核心知识以学习吸收与整合合作伙伴的知识技能和能力，并与合作伙伴共同创造新知识的动态联盟，具有联盟知识性、联盟创造性、联盟紧密性、联盟超时空性、联盟民主性五大基本特征（万伦来和达庆利，2002）。面对产品的高度复杂性与市场的高度不确定性，组织唯有通过学习和变革，才能保持领先的竞争优势。组织与组织间通过互动交流，使得知识得以交换、分享、重组与整合，学习过程即为知识创造、知识应用与知识获取的过程，该过程能够改善或增强组织知识规模与知识结构。

（1）从联盟知识性特征来看，虚拟组织创新过程本身就是基于企业间的存量知识的共享交互，成员企业对获取的知识进行匹配选择与嵌入融合，更新自身的知识资源体系，虚拟组织学习联盟强调知识、能力等无形要素的合作，而传统组织强调资本、劳动与设备等有形物质要素的合作。

（2）从联盟创造性来看，虚拟组织成员企业间通过知识交互，能够把握市场动态与发展趋势，精准理解与定义客户需求，在协同创新框架规则与业务流程指导下，企业间通过共性语言交流能够产生知识联想并获取有价值的知识信息，从而生产新知识，形成知识存量与知识增量。也就是说，虚拟组织的存量知识通过共享可以创造出更多价值性知识，而传统组织中有形的物质资本在创新过程中只能单独享用，只发生增值不大的价值转移。

（3）从联盟紧密程度来看，虚拟组织成员企业基于战略共识、创新目标贡献自身知识并将之内化于知识模块，知识模块通过流程规则与知识集成形成产品，价值创新过程本身是成员企业紧密联系、相互学习的过程。由于知识共享能够带来双赢，增强了企业间学习交流的互信程度，并且信息技术使得企业间交流更加方便快捷，企业间联系更加紧密。

（4）从联盟超时空来看，虚拟组织是基于"互联网＋"信息技术载体形成的能力联盟，基于网络的触角可以全天候渗透到世界各地的任何企业，并处于"一直在线"的学习状态，从而使得虚拟组织可以超越时空组织资源与能力，进而实现持续创新。

（5）从联盟民主性来看，虚拟组织与传统联盟组织不同，传统联盟组织一般要发生实物产权关系转移，而虚拟组织在协同创新过程中没有重资产沉没成本约束，成员企业进退组织相对自由，知识共享与知识获取也较为民主。

总之，虚拟组织显著地表现出学习型联盟的五大特征，充分理由认为虚拟组织是一种学习型联盟组织，虚拟组织与传统企业联盟基于学习能力的主要区别见表3.3。

表3.3 虚拟组织与传统组织的联盟区别

比较项目	虚拟组织	传统组织
组织结构	网状、扁平式	科层、金字塔式
联盟方式	网络化多层级合作	简单合作

续表

比较项目	虚拟组织	传统组织
联盟要素	知识技能、能力	资本、劳动、设备
联盟意图	学习创造知识、拓展能力	垄断竞争
联盟范围	世界各地	区域性
联盟利润	合作双赢	零和博弈

4. 风险最小化原则

由于合作伙伴的选择面临着不确定性，除了能力不确定性之外，合作伙伴可信任度及动机的不确定性会为企业间交互关系带来很大的风险，如市场风险依旧存在，只不过在个体伙伴之间得到了重新分配；且整合后的风险有降低的可能，亦有增大的可能。虚拟组织中的伙伴企业通常面临不同的组织结构和技术标准、不同的企业文化和管理理念、不同的硬件环境等，这些因素大大增加了联盟中的合作风险。在选择伙伴时必须认真考虑风险问题，并选择正确的伙伴以最大程度上回避或减少虚拟组织整体运行风险。因此，合作伙伴选择偏好性的"熟悉连接"表明相互熟悉的合作者具有再次合作的先行优势。而且，企业间往往愿意通过不断重复过去的交往关系来提升相互的熟悉度，这种熟悉度可以清楚地预知与一个给定的合作伙伴进行再次合作所带来的收益；反之，熟悉度也会带来彼此较高的信任度。因此，虚拟组织中成员企业之间的以往合作经历是选择的重要参考指标。

由于企业间合作的重复性，不同的生产任务需要不同类型企业来完成，有合作关系的企业不一定覆盖产业内所有的生产类型。因此，完全依靠历史合作关系，有可能使得某些生产任务无法实施。例如，对图 3.2（a）中节点 s 而言，如果其信任的节点（相邻）无法完成某项任务，合作伙伴的认可以及推荐也能降低一个潜在伙伴在质量和动机上的不确定性。但是，如果邻居 a 推荐了 b，同时另一个邻居 c 推荐了与 b 有相同生产能力的 d，那么，现在的问题是 b 和 d 该如何选择？按照社会网络中的信任传递关系，需要评价 a 和 c 分别对其推荐的邻居 b 和 d 是否有足够的（资源、信息、信任）控制能力，以使得 b 或者 d 能够被监督（从而被信任）地加入虚拟组织中来。

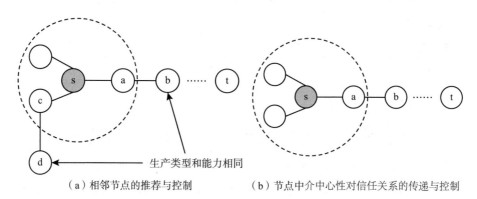

（a）相邻节点的推荐与控制   （b）节点中介中心性对信任关系的传递与控制

图 3.2　相邻节点对信任关系控制与传递

一般而言，中介中心性可用于测量网络中处在某一位置上的个体能够控制与其他个体之间的交往程度，因而网络中具有较高中介中心性的节点本质上更容易担当中介或者桥接的作用。这是由于高介数节点有利于网络结构的稳定性与持续性，损失这些节点可能会破坏网络的结构，网络中没有其他连接可以绕开这些高介数节点的短路径。虚拟组织合作创新网络中，两个非邻接（没有直接合作关系）的成员间的相互作用依赖于网络中的其他成员，特别是位于两个成员之间路径上的那些成员。中间成员对路径两端的成员具有更大的关系影响，它们对这两个非邻接成员的相互作用具有某种控制和制约作用。风险最小化即选择正确的伙伴以期在最大程度上回避或减少虚拟企业整体运行风险，在这里主要体现为企业之间的信任。为了缓和与降低合作伙伴选择风险，企业间合作交互目前主要倚重两种形式的社会资源：过往联系和第三方联系关系。因而，合作网络中企业的信任主要来自两方面：一是邻居（以往的合作伙伴）；二是具有较高中介中心性的邻居所推荐的节点。对于后者，一个可信邻居的中介中心性大小表明了其对所推荐节点的控制能力。因此，对信任问题的风险最小化可以转化为最大化有推荐能力的邻居的中介中心性问题。如图 3.2（a）中 a 和 c 的控制能力即是比较其中介中心性大小；在图 3.2（b）中，s 首先从直接邻居中选择合作伙伴。为了优化虚拟组织的生产能力，它也接受可信邻居的推荐节点加入虚拟组织。出于信任问题的考虑，当邻居 a 向 s 推荐自己的其他邻居 b（s 的二阶邻居）时，只有 a 对被推荐的节点有足够的控制能力时，s 才能够信任 a 的推荐，这就要求 a 的中介中心性足够高。类似地，如果邻居关系路径 Path = {s，a，b，…，t} 上的中介节点的中介中心性足够高： $\min\limits_{v \in \text{Path}\{s,t\}} \{C_B(v)\} \geqslant C_{B0}$ 其中（C_{B0} 为信任传递阈值），s 甚至可以信任多阶（$\geqslant 2$）邻居的推荐。值得说明的是，信任强度是随着传递距离的增加而衰减，所以传递距离越短越好，这与敏捷性原则一致。

3.3.2 选择机制

现在，商业机会 P 被企业 $s \in V$ 识别，则 s 充当了项目经纪人的角色，把项目 P 分解成 m 个不同的生产任务，并负责选择合作伙伴。综合考虑上述合作伙伴选择的四个原则，合作伙伴选择机制可表示为

$$\begin{cases} \max\limits_{v \in V_{ve(p)}\{s\}} \{C_D(v)\} \\ \min\limits_{v \in V_{ve(p)}\{s\}} \text{diam}(VE) \\ \max\limits_{v \in V_{ve(p)}\{s\}} \{C_B(v)\} \end{cases} \qquad (3-1)$$

用函数 $f(v) \in P$ 表示合作伙伴 v 被分派的任务集，则式（3-1）须满足的条件为

（1）$\bigcup_{v \in V_{ve(p)}} f(v) = p$，且 $f(v_i) \cap f(v_j) = \varnothing$，$\forall v_i$，$v_j \in V_{ve(p)}$，$i \neq j$；

（2）$C_B(v) \geqslant C_{B_0}$，$v \in \{V_{ve(p)}\{S\}\}$，且 $\deg(v) > 1$。

上述合作伙伴选择机制分别表示最大化企业核心能力，最大化虚拟企业的选择敏捷性（即最小化图的直径，通信距离短）以及最小化选择风险性（即最大化中介中心性，信任度高）。因此，该选择机制构成了一个多目标决策问题。在四个原则中，基本的原则是核心能力原则，而学习能

力、信任和敏捷原则可以看作对核心能力原则的约束。更进一步，出于对网络规模的考虑，敏捷性原则在伙伴选择中也十分重要。敏捷性是虚拟组织资源组织与能力协同的独特属性，反映敏捷性的指标即图的直径，有以下定义性质。

定义1 直径 $\mathrm{diam}(G)$ 的性质：

（1）G 是全联通网络，则 $\mathrm{diam}(G) = 1$；

（2）G 是星形网络，则 $\mathrm{diam}(G) = 2$；

（3）G 是线性网络，则 $\mathrm{diam}(G) = |V| - 1$。

定义1说明在全联通网络和星形网络中，节点之间的距离最短。所以，以这种方式形成的虚拟组织敏捷性和信任性都会很高。下面的推论剖析了在必要情况下，信任的传递控制问题。

推论1 如果 G 是 k 层星形网络，则 $\mathrm{diam}(G)_k = 2(k-1)$。

证明：当 G 是 1 层星形网络时，整个网络只有一个节点，$\mathrm{diam}(G)_1 = 2(1-1) = 0$。当 G 是 2 层星形网络时，根据定义 1 -（2），$\mathrm{diam}(G)_2 = 2(2-1) = 2$。多层星形网络如图 3.3（a）所示。

假设：当 G 是 k 层星形网络时，$\mathrm{diam}(G)_k = 2(k-1)$，$k \geqslant 2$；当 G 是 k+1 层星形网络时，将前 k 层结构看作一个节点，那么它与第 k+1 层的节点组成一个新的星形网络，如图 3.3（b）所示，则 $\mathrm{diam}(G)_{k+1} = \mathrm{diam}(G)_k + 2 = 2(k-1) + 2 = 2[(k+1) - 1]$。

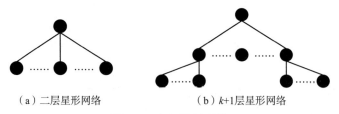

（a）二层星形网络　　　　　　（b）k+1层星形网络

图 3.3　多层星形网络

星形方式连接的虚拟企业 VE 的敏捷性要大于（直径小于）线性方式连接，只需满足 $K \in \left[1, \dfrac{|V_{ve(p)}| + 1}{2}\right]$。这说明，如果 VE 中离 s 越近的节

点能够推荐多个具有较高能力（声誉）的邻居加入 VE 则 k 越小，此时虚拟组织具有较高的敏捷性（通信距离短）和节点之间信任性（信任传递距离短）[①]。

基于合作伙伴选择机制，借鉴公式（3-1）的基本规则，提出虚拟组织合作伙伴选择的五个步骤。

（1）确定一个项目机会 P，将该项目分解成为 m 个生产任务模块 p_i，其中 $1 \leqslant i \leqslant m$。

（2）企业 s 识别了项目机会，开始在合作网络中选择 $m-1$ 个合作伙伴形成虚拟组织。

（3）对于任务模块 p_i，$1 \leqslant i \leqslant m$，$s$ 节点首先查询其所有的邻居节点，匹配邻居节点的生产能力与任务 p_i 的功能要求。选择中心性度较大且生产能力在项目实施期间可用的节点作为其合作伙伴的初始解决方案 VE。初始解决方案能够完成任务 $p_0 \in p$。

（4）s 节点设定信任传递阈值 C_{B_0}。满足 $C_B(v) \geqslant C_{B_0}$，$v \in \{V_{ve(p)}S\}$ 的节点会搜索其全部邻居节点。如果 v 的某个相邻 $u \notin \{V_{ve(p)}S\}$ 满足：$-f(u)=p$，$p \in p_0$，则比较 u 和 VE 中相同功能节点的度的大小（网络中心度），在 VE 中留下较大者；$-f(u)=p$，且 $p \notin p_0$，且 $VE \cup \{u\} \to VE$。

（5）如果步骤（4）中选择的伙伴不足以完成 $m-1$ 项生产任务，则降低阈值 C_{B_0} 回到步骤（4），直到 VE 中的成员刚好满足 $m-1$ 项生产任务的分派。

综上所述，可以看出 S（即初始解决方案中的成员）从邻居开始搜索体现了敏捷性原则，如果有多个相同功能的节点处于备选，则选择度中心性较大的节点体现核心能力原则。

3.3.3 评价指标与方法

从 3.3.1 节和 3.3.2 节可以看出，虚拟组织合作伙伴选择过程中，最

---

① 袁华，刘耘等. 基于合作网络的虚拟企业伙伴选择研究［J］. 管理工程学报，2016，30（1）：80-87.

主要的还是要考虑从哪些方面来评价备选企业的能力，即要先确定虚拟组织合作伙伴选择的评价指标体系。

1. 评价指标体系的构建

借助虚拟组织合作创新的独特属性，以及现有学者的研究成果总结，最终选择以下指标作为虚拟组织合作伙伴评价指标体系集合。

产品设计研发能力（C1）：虚拟组织均是以高技术成果转换成产品为主，在实际成果转换成产品的过程中，会遇到一定的技术难题，因此，需要不断地进行技术攻关，这就需要加盟企业必须要具有较强的产品研发能力，从而为虚拟组织的顺利投产提供技术支持保障。

企业互补性（C2）：主要是考虑所加盟企业是否与各企业之间具有互补性，虚拟组织的组建最基本的原则是各企业之间利用自己的优势资源来快速完成技术成果的转换，因此，互补性是加盟企业之间必须具有的一个特性。

企业整体实力（C3）：企业整体实力也是在进行虚拟组织构建过程中必须考虑的问题，高技术成果转换虽然能得到较丰厚的利润，但是前期投入也较大，整体实力较雄厚的企业在财力和人力资源提供方面会更具有优势，在各种资源整合与企业管理经验上更为成熟，特别是对产品营销方面具有更多的优势，有利于产品快速地投入市场，获得更多的顾客认可度。

学习和创新能力（C4）：主要是指所选择的企业要具有较强的学习能力和创新能力，在虚拟组织中，更多的是彼此之间的互补性，为了及时了解和掌握技术，就必须具有较强的学习能力，在学习并掌握的同时，实现技术创新，以推动产品的不断创新，保证企业的核心竞争力，以获取更多的利润和产品市场周期。

企业的可整合性（C5）：主要是指最终的企业之间是否能快速地整合，如果不能快速地将各企业进行整合，形成一个统一体，则有碍于虚拟组织的正常运行，甚至影响技术转换为产品的周期，最终导致虚拟组织的失败。通过以上分析可以看出，影响虚拟组织合作伙伴选择的主要因素为五个方面，分别是企业的研发能力、虚拟组织之间的互补性、加盟企业的整体实力、加盟企业的学习和创新能力以及企业之间的可整合性。

虚拟组织在合作伙伴选择过程中，一般通过初期的调查，选择与项目相关且有能力合作的企业作为备选合作伙伴，假设针对某高技术成果，欲组建一个虚拟组织将该高技术成果转化成产品投入市场，主要组织企业通过前期的调查和筛选，最终确定有 n 个企业有资历加入该项目共同组成虚拟组织进行技术成果转换，但是考虑到资源需求的有限性等原因，最终只需要选择两家企业作为最终的合作伙伴。为了选择最优的企业加盟构成新的虚拟组织，组织企业聘请相关专家构成评审团对 n 个企业进行调查和评价，假设最终得到的评价信息见表 3.4。

表 3.4 　　　　　　　　　　**备选企业的评价指标**

指标	产品设计研发能力（C1）	企业互补性（C2）	企业整体实力（C3）	学习能力与创新能力（C4）	企业的可整合性（C5）
备选企业 1	X_{11}	X_{12}	X_{13}	X_{14}	X_{15}
备选企业 2	X_{21}	X_{22}	X_{23}	X_{24}	X_{25}
备选企业 3	X_{31}	X_{32}	X_{33}	X_{34}	X_{35}
……					
备选企业 $n-1$	X_{n-1}	$X_{n-1,2}$	$X_{n-1,3}$	$X_{n-1,4}$	$X_{n-1,5}$
备选企业 n	X_n	X_{n2}	X_{n3}	X_{n4}	X_{n5}

其中 X_{ij} 表示第 i 个虚拟组织在第 j 个指标下的评价值。在对虚拟组织合作伙伴择优选择过程中，一般预设一个最好的正理想虚拟组织合作伙伴评价准则和一个最差的负理想虚拟组织合作伙伴评价，所有备选企业评价结果与预设的正理想虚拟组织合作伙伴评价准则的贴近度越大，而与预设的最差虚拟组织合作伙伴评价准则贴近度越远，则表明对应备选企业越优秀，因此，基于理想的评价方法常被用于虚拟组织合作伙伴择优的评价和排序[①]。

---

① 邵际树，余祖伟. 基于灰色关联度的虚拟企业合作伙伴选择评价方法 [J]. 统计与决策，2016（23）：40-43.

2. 评价方法

结合上述评价指标体系的构建思想，用以下计算方法选择最优的合作伙伴。

（1）考虑到每个评价指标的重要性不同，可以采用相关的权重确定方法来确定五个虚拟企业合作伙伴择优评价指标的指标权重，设最终确定的指标权重向量为：$\boldsymbol{W} = (w_1, w_2, w_3, w_4, w_5)$，其中 $W_j > 0$ 表示第 i 个择优评价指标的权重值。

（2）构造虚拟组织合作伙伴择优评价加权评价矩阵 $\boldsymbol{V}$。对表3.4中给出的合作伙伴择优评价数据的每个列向量乘其对应权值，得到加权归一化决策矩阵为

$$\boldsymbol{V} = \begin{bmatrix} v_{11} & v_{12} & v_{13} & v_{14} & v_{15} \\ \vdots & \vdots & \vdots & \vdots & \vdots \\ v_{i1} & v_{i2} & v_{i3} & v_{i4} & v_{i5} \\ \vdots & \vdots & \vdots & \vdots & \vdots \\ v_{n1} & v_{n2} & v_{n3} & v_{n4} & v_{n5} \end{bmatrix} = \begin{bmatrix} \omega_1 x_{11} & \omega_2 x_{12} & \omega_3 x_{13} & \omega_4 x_{14} & \omega_5 x_{15} \\ \vdots & \vdots & \vdots & \vdots & \vdots \\ \omega_1 x_{i1} & \omega_2 x_{i2} & \omega_3 x_{i3} & \omega_4 x_{i4} & \omega_5 x_{i5} \\ \vdots & \vdots & \vdots & \vdots & \vdots \\ \omega_1 x_{n1} & \omega_2 x_{n2} & \omega_3 x_{n3} & \omega_4 x_{n4} & \omega_5 x_{n5} \end{bmatrix}$$

（3）确定虚拟组织成员企业合作伙伴择优标准，分别为正理想状态向量 $\boldsymbol{v}^+ = (v_1^+, v_2^+, v_3^+, v_4^+, v_5^+)$ 和负理想状态向量 $\boldsymbol{v}^- = (v_1^-, v_2^-, v_3^-, v_4^-, v_5^-)$。其中 $v_j^+ = \max_{i=1,\cdots,n}\{v_{ij}\}$，$v_j^- = \min_{i=1,\cdots,n}\{v_{ij}\}$。

（4）计算备选企业的加权评价向量与正理想状态向量 $\boldsymbol{v}^+$ 和负理想状态向量 $\boldsymbol{v}^-$ 之间的距离 S^+ 和 S^-，其中第 i 个备选企业与正理想状态向量 $\boldsymbol{v}^+$ 的距离为

$$S_i^+ = \sqrt{\sum_{j=1}^{n} (v_{ij} - v_j^+)^2}$$

式中，第 i 个备选企业与正理想状态向量 $\boldsymbol{v}^+$ 的距离为

$$S_i^- = \sqrt{\sum_{j=1}^{n} (v_{ij} - v_j^-)^2}$$

（5）计算备选虚拟组织成员企业与理想状态的相对贴近度定义为

$$C_i = \frac{S_i^-}{S_i^- + S_i^+} \quad 0 < C_i < 1, \quad i = 1, 2, \cdots, m$$

备选虚拟组织成员企业与正理想状态向量之间的距离 S_i^+ 越接近，C_i 越接近 1。

（6）对每个备选成员企业根据对应的贴近度指标 C_i 进行排序，C_i 越大，表明对应虚拟组织成员企业的评价结果越好，在虚拟组织合作伙伴选择过程中，应该优先考虑。

3.4 虚拟组织合作网络的治理

虚拟组织网络中，成员企业利用市场交易实现资源配置的同时，还可以通过与其他合作企业之间的非正式合约，利用合作企业的资源与能力，这样虚拟组织扩大了单个企业可利用的资源与能力范围，使其资源边界越来越模糊，同时非正式合约使虚拟组织的成员企业摆脱了市场机制的协调作用，节省了交易成本。如何保证虚拟组织成员企业之间的有效协调，就成了虚拟组织网络治理面临的主要问题。

3.4.1 虚拟组织治理问题

1. 虚拟组织信息不对称问题的双重性

虚拟组织中存在一定意义上的委托—代理关系，而这种关系的特殊性导致虚拟组织的信息不对称问题具有双重性，即存在双向的信息不对称。其一，最先获得或发现市场机会的企业在发起组建虚拟组织时，必然要寻找其他合作伙伴。被选择的成员企业作为代理人拥有更多的信息，寻求合作伙伴的企业作为委托人而处于信息劣势，这时就出现了正向的信息不对称。其二，在运作过程中，寻求伙伴的企业一般与每个被选择企业都发生直接关系，但被选择企业除了与寻求伙伴的企业发生直接关系之外，与其他被选择的非核心盟员一般很少发生直接联系，这种关系决定了核心企业处于信息优势地位，因此又产生了反向的信息不对称。这种双重的信息不对称问题加重了虚拟组织成员之间的非效率与非协作，产生了诸多需要治理的问题。

2. 虚拟组织中的非效率与非协作

（1）虚拟组织中存在"道德风险"与"逆向选择"问题。虚拟组织本身并不具有法人地位，缺乏对成员企业有效的监督与控制机制，当成员自身利益与联盟或联盟中的其他成员出现冲突时，各成员自然会选择对自身有利的行为，从而出现"道德风险"问题。该问题一般体现在两个方面：一是契约不完备性本身导致的虚拟组织内部各方的非合作博弈；二是成员对已签订合同的不认真履行甚至毁约，两者都会导致虚拟组织整体利益受到损害。"逆向选择"是由于寻找合作伙伴的企业在选择合作伙伴时，不能完全了解与识别潜在合作伙伴的条件禀赋与实际情况而产生的。表现为越是低水平或不相匹配的潜在合作伙伴越是容易成为现实的成员企业，或越是高水平或相匹配的潜在合作伙伴越容易退出。

（2）核心企业存在对非核心企业等部分成员企业权益的侵犯。在虚拟组织中，核心企业拥有实现目标所必需的关键性资源（如核心技术、市场地位、信息优势等），并依靠其对整体效率的贡献而获得权威力量，在一定程度上享有剩余控制权。这种基于关键性资源的权威和服从关系通常表现为核心企业对合作者的管理输出和超边界管理，发挥原来只有在实体企业中才存在的干预、指挥和协调作用。为满足自身利益，核心企业在控制和支配其他成员企业的同时，可能做出对其他成员企业的权益进行侵犯的行为。

（3）虚拟组织成员之间的信任危机。虚拟组织成员之间的信任危机主要来源于三个方面：①信任建立的缓慢性。在传统企业中，所在地相对集中，工作中的频繁交流为信任的培育和发展提供了条件。而虚拟组织缺少这种培育信任的基础而使信任的建立相对缓慢。②信任维系的困难性。

各方之间信任的建立是缓慢的，但它却可能转瞬即逝，一旦信任被破坏对其重建又需要相当漫长的过程。③潜在的风险性。虚拟组织中信任的建立与发展始终蕴涵着巨大的风险，如由于虚拟组织的动态性，现在的合作伙伴很可能随其解体而成为未来的竞争对手。因此在虚拟组织在合作过程中可能导致企业本身核心技术的外泄和核心能力的丧失，大大增加了有关技术与知识产权的风险。

3.4.2 虚拟组织治理模式构建

虚拟组织作为新兴的治理模式，与传统企业治理和市场治理存在显著的区别：①网络治理的运行基础是各成员组织之间关系的协调和维护以及组织内外部资源的整合，既不是命令与控制，也不是投机与交易；②网络治理的目标具有多元性，包括平衡成员利益、协调成员关系、促进资源整合，以实现整体利益最大化；③网络治理的主体具有多元性，网络治理的主体不仅包括股东与人力资本提供者，而且还包括顾客、供应商、债权人、社会公众等其他利益相关者；④治理机制具有多样性，既包括组织间信任机制、沟通协调机制等社会资本治理机制，也包括市场机制、舆论监督等外部治理机制。实际上，虚拟组织网络治理的目标主要是解决两个问题：①对成员企业的非协作与非效率行为以及对成员企业的权益侵犯行为进行监督与制约；②解决成员企业之间的信任危机与对成员企业之间关系的协调与维护。具体而言，通过构建核心企业的权力机制与外部市场治理机制、信任机制、集体惯例与互惠规范，以及网络文化机制加以治理。虚拟组织创新网络治理模式如图 3.4 所示。

1. 权力治理机制

在传统的科层式组织中权力往往与职位相对应，而核心企业在虚拟组织中因其对稀缺资源的占有而拥有一定的权力，这种权力的内涵超越了传统的界定。权力机制是核心企业凭借其权力影响其他成员的行为并对各成员进行组织、协调、监督与约束，带有较高的强制性。非核心成员企业对此权力的认可和服从会使其行为倾向于获取整体利益的提高，如共享信息、降低成本等。当某成员做出了损害公共利益的机会主义行为或其他不合作行为时，核心企业可凭借其网络权力，号召或影响其他成员联合对违约成员进行制裁和惩罚，在一定程度上能够有效地处理在合作中出现的机会主义和"搭便车"等问题。

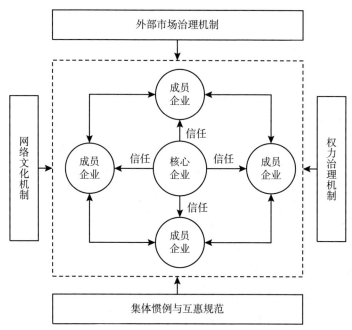

图 3.4　虚拟组织创新网络治理模式

2. 外部市场治理机制

基于虚拟组织核心企业拥有的权力，可以通过权力机制对非核心企业的非合作行为进行约束。然而，同样是基于核心企业拥有的权力，核心企业对非核心企业行使一定的控制权的同时，对其进行的权益侵犯却很难通过内部机制进行治理。外部市场包括产品市场、声誉市场及各种以法律与制度为基础的外部保障，产品市场的竞争对效率提出了较高的要求，在一定程度上控制了虚拟组织成员的非协作行为；在声誉市场存在的情况下，即使当前投机行为对成员企业而言可能带来很高的回报，它也会考虑到声誉对长期利润的影响而采取谨慎态度；以法律与制度为基础的保障机制，尤其是公开的监测机制和惩罚机制的引入可以使成员从事违约行为的被发现概率提高、收益下降，从而对其行为产生刚性约束。

3. 信任机制

信任原是一个心理学概念，后来被引入经济学、管理学领域，用于人与人之间、经济实体之间的关系研究。现有研究对信任的概念界定主要基于以下三个视角：从信仰的角度，认为信任是合作各方坚信，没有一方会利用另一方的弱点去获取利益；从选择的角度，认为信任是个体面临预期的损失有可能大于预期收益的不可预料事件时，做出的非理性的选择行为；从意愿的角度，认为信任是建立在对另一方意图和行为的正向估计基础之上的不设防心理状态。实际上，不管研究角度如何，现有研究基本达成一个共识，即信任的本质是交易伙伴之间的一种关系属性，是通过成本—收益的整体考虑所做出的对合作者的行为预期。信任是一种在新的商业环境中提升企业的凝聚力和竞争力的机制，是虚拟组织中建立信任关系的各部分及其之间的作用方式，以及为促进和维持信任关系所使用的手段、方法等。在虚拟组织中构建的信任机制主要包括信任建立与信任维护两个方面，主要措施包括：成员企业的正确评估与合理选择、内部信任评审体系的构建、加强成员间信息沟通与交流、跨文化管理等。同时虚拟组织外部也应建立一定的信任支撑体系，如引入虚拟组织信息服务平台、构建良好的信息网络、建立社会信誉机制等。

4. 集体惯例与互惠规范

虚拟组织是一种动态的网络组织，具有不稳定性，但网络本身却赋有一种机制，在它的背后隐藏了一种具有弹性的非正式的人际网络模式，从而在虚拟组织内部产生集体惯例，以克服成员之间信息不对称的治理难题。虚拟组织自形成之初就存在的准永久性的双边关系可以在成员之间逐渐强化而形成互惠规范，从而保证交易的顺利进行。集体惯例与互惠规范可以对各成员之间的关系进行调节，组织内成员做出任何违反惯例与规范的行为，都将受到其他组织成员对其疏远、隔离甚至撤销其成员资格的惩罚。

5. 网络文化机制

网络文化是由虚拟组织中多个成员企业文化进行互动整合而形成的。空间跨越与文化差异的存在导致虚拟组织间的沟通障碍，从而影响企业间信任的建立与合作关系的维系。建立一种以信任、责任与团队意识为核心价值观的合作型网络文化可以促进虚拟组织整体合作氛围的形成。在虚拟组织中，合作型网络文化促进合作伙伴之间的广泛互动和交流，强化合作是成员企业义务的价值理念，从而达到成员目标与整体目标相一致。

通过上述分析，明确了虚拟组织合作伙伴的选择原则、选择机制与选择方法，均适用于构建初期对合作伙伴的搜寻选择及创新过程中对合作伙伴的自我更新。同时，针对虚拟组织网络治理问题提出五大治理机制，这些机制与方法对虚拟组织持续创新中存在管理痛点提供了一定的解决方案，但是若要使虚拟组织持续创新周期延长，还需要研究虚拟组织创新收益的分配机制，利益分配的合理性直接影响虚拟企业的运作效率和成员企业间的信任程度。

3.5 虚拟组织创新收益的分配

目前学界关于虚拟组织利益分配模式的研究主要有三种：一是基于博弈论与委托代理理论建立协商谈判模型；二是运用数学与算法分析分配模型；三是基于上述两种方法根据案例优化分析与实证研究。重点解决两个问题：一是合作创新收益如何分配；二是如何对利益进行协调。为此，本书根据虚拟组织的创新属性，构建虚拟组织创新收益分配指标体系，设计兼顾功能性和均衡性的利益分配和协同模式。

3.5.1 利益分配指标

虚拟组织利益分配过程中，决定利益分配的因素是各方关注的焦点。虚拟组织由核心企业主导，连接成员企业异质性与互补性能力，并将合作企业的核心能力配置到虚拟组织整体价值链上，从而实现虚拟组织价值链的完整功能。虚拟的本质在于突破企业资源与能力的组织边界，通过借助外部资源与能力来拓展或延伸自身的功能或能力，以完成单靠自身资源或能力无法达成的绩效目标，是一种功能上的虚拟。

虚拟组织创新过程中，成员企业风险是非常重要的因素，因为参与虚拟组织构建意味着自身的核心价值链嵌入企业价值创造，外部环境的不确定性和成员企业能力限制使得风险增大。然而，仅仅关注企业风险因素的利益分配指标是不完整的，参与虚拟组织联合创新，一方面意味着参与环节的资本和人力投资，另一方面意味着成员企业的能力贡献。根据虚拟组织持续创新的特征和基于功能进行模块化组合的组织结构特征，将虚拟组织收益分配指标界定为三个维度：成员企业风险、成员企业投资和成员企业能力。

1. 成员企业风险

成员企业参与虚拟组织创新具有较高风险和机会成本，如上下游企业间的相互信任风险引致的衔接成本，成员企业间的文化差异风险引致的沟通成本，以及成员企业间的利益冲突风险引致的谈判成本等。由此，可以将企业风险分为环境风险、关系风险、信任风险三个解释变量。

2. 成员企业投资

虚拟组织本质是功能虚拟，即不同的成员企业通过能力互补实现虚拟组织的整体功能，参与虚拟组织意味着成员企业将自身某一部分功能或者优势价值链环节加入虚拟组织整体的价值创造中，是成员企业的一种投资行为，包括成本性投资与创新性投资。

3. 成员企业能力

企业能力是成员企业参与虚拟组织创新的能力。虚拟组织的竞争优势很大程度上取决于成员企业价值链环节"1 + 1 > 2"协同创新能力，一方面，价值链环节上各成员企业的能力强，则虚拟组织整体的竞争力强；另一方面，成员企业能力在虚拟组织价值链上具有外部性和溢出效应，能够促进成员企业间的知识共享和合作创新。由此，成员企业能力包含知识获取、知识整合和知识创新三种能力。

综上所述，虚拟组织利益分配指标体系归集为三个维度，即企业风险、企业投资和企业能力，以及八个解释指标，即环境风险、关系风险、信任风险、成本性投资、创新性投资、知识获取、知识整合与知识创新。但是，从虚拟组织的功能虚拟本质和组织结构特征考虑，成员企业在参与虚拟组织合作创新过程中，不可能将自身的技术、研发、品牌、信息、创新与市场方面的能力全部配置到虚拟组织价值链中，而只是其中的一个或几个部分。为了解决类似问题，本书在操作层次下又增加了一个层次，对成员企业风险，分别从发生可能性 P_i 和影响程度 E_i 两个维度进行描述；对成员企业投资，分别从是否投资 P_i 和投资规模比重 S_i 两个维度进行描述；对成员企业能力，分别从参与可能性 P_i 和能力层次 A_i 两个维度进行描述。这样既解决了虚拟组织利益分配实际操作中是否将某一指标纳入的问题，也解决了每一操作指标的影响大小问题，即每个操作指标都有两个指标维度进行描述，从而形成了一个完整的虚拟企业利益分配指标体系，如图 3.5 所示。

3.5.2　利益分配方法

在利益分配方法中，最为常见的有两种：一种是线性加权分配方法 [式 (3-2)]；另一种是非线性加权分配方法 [式 (3-3)]。

$$y_1 = \sum_{j=1}^{n} w_j x_j \qquad\qquad (3-2)$$

$$y_2 = \prod_{j=1}^{n} x_j^{w_j} \qquad\qquad (3-3)$$

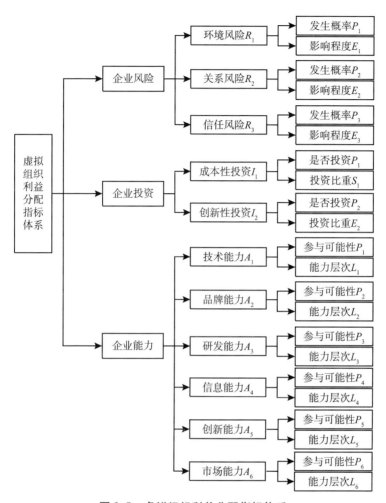

图 3.5　虚拟组织利益分配指标体系

式（3 - 2）和式（3 - 3）中，x 代表单位利益分配额；w 代表单位分配权重；y 是一个虚数，表示利益分配的效用值。

线性加权分配方法对权重和指标值越大的指标越为敏感，该方法的分配结果主要反映被分配对象各项指标的"功能性"，长期使用该方法容易诱导利益分配过分关注优势对象，而忽略其余分配单位的利益；非线性加权分配法对权重和指标值越小的指标就越敏感，该方法的分配结果主要反映被分配对象各项指标的"均衡性"，长期使用该方法容易诱导被分配对象间利益的过分平均。在虚拟组织利益分配过程中，长期使用线性加权分配方法容易导致利益分配过分向核心企业倾斜而忽视其他成员企业的利益水平；长期使用非线性加权分配方法则容易导致利益分配在所有成员企业中向过于平均的方向发展，不能客观地反映成员企业对于虚拟组织合作创新资源的贡献，减弱了成员企业的合作积极性及核心企业的合作信心，可能会导致虚拟组织的合作破裂[①]。

由上述分析可知，线性加权平均分配法侧重于考虑各个分配对象之间的"功能性"，非线性加权平均分配法强调各个分配对象之间的"均衡性"，两种方法没有进行很好的结合。在虚拟组织合作创新过程中，如何有效地兼顾并协调公平性原则和效率性原则，即一方面反映核心企业由于处于虚拟组织价值链的核心环节而获得的占优利益；另一方面兼顾成员企业利益，通过利益分配的均衡进而增强成员企业间的合作与信任关系，保证虚拟组织的持续运转。为此，本书采用兼顾"功能性"和"均衡性"的利益分配模式，即

$$y = \lambda_1 y_1 + \lambda_2 y_2 = \lambda_1 \sum_{j=1}^{n} w_j x_j + \lambda_2 \prod_{j=1}^{n} x_j^{w_j} \qquad (3-4)$$

式中，y 代表利益分配效用值；w_j 表示单位利益分配额 x_j 的权重系数；λ_1 和 λ_2（$\lambda_1 \geq 0$，$\lambda_2 \geq 0$，$\lambda_1 + \lambda_2 = 1$）表示"功能性"与"均衡性"在利益分配结果中所占的比重，称之为协调系数；w_j 由每个分配单位的利益分配因子 α_j 除以单位的利益分配因子总和而得，与成员企业利益分配额正相关。

$$w_j = \frac{\alpha_j}{\sum_{j=1}^{n} \alpha_j} \qquad (3-5)$$

式中，α_j 的值由图 3.5 中利益分配指标体系求得。假设虚拟组织由 n 个成员企业组成，虚拟组织的利益为 $R(n)$，则虚拟组织利益分配模式为

---

① 包国宪，王学军，柴国荣. 虚拟企业的利益分配与协调研究 [J]. 科技进步与对策，2012，29（24）：123 – 126.

$$y = \max \begin{bmatrix} \lambda_1 \left(\dfrac{\alpha_1}{\alpha_1 + \cdots + \alpha_n} x_1 + \dfrac{\alpha_j}{\alpha_1 + \cdots + \alpha_n} x_j + \dfrac{\alpha_n}{\alpha_1 + \cdots + \alpha_n} x_n \right) + \\ \lambda_2 \left(x_1^{\frac{\alpha_1}{\alpha_1 + \cdots + \alpha_n}} \cdots x_n^{\frac{\alpha_n}{\alpha_1 + \cdots + \alpha_n}} \right) \end{bmatrix} \quad (3-6)$$

$$\text{s. t.} \quad 0 \leqslant x_i \leqslant R(n)$$

$$\sum_{i=1}^{n} x_i = R(n)$$

虚拟组织新的利益分配模式一方面协调了利益分配中的"功能性"和"均衡性";另一方面使得虚拟组织利益分配的效用值达到最大,即在已知虚拟组织利益 $R(n)$、权重系数 w_j 的情况下求解使得虚拟组织效用值最大的成员企业利益分配值 x_j。此外,协调系数 λ_1 和 λ_2 的计算公式为

$$\lambda_1 = \frac{y_1}{y_1 + y_2}, \quad \lambda_2 = \frac{y_2}{y_1 + y_2} \quad (3-7)$$

式中,y_1 和 y_2 分别为线性加权分配方法和非线性加权分配方法下得到的最大化虚拟组织利益分配效用:

$$y_1 = \max \sum_{j=1}^{n} w_j x_j, \quad y_2 = \max \prod_{j=1}^{n} x_j^{w_j} \quad (3-8)$$

3.6 虚拟组织持续创新的构成部件与运行过程

虚拟组织作为核心能力共享与协同创新的联盟共同体,实现持续创新首先要明晰持续创新的动力,因为它是持续创新的起点及来源,关系着市场机遇的有效识别、客户需求的精准定位以及创新资源的重组与配置;其次是创新过程,它是实现持续创新的核心,关系着产品(项目)品质与品牌的升级转换及客户价值与合作绩效的实现;再次持续创新的基础因素是知识的流动及利用,而学习能力的作用结果是知识与经验的积累、更新、转化与对流,直接影响着创新动力,作用于创新过程,可见学习能力是持续创新的基础;最后虚拟组织是一个跨组织的动态联盟,在组织间节点及职能模块分工节点均需要通过界面管理予以关系协调,因为它关系着

创新动力的强度、创新过程的效率与速度、学习能力知识转化的力度，所以说，界面管理是持续创新的手段。上述四个要素部件的耦合与交互作用演化了虚拟组织持续创新的运行机理，以此实现组织知识、技术、流程、信息、渠道等关键资源要素的整合和循环流动，实现虚拟组织持续创新流动。

3.6.1　构成部件

1. 创新动力

创新动力是虚拟组织持续创新的来源，是组织持续创新意识以及推动激励组织持续创新的所有因素和条件的总和，持续创新需要循环往复的持续创新动力来驱动。根据熊彼特创新理论的观点，创新的本质即各种要素的新组合，敏捷性作为虚拟组织的本质特征，机遇产品或项目对虚拟组织而言每一次都是各种要素的重新组合，所以其本身就是一种创新。在20世纪50年代到80年代，大量学者从市场拉动、技术推动、政府启动、创新偏好、自组织创新等不同视角拓展了创新动力理论，但是创新的原动力来自组织对超额利润的追求和企业家创新精神（李宇和林菁菁，2013），因此创新驱动是以相关利益者为核心，由技术、市场、流程、知识、信息、社会经济等多种要素相互作用形成的创造性动态系统。

创新依赖于市场需求和期望的变化，虚拟组织凭借主导企业敏锐的预见力与洞察力发现并识别市场机遇。首先，确认其基本面是符合产业政策及产业方向，因为这些因素决定了该机会未来发展的空间与体量，影响着虚拟组织后续的运营成本、合作绩效及持续合作的新机会与意愿；其次，还要评估该机会产品现有市场的竞争结构给予创新带来的竞争压力与利润空间；再次，就市场机会转化为概念产品并给顾客价值及延伸价值进行定位；最后，定义产品并将职能模块按照虚拟组织的能力予以配置至合作企业，通过能力共享、流程整合、知识集成等创新过程输出新产品满足顾客需求，在此基础上又会产生或创造顾客新需求及潜在需求，使得虚拟组织循环往复地推动组织持续创新。此外，持续合作产生的绩效利益与产业政策给予的政策激励依据契约机制合理分配，运用合作创新绩效及利益分配机制推动并增强成员企业持续合作的意愿，同时也可以用之约束合作过程的机会主义行为。从上述分析中可以看出，虚拟组织在创新动力来源及结构分解上与传统企业联盟相比主要突出一个"快"字。传统企业联盟在协同创新中的竞争优势来源于难以模仿的互补性资产，从而获得李嘉图租金；而虚拟组织则是在模块化生产方式的背景下，依据"业务归核化"法则设法通过能力模块的快速组合而实现创新。首先，资源模块自组织速度快，虚拟组织作为一个资源整合体，具有高度的组织柔性，能够将原本分散的创新资源依据价值链功能分布快速有效地集成与重组；其次，合作创新速度快，虚拟组织是以成员企业能力重组作为共享基础的动态"强强联合体"，知识技能等创新资源专业化程度高度聚焦且并行分布作业，充分发挥协同创新速度效应；再次，信息资源交互对流迅速，虚拟组织凭其完整的信息网络能够对不断变化的市场机遇作出灵敏的嗅觉反应，同时可以将产品或项目相关信息数字化并沿着供应链节点准确迅速传递共享至每一个合作伙伴；最后，成员企业因能力的异质性与互补性促使虚拟组织企业间形成战略依赖性与目标一致性，在强化组织资源协同与信息交互对称性的同时形成流程性惯例与制度化行为，从而加快商业流程中的商业化速度与效率，实现从机遇预见与识别、成员选择与组织构建、能力集成与职能分配、顾客价值创造转换与传递等商业流程的敏捷性与速度性，所以说敏捷性是虚拟组织持续创新的本质属性。

市场机遇需求所要求的知识水平与成员企业实际知识水平之间的差异构成了虚拟组织成员企业间合作创新的主要引力，虚拟组织创新是知识积累和知识创新双向循环的动态互动过程。从创新的内在动力来看，可以借助于物理学中"势"的概念来描述虚拟组织集成的技术知识水平，处于价值链战略环节的成员企业因竞合互动的合作关系共同组成一个知识场，拥有核心能力的成员企业被称为知识主体，在核心技术领域内知识深度和知识广度共同决定了知识主体在知识场中的知识势。市场环境中客户需求是企业知识创新的目标吸引区。要达到这个目标，企业必须达到并满足一定的知识势，该知识势是目标知识势（党兴华和魏龙等，2005）。当目标知识势高于企业知识势时，企业作为一个知识子系统，产生知识创新压力，从而激发成员企业创新意识和创新行动，通过信息的传递与反馈作用，知识创造被共享并激发新的知识创造，最终经过知识的选择、复制、整合、融合、验证等过程，知识创新不断涌现。

综上所述，虚拟组织的创新驱动是技术推动与市场需求拉动的有机结合。如果因客户需求产生的市场拉力使虚拟组织成员企业产生合作的动机与意愿，那么因合作创新催生的知识交互、更新与进化形成的技术推力并由此获取的超额能力租金则是捆绑并驱动成员企业持续合作的行为和结果。从技术推动与需求拉动双轮驱动模式促使虚拟组织形成持续创新动力系统，将其分解为四种动力：一是市场需求与产业方向交互作用产生的市场拉力；二是成员企业间能力重组与功能资源协同创新过程中形成的技术推力；三是市场关联客户同质化产品与分销渠道形成的竞争压力；四是合作利益分配及虚拟组织成员企业间声誉、信誉、品牌、渠道、信息等关键资源与能力互补共享所产生的内在动力。四种动力相互作用、相互影响、共同发力促使虚拟组织在创新过程的支持下产生持续不断、循环往复的合作创新动力系统，如图3.6所示。

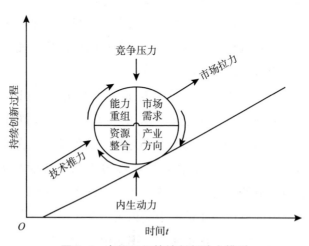

图 3.6　虚拟组织持续创新动力模型

2. 创新过程

创新是一个从投入到产出的过程，是创意形成并创造出新商业价值的过程，是虚拟组织生存与发展的根本。持续创新是在一长段时间内组织对拥有知识、流程与技术等关键资源创新性整合的持续循环过程。虚拟组织因其共享核心资源与能力等创新资源使之创新功能具有完整性、互补性与敏捷性，所以其创新过程输出的产品（服务）较其他组织更具竞争优势、更令客户满意，从而更能诱发多种创新产品或项目并使之相互作用产生复合效应，多种产品或项目在时间和内容上的紧密相联可以补充虚拟组织单个创新产品或项目本身的非连续性，使创新活动成为一个持续性的动态整体，促使组织持续发展。创新来源于创意，而创意则是对创新机会的识别，创新机会往往和问题及机遇相互作用交织在一起。所以，创新投入的前提基础是发现市场机遇，经识别、分析评估识别后形成创意或产品概念输入创新过程，最后输出产品，所以创新过程实质上就是一个从创意形成、创意实施到商业化应用的投入产出过程（李支东和黄颖，2009）。可见，虚拟组织营造的网络环境下，合作创新过程呈现新的经济特征：一方面，创新过程强调内外信息的网络连接以及信息传递的适时与实效，即产销见面、信息协同等；另一方面，强调信息在创新过程中的流动性和创新网络的动态性。换言之，虚拟组织创新过程就是信息搜索、获取、吸收、整合与创造、发布与评价反馈的过程，是信息与知识在外部环境与内部成员企业间的流动与交互、获取与扩散、吸收与转换的过程。

随着时间的推移及知识经济的进步，创新过程因人们对创新要素观念的改变而发生了相应的变化，创新过程的演进经历了以下五个阶段实现升级换代，归集总结出了五代创新过程模型，见表 3.5。

表 3.5 　　　　　　　　　　　创新过程模型的演变

类型和时间	创新过程特征
第一代：技术推动模型（1950—1960 年）	线性时间序列过程；起点为 R&D，终点为投放到市场上的产品；强调 R&D 的推动作用

续表

类型和时间	创新过程特征
第二代：需求拉动模型 （1960—1970 年）	线性时间序列过程；起点为市场和客户需求，终点为生产技术；强调市场是创新思想的源泉
第三代：耦合模型 （1970—1980 年）	时间序列过程，但前后阶段之间存在反馈循环；强调 R&D 和市场的整合；生产技术细化源自市场需求的创新思想；同时市场反馈也细化由 R&D 生成的创新观点
第四代：知识集成模型 （1980—1990 年）	市场和 R&D 紧密耦合的集成模型；平行研发和集成研发都非常重要；注重较强的供应商关系和客户关系；强调 R&D 和生产的集成
第五代：系统集成 （1990 年至今）	信息技术将平行研发充分集成在一起；注重供应商和客户的战略伙伴关系；专家系统；强调灵活性和以质量而非价格因素为主的研发速度

综上所述，虚拟组织创新过程本质就是创意输入、产品输出到商业化应用的过程，其创新速度来源于组织语言的沟通简化及信息持续反馈，从而减少决策时间和新产品进入市场的时间。创意来源于新的市场机遇或者现有产品的改善更新升级契合核心客户有效需求的机会又或发现潜在客户的隐性需求，是新颖性和创造性的设想，它通过主导企业的市场预见力和洞察力予以识别、分析、构思及定义，形成创意或产品概念输入，而后通过对合作企业共享的技术、程序、知识与信息等创新资源与能力进行识别与集成，按照各自核心能力与优势资源予以重组后再进行职能分配，围绕创意产品目标在各自能力与职能分工匹配的基础上进行创新整合，将创意或概念产品转化为产品，进入商业化应用阶段，该阶段经济功能主要有两个：一是机遇经合作创新过程转化为产品以满足客户核心需求；二是合作创新能力的强强联合凝结形成产品的价值与附加值以实现客户价值最大化，以激发客户重复购买的欲望及对品牌资产的持续认可，从而创造客户潜在需求，相应地改变了虚拟组织的生产函数，实现商业利润。但是创意形成、创意实施及其商业化应用并非一个单向推进的线性过程，而是每创新一步，既是对前面的过程的继续与深化，同时又需要对前面的过程进行验证与完善。因此，虚拟组织创新过程是一个前后过程相互作用、相互影

响的交互迭代、往复循环的创新过程，如图3.7所示。

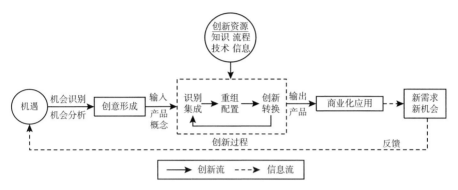

图 3.7　虚拟组织持续创新循环往复迭代过程

3. 学习能力

持续创新的本质在于知识的流动，而知识创造、传递、扩散与储备依存于学习能力（Boer，2001），学习能力的作用结果实质就是为组织输入与输出知识资产。近年来随着知识经济与虚拟经济的兴起，诸多学者认为虚拟组织本质即为知识的集合体，创新不过是对现有知识存量的排列组合。根据创新系统理论，虚拟组织中参与企业的构成提供了组织创新所需的基础知识地图，参与者在学习、投资及关系互动促使从客户到供应商流程之间的信息传播及转移，强化了知识、经验、技术等关键资产的共享、吸收与转化，进而加速组织创新。由于虚拟组织是由两个及以上具有互补知识资源的企业组织的动态联盟，因此虚拟组织存在两类知识：一是组织知识，即各成员企业独有的显性知识和隐性知识，包括个人和组织；二是组织间知识，即各成员企业共享的显性知识和交互的隐性知识，而在虚拟组织知识系统中只有组织贡献出的可共享的组织间显性知识和隐性知识才能进行知识创新及价值创造。所以，这两类知识在个人、组织、组织间不断地流动、交互、更新、吸收与转化，促使组织间知识创新与知识转化，而组织间知识转化与创新过程实质上是组织间的互动学习过程。野中郁次郎和科诺（Nonaka & Konno，1998）从个人及组织知识转化角度提出了 SECI 知识创新模型，认为知识创新过程是由隐性知识与显性知识经过社会化（Socialization）、外部化（Externalization）、结合化（Combination）、内部化（Internalization）四种方式交互作用往复迭代转化而完成的。在此基础上，赫德伯格和霍尔姆克维斯特（Hedberg & Holmqvist，2001）将 SECI 知识转化过程引入到虚拟组织，提出了虚拟组织"组织—组织间"的学习与知识创新模型，但也不够完善，因为虚拟组织知识创新发生在个人、组织、组织间三个层面，因此结合上述两种模型拓展了虚拟组织转化与学习模型，如图 3.8 所示。首先个人层面通过学习可持续创造、积累的隐性知识经过 SECI 转化形成组织层面可共享、吸收与转化的存量知识；同样各组织层面创造、积累的隐性知识通过 SECI 知识系统转化形成组织间的存量知识，可以供成员组织及个人共享、吸收、更新及转化，最终又更新与转化为个人的隐性知识，个人的增量知识与存量知识与他人及组织分享，又可引发新一轮的组织知识创新，新创造出的知识不断积累，通过社会化过程将组织常规性隐性转化组织间共同常规并与其他组织分享，通过组合化将组织规则等显性知识转化组织间共同规则并与其他组织分享，从而又引发新一轮组织间学习与知识创新。可见，虚拟组织中的学习与知识创新是从个人层面开始，通过"个人—组织—组织间"三个层面主体的隐性知识与显性知识交互转化，形成了学习与知识持续性创新螺旋式上升往复迭代过程。

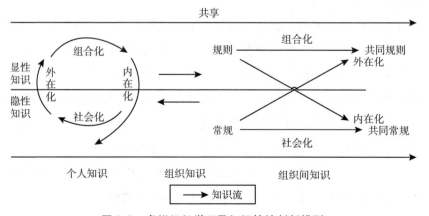

图 3.8　虚拟组织学习及知识持续创新模型

虚拟组织基于网络的开放性和关系特征促使知识在充分信任的基础上进行交互、叠加与聚合作用，产生协同创新效果及协作创新效率。同时，合作企业共享关键资源的专业化创造了虚拟组织知识与能力的多样性及组织间知识外溢所产生的创新机会，从而使得核心能力在虚拟组织价值链上存在的外部性和溢出效应促进了参与企业知识的共享和合作创新。实际上，虚拟组织为合作企业提供了一个自组织学习及知识创新平台，借助此平台合作企业通过交换更新专业知识、信息、思想及理念的同时又产生了新的思想与理念，经过再次理解与完善形成新的创新行为与共识。由此可见，虚拟组织合作节点之间的互动过程就是学习与知识创新的过程，通过不断地吸收转化对方知识，叠加、调和与放大共享的优势资源从而实现合作创新。

4. 界面管理

虚拟组织持续创新的关键来源于合作企业间资源、信息、功能和组织维度形成的关系互动，在关系互动中实现知识流、创新流的传递与转化。关联界面作为企业间节点合作、交互、连接、整合的介质及通道和机制的总和（Tan & Kannan，1999），它能更好地协调企业间关联资源与能力规则化、流程化合作，是企业间关系租金获取和竞争优势的重要来源（王瑜和任浩，2014），影响着虚拟组织持续创新的过程与绩效。

关于界面管理的研究目前主要集中在交互作用、联结、系统、流程四个维度，其实质就是组织结点间关系方式及其协调机制的集合。基于互联网平台连接形成的虚拟组织而言，信息交换与信息共享实际上是向相互合作的成员企业开放了各自的成本与需求信息"源代码"，是成员企业间合作创新的基础。在信息交流过程中，知识转化与知识共享得以实现，并在知识交互作用过程中完成知识创新，通过新知识应用与新要素组合寻找新的成本控制及价值增值点，在此基础上，知识与能力进行二次交互组合，完成系统价值放大。从更深层次来看，虚拟组织借助互联网信息技术为成员企业搭建了一个资源整合平台，以使界面双方投入专用资产，试图保持长期关联并获取持续关系租金。由此可见，虚拟组织的界面管理实质上就是为持续创新机遇产品，通过资源、信息、功能与组织界面关系协调，使各成员企业核心能力之间涉及的信息、知识、技术、渠道等关键资源要素实现有序流动、利用、优化与整合，以服务于共同的合作目标。换言之，即通过界面管理为虚拟组织信息共享、流程再造、知识管理、能力重组、资源整合等创新环节营造良好的交互环境以实现持续创新。基于虚拟组织信息流动与集成、成员企业共享优势资源与核心能力的异质性与互补性、以能力及流程为中心的功能分工，以及职能定位、流程控制、利益分配等组织机制的建立等功能要素，虚拟组织界面管理可以划分为界面要素及界面关系两个维度，其中界面要素可以分为资源与信息界面、功能界面、组织界面以及跨文化界面四个要素；界面关系可以分解为成员企业间关系界面及组织与外部环境交互界面两个要素。

基于异质资源与互补能力的集成重组促使合作企业形成战略依赖、流程性惯例与制度化行为，在降低虚拟组织资源搜索、机遇捕捉与识别决策、创意形成等市场前端界面的运作成本的同时，也降低了产品商业化后端市场界面的运营成本；基于互联网络的推力，拓展了资源整合的时空界限、增强了生产柔性并提高了人的记忆能力与处理速度，从而促进了信息对流、知识更新转移、知识与能力的交互、资源要素与生产条件组合等创新资源界面的整合速度，缩短了产品研发周期，降低了创新过程成本，同时虚拟组织网络平台为成员企业间、企业与团队、团队与个人提供了接触和交流，并从中获取有用的、互补性信息和知识以把握持续创新的方向与路径。由此看来，界面管理在减少合作创新过程成本的同时也强化互补性资产的培育。

成员企业间在资源、信息视窗上的共识互嵌、依从关系是虚拟组织持续创新的前提。在此基础上形成的机遇识别、产品概念的定义、市场前景预期的认同、跨组织文化经营理念的融合与管理以及创新作业流程中数字化编码语言的共识等资源与信息界面，在合作创新能够推动彼此资源与能力连接、集成与整合，最终形成持续创新的功能链。因此，在资源与信息界面管理上，一是要构建一个高效的资源信息交流沟通的对接平台；二是要围绕市场机遇、市场空间、合作创新绩效统一目标。在功能界面管理与设计上，针对机遇产品或项目，首先对产品功能进行解构形成功能模块，然后依据"业务归核化"法则与参与企业的能力模块匹配，其次以流程为中心，将市场调研、研发、设计、供应、制造、仓储、分销、配送等价值链功能节点界面集成，最后运用节点模块化与并行作业方式，实现虚拟组织价值链分布式创新与产品模块并行式创新的叠加效应，以促进产品功能创新的帕累托改进；在组织界面管理上，重点要对各项配套职能职位重新识别、定义及配置，同时还要关注合作制度、合作契约、商业信用的安排，按照机遇产品的业务合作流程厘清关键资源在横向流通、交互、传递及转化的关联关系，以及明晰在组织间、组织及个人三个纵向维度之间知识、技术、信息等能力要素相互支撑及指导性作用机制；在跨文化界面管理上，一是要建立并形成团队文化，虚拟组织实质上就是一个以完成机遇产品或项目为目标的团队，合作创新是参与企业应尽的义务；二是要建立信任基础上的关系契约联盟。实质上，虚拟组织的构建创新、四个界面要素的协同管理均是基于信任这一关系契约。它能够降低企业间交易成本，并增进信息流、知识流的交互强度与密度。同时，组织与环境交互关系界面管理外在表现主要是机遇信息的获取与识别、产品价值交付与顾客效用满足后端市场的新需求及隐性需求的创造与预见，实质上是合作创新过程中知识生产、更新、进化而培育的学习能力与市场创新能力的作用支撑。

综上所述，虚拟组织界面管理是集界面设置、功能、信息对接、传递与整合为一体的集成系统，主要实现两方面功能：一是虚拟组织纵向与横向结点间界面资源与能力识别集成、重组配置、创新转化，通过合作创新完成组织共同目标及合作价值；二是在资源与信息、功能、组织与跨文化界面管理上构建合作机制，尤其是以共赢与共享为前提的合作利益分配机制，这关系到虚拟组织持续合作的意愿及持续创新的动力。因此，界面管理是虚拟组织持续创新的关键，虚拟组织界面管理系统框架如图 3.9 所示。

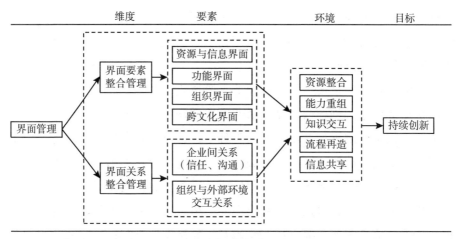

图 3.9   虚拟组织界面管理系统框架

3.6.2   运行过程

创新动力作为虚拟组织持续创新的来源，层次结构上源于市场机遇及其波及的持续需求空间以及由此形成的需求拉动，与在能力分工重组基础上的资源整合创新所产生的新知识与技能以及由此形成的技术推动，作为虚拟组织持续创新的双轮驱动以不断整合创新资源进行价值创新，同时产生能力超额租金以激发成员企业持续合作的意愿及持续创新的行为。虚拟组织中主导企业基于其企业家精神的态度和行为、核心能力及其对市场资源的把控能力，对现有的市场机会或潜在市场需求空间有一定的预见力和洞察力，同时在合作创新过程能够取悦和吸引客户，增强客户黏度，不断创造客户新需求及发现隐性需求；创新过程作为虚拟组织持续创新的核心，是借助虚拟组织网络平台在信息资源对流及交互作用下创造、更新、进化、转移的新知识，并与能力、互补资源二次重组完成创新系统价值放大，通过信息识别、集成及以能力为中心的职能分配流程，形成"机遇—创新—产品—新机遇—创新—新产品……"循环往复迭代的创新转换过程，以实现每一个创新循环推动持续创新进程。同时，从虚拟组织创新过程来看实质上就是对创新资源集成整合的全过程，创新过程中产生的新知识除了会增强虚拟组织对市场的预见能力与洞察能力外，还会通过知识吸收与转化管道传递并增强研发技能等智力资本以提升其技术创新能力，从而引发技术推动虚拟组织创新，这个创新循环的启动、构建与实施使虚拟组织在动态环境中形成了一个独特的持续创新系统；学习能力作为虚拟组织持续创新的基础，通过学习可以获取新的知识资产用以创新投入，同时在组织创新过程中进行知识创造，创造的知识又能进一步促进知识创新与新知识创造，形成循环往复迭代的知识资产创新过程，此外，通过学习在增强创新能力及市场预测、应变能力的同时也提升了虚拟组织共享的核心能力及界面管理能力；为保障虚拟组织持续创新的有序高效运行，构建资源与信息、功能、组织与跨文化界面管理机制，为虚拟组织持续创新在信息共享、流程再造、知识交互、能力重组、资源整合环境界面上营造了良好的创新氛围。从这层意义上说，虚拟组织持续创新是一个具有复杂性、动态性的系统工程，在虚拟组织持续创新过程中，创新动力、创新过程、学习能力及界面管理四者之间交互作用、融合互补、相互制约协同创新，共同构筑了在动态市场环境中虚拟组织持续创新系统，这就是虚拟组织持续创新的运行过程，如图3.10所示。

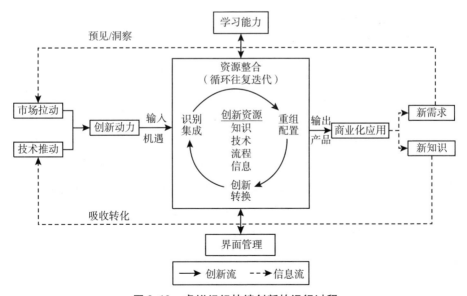

图3.10 虚拟组织持续创新的运行过程

3.7 本 章 小 结

本章系统地回答了虚拟组织持续创新的内涵与本质，虚拟组织作为集成成员企业知识资源的动态性网络组织，其本质即为创造持续创新曲线。同时，分析了虚拟组织持续创新的三个必要条件：一是时间上持续，虽然虚拟组织是一个动态性组织，但是基于成员企业核心能力的共享与集成效率，缩短了从获取市场机遇信息、创新形成到商业化应用的研发周期与生产周期，进而提升了产品品质与客户的体验速度与效用，从中获取了新的产品需求与知识资源，延长了产品生命周期及持续性需求的循环周期；二是效益上持续，虚拟组织连接了成员企业的核心能力与优势资源，在实现机遇变现目标与合作收益分配的同时，也满足了成员企业的各自目标；三是发展上持续，虚拟组织基于其独特的组织柔性与能力协同，能够高效创造价值、传递价值与获取价值，并快速建立虚拟组织与客户的产品认知。虚拟组织的柔性一定程度上反映信息获取与资源组织的敏捷性，而动态性则反映了虚拟组织面对不确定性的外部环境随时更新与调整成员企业以满足市场需求。

虚拟组织持续创新关联到虚拟组织合作伙伴的选择、合作网络的治理与合作利益的分配。基于此，本章探讨了虚拟组织合作伙伴的选择原则、选择机制及选择指标与方法；在此基础上，针对虚拟组织成员企业在合作创新过程中存在两大问题，即信息不对称双重性问题，以及合作中出现的非效率与非协作问题，构建了虚拟组织五种治理模式，即权力治理机制、外部市场治理机制、信任机制、集体惯例与互惠规范及网络文化治理机制。进一步地，讨论了虚拟组织合作收益的分配，构建了虚拟组织利益分配指标体系，并针对原有线性加权分配方法与非线性加权分配方法单纯强调"功能性"或"均衡性"的缺陷，增加了"协调数"与"分配系数"，兼顾并协调了利益分配中的"功能性"和"均衡性"，同时使虚拟组织利益分配的效用值达到最大。

在此基础上，深入剖析了虚拟组织持续创新的运行过程。虚拟组织持续创新实质上是一种面向市场机遇的市场价值创造，它跨越产业和组织边界，打破主导价值链条逻辑，以功能虚拟化重组组织价值链条，通过谋求以顾客需求为核心的价值创造，从而获得合作创新绩效。无论是关键资源要素还是核心能力要素，它们作为虚拟组织持续创新的基本要素，统称为创新能力或创新资源。而虚拟组织正是由一系列创新能力或创新资源模块在关联界面管理下所构成的持续创新能力基因组，在进行持续创新时，虚拟组织首先以独特的预见力与洞察力迅速捕捉、识别市场机遇并形成创意或产品概念，以组织反应敏捷性及创新速度性为持续创新的本质，根据虚拟组织以核心能力或核心资源作为共享、配置创新职能的基础，通过简化、扩展、分解、任务整合及特征依存性变化这五大创新方法，快速构建组织核心能力，将市场机会通过持续创新转化为顾客价值及商业化价值。

进一步地，识别了创新动力、创新过程、学习能力、界面管理作为虚拟组织持续创新的关键构件，四者之间交互作用演化了持续创新的内在机理，虚拟组织持续创新理论的提出，拓展并丰富了组织创新理论，对指导企业构建并应用虚拟组织进行创新具有重大的现实与借鉴意义。

第4章 虚拟组织持续创新能力的形成机理

互联网信息技术的革命及消费者需求的更新升级推动了虚拟组织的诞生与发展，重新定义了企业组织边界、资源连接模式与企业间关系，企业间由昔日的委托代理式的"赋权"关系逐渐向联盟合作合伙式的"赋能"关系机制演进。尤其是产业互联网、物联网与区块链技术近几年的高速发展加速了 B2B、B2C、C2B、C2M、F2B2C、O2O、S2B2C 等在线企业的形成、扩容与跨界整合，给传统企业尤其是科技型中小企业的经营模式及商业手法形成了一定的冲击与颠覆，迫使企业不断根据外部环境变迁来重构其创新资源基础，在低成本与差异化经营的同时更加关注产品或服务创新的速度与品质，尤其是知识经济背景下消费升级引发产品定制化、个性化需求偏好的回归增加了市场不确定性与产品复杂性，促使组织资源的连接方式与要素重组模式更加趋向于模块化、网络化、柔性化与速度化。

虚拟组织作为企业间协同创新的知识集合体，为成员企业吸收、转化并扩散前沿知识、专业技术及关键信息等创新资源提供引介与桥接，通过扬长补短的能力协同效应跨越时空在全球范围内配置价值链资源，基于共同的远景规划、模块化的设计规则与高度的信任文化集成共享企业间信息、知识、技术、品牌等创新要素并赋予其协同创新的经济功能、比较优势及持续生命力。模块化产品即互补性的产品或服务，唯有通过系统集成与检测才能满足客户需求，成员企业依据共享的客户需求信息、框架设计规则、知识模块职能、模块接口信息、业务流程等显性知识独立研发生产与更新，并将自身技术、经验及诀窍等隐性知识嵌入内化于知识模块后，由核心企业集成整合各专业知识模块并加以品测，形成产品完整的价值功能。可见，虚拟组织持续创新能力实质上是利用其组织柔性、敏捷性及动态性的组织属性对分散共享于成员企业间知识资源的获取与知识集成能力，通过信任增强企业间知识共享的存量与质量，通过学习增强企业间知识吸收与转移的质量与效率，进而形成"知识生产—应用—再生产—再应用"的循环往复过程，为面向动态市场机遇与客户需求快速创造一系列高品质的解决方案。

本章在第 3 章虚拟组织持续创新理论的基础上，进一步研究虚拟组织持续创新能力的内涵、本质与结构，进而剖析虚拟组织持续创新能力的影响因素及形成机理。

4.1 虚拟组织持续创新能力的内涵、本质与结构

4.1.1 虚拟组织持续创新能力的内涵与本质

基于能力理论的观点，企业决策的根本决定因素源于企业能力。能力可以决定其产出效率、成本状况及企业生产力。企业能力是企业拥有的为实现组织目标所需的技能和知识，是企业持续竞争优势之源，为企业核心产品和最终产品的发展提供动力。能力与资源不同，能力是以人为载体的，是配置、开发、保护、使用和整合资源的主体能力，其本质是知识及知识组合的集合体，来自知识的动态交互作用，是将一组资源要素组合起来使用的方法与技能，具有稀缺性、可延展性、价值性与难以模仿性四个基本属性。沿用能力理论观点，可以将创新能力定义为将创意思想商业化的能力。

基于知识基础理论的观点，企业核心能力是识辨与提供竞争优势的知识集合。其内容蕴藏于员工的知识与技能、技术系统、管理系统指导、价值与规范四个方面。也就是说，核心能力可以分为知识与技能、技术系

统、管理系统、价值与规范四个维度。知识是指有价值的信息，能够指导行动并决定行动的效率和效能，是组织或个体能力的内在决定因素。知识能够创造新知识，并将新知识扩散、补充和应用于新产品开发和生产过程之中。因此，创新能力又可以被界定为企业搜寻、识别、获取外部新知识，或发现已有知识的新组合及新应用，进而产生能够创造市场价值的内生性知识所需要的一系列战略、组织、技术及市场惯例，是集成整合企业内外部显性知识与隐性知识并与资源重新组合以创造顾客价值的过程能力。

基于动态能力的观点，激烈的竞争环境促使企业不断地建立、融合、更新和重构其资源与能力基础，以应对快速变化的外部环境，进而获取和保持持续竞争优势。认为动态能力有助于企业发现新的市场机会和策略，进入新的市场领域，完成成功的并购，学习新的技能，克服惯性；利用其他资源进行新的创新项目以刺激战略变革；促进研发效率与缩短技术创新到商业化应用的时间。因此，创新能力又可以被定义为是根据市场显现和潜在的机遇需求，持续不断地整合网络内共享的知识和技能以实现创意市场价值的过程能力。

基于知识创新能力的观点，能力是知识实用价值与知识价值的统一体。从其价值功能来看，能力是创造、演化、交换和应用新思想，使其转变为市场化的产品和服务，为客户创造效用价值而蕴藏在企业内外流程的知识和技能，促使并推动顾客价值的关注焦点由原来产品或服务的交易经济价值和关系附加价值向企业纵向组织网络未来价值转移。此外，对虚拟组织而言，能力更体现为知识的时间价值，主要是基于虚拟组织的组织柔性所引发的对市场机遇反应与资源组织的敏捷性以及能力协同创新所体现的速度性，彰显了虚拟组织创新相比传统联盟组织创新的优越性，从而决定了虚拟组织的创新优势与结构优势，具有更高的市场可见度并能掌握更多的市场信息源，洞察与识别更多的市场机遇，进而获取更多的创新机会与旺盛的创新生命力，这也凸显了虚拟组织创新的持续性与构建的网络平台创新价值。

由此可见，虚拟组织核心能力是通过对成员企业核心能力的集成与重组形成的协同创新能力，运用其灵活的动态结构与组织柔性适应快速变化的市场环境，通过知识与信息交互作用快速形成创新能力，以推动虚拟组织持续创新并提升合作创新绩效。虚拟组织持续创新能力概念的形成过程综合了资源观、核心能力观、动态能力观及知识观的理论内涵，是资源、能力、动态能力、知识四个要素共同作用的化合物。因此，虚拟组织持续创新能力是作用于推动并维持组织持续创新过程的关键节点知识流的创造、存储、更新及循环应用，是多维度的过程惯例，具有人本特性、系统特性与持续特性。由此可见，虚拟组织持续创新能力就是以市场机遇为起点，以持续创新为目标，对虚拟组织持续创新过程中需求知识的供给、应用、创造及转化的能力集合，是对虚拟组织成员共享知识资源的获取、重组与集成能力的总称。虚拟组织与传统联盟组织在培育及提升持续创新能力的目标相同，都是通过不断创新以更新升级自身的核心能力来维持其生命力的延续及持续竞争优势的提升。但是面对市场机遇这一稍纵即逝的稀缺资源，相比传统联盟组织，虚拟组织更具竞争优势。首先，虚拟组织是建立在参与企业核心能力共享集成基础上的能力协同动态联盟，基于模块化下知识获取效率的提升能够促进以客户知识需求为导向的内部创新活动，更好地理解市场与客户需求，并沿着特定方向搜索和利用技术专长以提高知识创新能力，同时能力专业化及资源专用性使得虚拟组织合作创新过程中减少了专用性投资成本，从而加速了研发进程；其次，以强大的网络技术平台作支撑，充分共享价值链上客户需求、价格、成本、渠道、生产、研发等信息流与知识流，且信息流与知识流交互、吸收、转化速度缩短了产品研发周期与上市时间，加速了创新产品的商业化进程，在产品与服务满足顾客价值的同时，通过搜索、洞察、挖掘、识别客户隐性需求并创造顾客赢得了市场导入提前期及后续资源布置时间；再次，虚拟组织基于成员企业间交易边界的柔性化和可变性，使得组织可以通过多样化和灵活的动态契约快速组织协调资源，基于合作惯例与合作范式能够快速识别、配置、整合资源，以能力协同效应及知识与信息交互作用共同推进合作创新及价值创新速度；最后，基于合作成员显性知识与隐性知识的共享，能够促使成员企业对获取的知识与现有的知识进行匹配融合，形成新知识，在知识分工、模块分解以及系统规则下，新知识和同异质性专业知识通过内化嵌入专业模块中，以知识模块的形式参与共享集成，集成的知识模块功能性价值、性能与质量相对就越高，产品整体品质就越高，一定程度上增强了产品品牌的美誉度、客户的忠诚度与黏性。由此可见，虚拟组织的核心能力是对速度经济与品质经济的高度聚焦，即对市场机遇反应的敏捷性与协同创新的速度性的集合，本质上就是虚拟组织知识的积累在关联界面协调基础上快速获取、创造与运用的过程。因此，虚拟组织持续创新能力的本质就是知识获取到知识集成的过程，即从知识的获取与整合、重组与集成、创新转化等知识生产及使用过程。对于持续创新能力的来源、形成过程、形成机理、创新要素等方面存在表 4.1 所示的差异。

表 4.1　　　　　传统联盟组织与虚拟组织持续创新能力的差异

类项	传统联盟组织	虚拟组织
能力来源	独有、分散、多元的内部知识结构	企业间共享的知识资源集成
形成机理	市场组织化的结果，基于规模经济实现垂直一体化的知识整合	企业市场化的结果，基于市场机遇实现的企业间知识重组，是知识在持续创新系统中的创造及应用过程
作用方式	在联盟企业原有价值链或知识链的基础上实现的知识叠加与重组，以满足一体化战略需求	运用成员企业间共享核心能力的协同效应及优势资源的互补效应增强合作创新的速度性与市场机遇反应的敏捷性
作用过程	串联程序式作业，线性时间序列过程；起点为市场和客户，终点为技术，强调市场是创新思想的源泉及技术的推动作用	并行分布式作业，对组织内共享的资源与能力要素的重组配置，是一个相互作用、往复迭代的循环创新过程，具有自组织性、自我更新及自适应性创新功能，强调系统集成与网络耦合功能
提升方法	通过吸收联盟互补性知识，提升企业核心能力与创新能力	通过参与"个体—组织—组织间"交互学习与知识转化以提升成员企业的核心能力，从而增强企业间共享知识的存量、增量与质量
本质属性	知识的集合与应用，具有静态性、稳定性、持续性特性	作用于推动并维持组织持续创新过程的关键节点的知识和技能等知识流的创造、存储、更新及循环应用，是一个动态能力集合函数，即 $F = f(H_1 + H_2 + \cdots + H_n)$，具有人本特性、系统特性与持续特性

通过表4.1可以看出，虚拟组织持续创新能力实质上就是对来源于成员企业间共享的知识资源的集成，是交易成本与组织成本共同作用下企业市场化的结果。或者说是基于市场机遇实现的企业间知识重组，是知识在持续创新系统中的创造及应用过程。但是，虚拟组织持续创新能力如何作用推动虚拟组织持续创新，作用在持续创新系统四个部件上的关键作用力之间如何相互作用形成持续创新能力推动虚拟组织持续创新。因此，在明晰虚拟组织持续创新能力内涵与本质基础上，需要进一步明确虚拟组织持续创新能力的结构及对持续创新的作用过程，以及结构能力与持续创新能力之间的关系，这样对认识持续创新能力的影响因素与剖析虚拟组织持续创新能力的形成机理提供相应的理论基础。

4.1.2 虚拟组织持续创新能力的结构

虚拟组织以实现机遇为目标，以价值创新为基础，持续不断地创造顾客价值与企业价值，通过界面规则与契约合理分配合作绩效，理顺成员企业间关系，降低或化解虚拟组织网络内部机会主义风险，从而实现虚拟组织持续创新。而虚拟组织持续创新能力作用并推动持续创新系统实现企业资源与环境进行物质、信息、知识交换的技能和方法。从创新的组织属性来看，虚拟组织合作创新能力的形成是组织认知和组织适应性的产物，前者强调虚拟组织内合作企业间的学习和知识创造过程；后者则更加关注组织对外部机遇环境的适应及演进方式。

根据虚拟组织持续创新系统理论，虚拟组织持续创新系统由"创新动力、创新过程、界面管理与学习能力"四个相互关联且具有特定结构和功能的要素组成的有机整体，且持续创新系统与环境之间存在着物质、信息与能量交换，并通过输入、转化、输出及反馈活动循环运动。虚拟组织持续创新系统运动由要素与过程两部分组成，其中创新要素即创新动力、创新过程、界面管理与学习能力相互作用推动过程创新，而创新过程又是从创新发起到创新实现的一个过程，是要素的载体协助要素重组创新资源。虚拟组织持续创新能力是作用于持续创新系统的能力，因此持续创新能力系统借助持续创新系统的要素与功能划分，可以将虚拟组织持续创新能力的维度分解为要素能力与过程能力，其中要素能力强调能力的管理职能，过程能力重点界定产品开发及形成过程。无论是要素能力还是过程能力实质上是作用于持续创新系统的知识及知识组合，是持续创新过程中知识的生产及应用过程。

虚拟组织以市场机遇为抓手，共享集成参与企业核心能力为合作创新基础，成员企业间没有产权关系，主体独立地位平等，企业间合作创新主要是依靠虚拟组织内核心企业（或称主导企业）捕获的市场机遇及拥有的核心技术发起形成的，依据组织创新资源、支持资源与外部环境的适应性及应变能力共同决策创意产品或项目，同时在创新实现过程中充分应用企业间共享的核心能力或知识与技能等专用性资产的协同创新效应与动态组织结构的生产柔性功能，形成创新产品技术领先及创新速度竞争优势，促使创新产品快速商业化，提升虚拟组织在产业链与价值链在战略环节上的竞争势能。创新是虚拟组织生存的本能，知识、技能或惯例等特殊隐性资源与信息交互贯穿于虚拟组织持续创新过程的始末，并通过虚拟组织创新界面学习交流的频度及密度使合作创新经验、技能等隐性知识外部化，有利于知识的吸收、转化与传播，而这些特殊资产的来源与更新均来自虚拟组织的学习能力。此外，虚拟组织是由一系列层级企业因为共同的创新使命或创新目标联结在一起形成的网络联盟，因跨组织文化、流程语言、资源信息、组织功能、网络关系等要素界面与关系界面均需要通过界面管理予以保障虚拟组织持续创新的高效运行。因此，结合虚拟组织与传统联盟组织的本质差异化特征分析，虚拟组织持续创新能力可以解构为创新发起能力、创新实现能力、界面管理能力与持续学习能力，其中创新发起能力是机遇信息、成员资源与能力信息、知识信息的获取，是市场拉力与技术推力产生创新动力的结果；创新实现能力是赋予从创意到现金流的创新实现过程，是对成员企业提供能力知识的重组与集成过程，是形成虚拟组织持续创新能力的核心。由持续创新能力解构的这四种能力相互作用、相互制约、融合互补推动虚拟组织持续创新。

（1）学习能力是虚拟组织持续创新能力作用的基础，是组织知识增量的来源，是知识生产、创造、吸收、转化的载体，贯穿于持续创新的活动过程。虚拟组织创新过程中，为了应对外部快速变化的动态环境及产品研发生产的复杂性，成员企业间必须不断地进行互动学习与交流，以相互共享、获取、吸收、转化与创新知识。由此，学习的内容可分为四大程序，即知识的获取、知识的扩散、知识的诠释和知识的记忆。相应的，将学习能力分解为获取能力、整合能力、转换能力和应用能力四个要素。①获取能力是虚拟组织成员企业去辨识、获取自身组织内部先验知识、研发技能、技术诀窍的给养，以及合作企业的创新经验、搜寻及吸收外部知识的给养。②整合能力是企业强化内部文化、价值的一致性，以及提升创新效率和系统运作所做的一切协调运作的活动，是系统化能力、协调能力、社会化能力三种能力的综合。从知识整合的机制上，表现为方向与目标、流程、惯例、团队决策四种形式，其中前三项强调学习沟通成本的节约。从学习知识的形成过程看，组织学习在组织内外部环境出现变化时，透过个体、团队和组织不同层面的主体，对于新的和已有的数据、信息与知识进行学习来应对变化，以形成组织集体记忆与共同心智模式的过程。组织学习是在知识创新过程中将陌生知识熟悉化，形成适应性调整和全员层面的共享理解。③转换能力是成员企业基于虚拟组织洞察捕捉的市场机遇，在目标共识、框架规则与创新流程下不断重新定义产品模块组合、系统化对获取的知识信息进行组织、整合、结合、结构、协调与吸收转化，进而减少企业间知识重叠，提高知识呈现的一致性与系统性；④应用能力是虚拟组织创新过程中，成员企业通过整合其从网络内获取、匹配转化的知识资源，微调、扩张与应用现有知识创造出新知识，或通过知识收集、整合于其日常运营，或利用新知识解决问题、作决策、创造新机会、新创意和学习新技能等。总之，学习能力是为创新发起能力、创新实现能力和界面管理能力提供知识储备和技术支持。

（2）创新发起能力是虚拟组织核心企业面对外部不确定性环境，利用自身知识源，通过细分市场与重构目标客户群，从而识别、收集与整理目标客户群的现有需求及潜在需求，同时对目标客户需求信息进行理解、解读与诠释，进而掌握预测市场机会的变化方向与发展规律。接着，拟订市场机会变现的目标方案、框架规则与实施流程，联系价值链与创新链梳理自身的关键资源与能力，从中找出非核心能力关键节点，查询并联络潜在合作伙伴就市场机会、框架规则与实现流程达成合作创新共识。创新发起能力主要作用于持续创新过程的前端，即从市场机遇的获取到创意的形成过程，该过程涉及机遇信息的捕捉、创新动力的生成与创意决策的形成三个控制点。

（3）创新实现能力主要是作用于从产品概念或产品创意的形成到产品商业化的实现过程，从价值实现来看取决于产品化和商业化两个过程。产品化过程是创新资源要素重组整合的过程，是虚拟组织存量知识、经验或惯例的应用过程和创新过程中学习交互、吸收转化形成增量知识的积累过程相互叠加、相互促进的复合系统，在资源配置与资源整合层面为界面管理能力和学习能力提供作用渠道和创新载体；商业化过程是创新产品在市场上的价值实现过程，主要为创新发起能力提供创新方向。因此创新实现能力主要是通过合作创新快速实现产品化和商业化，及时满足客户需求并持续挖掘新需求的过程中合力打造组织品牌，实现创新投资价值，运用虚拟组织价值链与品牌叠加合效应赢得持续竞争优势。

（4）界面管理能力是运用联盟经验或知识依据联盟契约作用于虚拟组织关联界面的要素与关系协调，为创新发起能力和创新实现能力在资源配置与流程执行层面提供保障。在虚拟组织持续创新过程中存在着资源与信息、功能与流程、组织与机制、跨组织文化等要素界面与企业间关系、组织与环境交互关系等关系界面，信息与知识是虚拟组织持续创新的生命力，虚拟组织创新需要强大的信息流量、流动速度与资源信息对称交互作为支撑，引导知识的作用力方向与渗透力深度；此外，产品职能模块与企业能力模块的匹配适应、产品价值流程的畅通与再造、合作创新契约的设计与效能、合作绩效的分配、相关制度的建立等功能与组织界面需要协调管理；企业间文化的融合与创新目标的统一也需要通过界面管理加以实现。

因此，虚拟组织持续创新能力中四个能力构成要素间相互作用、相互影响、相互制约又相互融合共同推动组织持续创新。虚拟组织持续创新能力结构要素理论框架如图4.1所示。

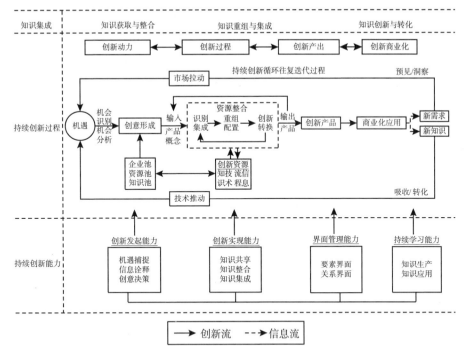

图 4.1 虚拟组织持续创新能力结构要素理论框架

综上所述，虚拟组织作为异质性的知识体，通过知识获取与整合、知识重组与集成、知识创新与转化循环往复推动组织持续创新，其持续创新能力归纳起来有三大作用机制：①知识对流机制。虚拟组织是以动态分工和知识共享为特征的开放型合作创新系统，显性知识在组织间的共享与流动过程是一个价值交换和学习交互的动态过程。动态柔性的组织结构、兼容开放的组织文化，以及高透明度与高频率的互动信息，为虚拟组织完成知识流动、知识传播与知识整合过程提供了基础条件与媒介平台，营造了以信任为基础的合作创新氛围，这种交流机制使得组织间及组织与外部信息、技术、知识、产品、资金等要素快速流动，是虚拟组织持续创新能力集成的动力源泉。②知识协同机制。虚拟组织协同创新是成员企业通过正式或非正式契约，在战略共识与系统设计规则框架下，从创意、设计、研发、生产、分销等价值链环节中创造价值的活动中形成长期稳定的合作创新关系，通过隐性知识资源的获取与共享，实现专业知识模块优势互补、共同投入、风险共担等方式进行集成创新，创新过程中不断吸收改造旧知识与创造生产新知识，在知识生产及知识应用调增知识存量以促进知识创新循环，从而增强知识模块的集成效率与集成品质进而提升持续创新能力。③竞合互动机制。在虚拟组织合作创新过程中，依据模块功能分解和专业知识分工可分成三类模块，即专业模块、标准模块和集成模块，其中集成模块可以是专业模块间的知识集成，也可以是标准模块与专业模块间的集成，当然也可以是子集成模块间的集成。专业模块是合作创新过程中的基础性模块，是提供与指定系统相匹配的具有特定功能的模块，引入专业模块提供商，使其间依靠"背对背"和"淘汰赛"实现替代式竞争，促使专业模块商增进知识共享意愿与知识共享质量，释放并内化高质量的专业知识嵌入到产品模块中去，以增进专业知识模块的性能与质量，并积极共享专业模块间的接口知识与显性知识，彰显自身高知识位势及持续合作创新的能力；同时也会面对面进行知识互补性合作，以提升企业隐性知识的转移效率及质量，用于提升满足客户个性化需求的专业模块性能与品质。此外，虚拟组织利用"企业池""资源池"储存功能，降低搜寻成本，便于在价值、质量和模块化产品差异化程度上形成一定的评价尺度及利润空间，使得参与企业在一定程度上存在竞争关系并贯穿于合作创新活动的全过程，因此，利用与"知识池"输入输出功能将知识、经验、技能或惯例分布于创新价值链条关键节点形成能力并同时作用于持续创新过程。

通过对虚拟组织持续创新能力结构的认识，以及结构要素之间的相互作用及对持续创新系统的作用过程的理解，进一步明确了虚拟组织持续创新能力的作用过程就是从创新发起到创新实现的过程，是基于知识分工与模块分解对成员企业间共享显性知识资源与隐性知识资源的获取与集成过程。但是从创新发起能力到创新实现能力的过程中，创新发起能力、创新实现能力的内部基因是什么，和学习能力、界面管理能力如何互动作用形成持续创新能力的形成机理。为此，需要进一步剖析虚拟组织持续创新能力的影响因素，去探索创新发起、创新实现与界面管理之间的基因密码，为构建虚拟组织持续创新能力的形成机理模型提供相应的理论基础。

4.2 虚拟组织持续创新能力的影响因素

依据创新理论的观点，创新是各种要素的重新组合，沿用"创新是资源重组→创新能力是知识重组"递进结构来解释、探索虚拟组织持续创新能力的影响因素以及因素间的作用关系。由于虚拟组织持续创新能力是对成员企业所共享知识模块的集成重组，因此对于持续创新能力影响因素的探索要遵循以下关联逻辑：一是企业是否愿意共享关联知识与信息，这关系到企业间共享知识存量、知识质量与知识效率；二是对企业共享的知识资源整合的效率，即获取的知识与现有知识进行配置整合为有机知识体系，这关系到知识生产、应用与存量知识的更新，以及对专业知识的深化与内化；三是知识集成的效能（效率与品质），这是虚拟组织持续创新能力或者核心能力的价值体现，是与传统联盟组织能力的本质差异。对虚拟组织而言，知识共享是包括核心企业（又称主导企业）在内的成员企业间的知识共享，出于战略机遇的共识、持续性合作及合作绩效的分配、资源利用及风险规避等目的，成员企业根据系统规则、专业模块知识需求、对接流程及信息支持，通过企业间彼此获取、匹配与吸收，融入并形成自身有机的知识体系。由于虚拟组织成员企业贡献与共享的是各自的核心专长知识，知识异质性与知识互补性强，在合作过程中基于信任、承诺及相互依赖的创新环境进行频繁的交流互动，关联的基础知识拓展了知识交流共享的共同语言，职能流程的接口知识增强了产品或项目创新的联结密度；异质互补的专业知识经过 SECI 转化延伸了知识宽度、知识高度与知识深度。而知识整合来自两块：一是成员企业将自身的存量知识与外部获取的知识匹配融合，并将新知识凝结、内化、嵌入在产品模块或项目产品模块，指导并实现产品创新、工艺创新、技术创新或制度创新；二是经知识整合形成新知识模块或专业模块，交由核心企业或指定的集成商与其他专业模块或标准模块进行集成，形成通用模块或产品。核心企业除了整合自身负责的产品模块所需知识外，还要对整体产品的架构知识予以集成，通过集成重组形成整体产品与产品品牌，而后通过商业化应用过程交付市场客户，形成客户感知价值与合作创新绩效。因此，探索研究虚拟组织持续创新能力的影响因素要从知识共享、知识整合与知识集成三个层面视角予以识别与解析。

4.2.1 基于知识共享视角探析

从知识共享视角探析虚拟组织持续创新能力的影响因素，首先要认识知识共享系统，知识共享可以分为两个导向层：一是认知导向层，即知识共享是从自我心理预期与知识价值实现促使自己愿意共享知识并付诸共享知识行为，沿着知识共享意愿→知识共享动机→知识共享行为这一认知链与合作伙伴共享知识，认知导向决定了知识共享的质量与效率，主要是通过合作伙伴间关系联结强度、高度信任来调节知识共享意愿与共享程度；二是过程导向层，即知识共享是企业间交互、沟通与学习进而帮助他人发展新的行动能力的过程，强调知识共享过程就是沟通学习过程，是知识吸收与知识转移过程，学习能力实质上就是知识吸收与知识转移能力的总和，组织成员在与其他成员学习沟通时，就是在共享转移与吸收知识。通过组织学习能够调节知识共享与获取效率。

虚拟组织成员企业间获取知识与信息的前提是自愿知识与信息共享，影响知识共享的要素可以从三个方面加以解释：①知识共享主体，即个体、团队、组织与组织间；②知识共享客体，即知识属性；③知识共享环境，即信任、组织公平感知与信息技术。其中从知识主体的影响因素来看，主要聚焦在提供者的知识转移能力与接受者的知识吸收能力；从知识属性影响因素来看，主要聚焦在显性知识与隐性知识；从知识共享环境来看，主要聚焦在信任、文化规范与信息技术。

综合国内外学者对虚拟组织知识共享影响因素的研究，发现无论是知识主体、知识属性还是环境因素，这些因素均对知识共享意愿、知识共享动机与知识共享行为产生了作用效应。遵循这一逻辑框架结构可以得出：①知识主体由核心企业与成员企业构成；②共享客体即知识属性，由显性知识与隐性知识构成；③共享手段即信息技术；④关系因素即信任、承诺与相互依赖；⑤价值实现即知识集成。虚拟组织企业间知识共享因素结构模型如图 4.2 所示。

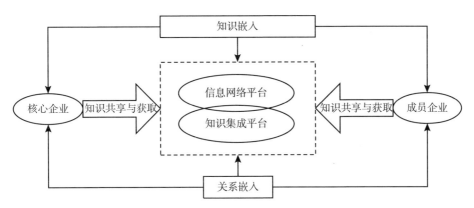

图 4.2 虚拟组织企业间知识共享因素结构模型

从图 4.2 知识共享因素结构模型来看，首先，知识主体对于虚拟组织来说实质上就是核心企业与成员企业，每个成员企业既是知识提供方同时又是知识接受方，在合作创新过程中，成员企业对知识吸收及知识转移主要是通过学习交流来实现的，强调的是知识的获取能力，因此对于主体影响因素提供方的知识转移能力与接受方的知识吸收能力这一影响因素而言，采用知识资源获取来取代知识吸收与知识转移能力。其次，在情景因素信任、承诺与相互依赖这 3 个变量中，承诺是建立在信任基础上的，相互依赖的前提是合作。虚拟组织合作创新本身就是基于企业间的异质性与互补性的核心能力，且联盟企业间是基于契约进行合作创新。所以，本书取信任作为研究变量，实际上，虚拟组织为企业间合作创新提供的就是一个高度信任的合作环境，对于知识嵌入主要是指嵌入在虚拟组织"个体—组织—组织间"的显性知识与隐性知识。

对虚拟组织而言，在知识共享的内容、结构有本质上的联系与区别。虚拟组织是成员企业以自己的核心能力（或说是知识专长又或专业知识）作为共享标的参与合作创新，核心专业知识本身具有隐性、不易交换与不易流动性特征，核心专业知识也决定了企业在虚拟网络结构中的位置与话语权，因此该专业知识不易转移，相反还要保护参与企业知识产权。那么虚拟组织如何实现知识共享或者说知识共享为什么对虚拟组织而言是合作基础与创新前提呢？虚拟组织的知识共享来自两块：一是虚拟组织共享的核心能力是基于产品功能解构形成核心职能模块分工的基础上以知识模块化与职能模块化为基本单元，是核心知识凝结在产品职能模块上形成的标准化模块，反过来，该标准化模块又是核心知识的载体，所以又可称之为核心知识模块。虚拟组织共享核心能力或核心知识最终是以企业为单位贡献的产品标准化模块或称为知识标准化模块，标准化模块与其他合作伙伴以核心知识凝结形成的标准化模块进行对接集成，最终形成产品以交付客户。这一层次知识共享中保持或提升参与企业专业化的核心能力或专业知识是提升产品标准化模块品质与产品价值的关键，因此就需要提升成员企业的核心知识存量或质量。首先，要营造一个良好的网络环境，使得参与企业（或个体）愿意贡献并共享自己的核心知识凝结于标准化知识模块；其次，通过内部学习专业知识提升核心知识的存量与增量；再次，围绕产品模块学习上下游合作伙伴间的接口知识以升级与核心知识相关联的知识信息，提升产品模块品质及创新服务品质。联盟企业间分工职能模块间的接口知识正是本书提及的知识共享第二块来源，接口知识包括与产品关联的市场机会、流程、客户信息、渠道、技术、材料替代、共同的心智模式等知识信息，从这一点上，虚拟组织又与其他联盟企业一样，联盟创新基于知识共享。由此看来，虚拟组织与传统联盟组织在知识共享方式与知识共享内容及结构方面不同，这也正是虚拟组织与传统联盟组织在持续创新过程中知识共享的差异所在，也是虚拟组织差异化竞争优势及竞争能力的本质所在。

由此可见，虚拟组织持续创新过程中，对企业间共享的知识模块、接口知识及关联知识信息与自身企业匹配、对接、融合转化为企业内部专业知识或基础知识，提升参与企业专业知识能力及基础知识创新服务能力，从而提升合作创新的速度及合作创新的质量。

4.2.2 基于知识整合视角探析

知识整合是以知识为基础，对不同来源、形式、内容及状态的知识资源进行获取、筛选、组合、加工、创新乃至重构整个知识体系的动态过程，或者说将企业的组分知识转化为结构知识，对结构知识资源重新配置的过程（Henderson，1990）。虚拟组织在合作创新过程中，成员企业从网络平台与外部环境中获取的互补性知识与自身知识进行匹配融合创造出新知识并应用于产品模块创新。既然要进行知识整合，那就涉及两个方面：一是互补性知识存量，因为知识整合过程中，拥有相关的存量知识越多，就越能将知识以共同语言的形式表达出来，从而促成知识的整合应用；二是知识的吸收能力，因为关系知识整合效率与效果除了知识存量因素外，还有一个重要因素就是知识的获取吸收能力，也就是从外部获取吸收的相关知识量，那么能够调节或影响知识获取能力的主要因素是学习能力。既然知识存量与知识获取能够影响知识整合效率，那么如何增加知识存量或增强知识的获取能力呢，关系学习是组织知识的主要来源。虚拟组织持续创新过程中，企业间的互动学习能够使成员企业从外部获取知识通过匹配对接转化为企业有机知识并整合到企业知识体系中去，同时便于知识扩散与传播，从这个层面上来讲，关系学习能够促进组织知识的流动与扩散，提升知识的整合能力（Kogut & Zander，1992）。从网络关系的角度看，联盟企业间的关系强度、交流密度越大，彼此间信任度越高，知识的共享意愿与知识的释放量就越大，知识吸收整合就越有效率。

综上所述，基于知识整合视角发现影响知识整合因素主要集中在三个方面：一是知识因素，即关联知识存量；二是主体因素，即知识吸收与转移能力；三是关系因素，即关系学习、信任，其中关系学习强调的是通过企业间的沟通、调整以及合作来形成外部行为的学习能力，以促进企业间的联合系统。从知识整合的过程来看，主要包括知识选择与知识融合两个子过程。知识选择过程中，虚拟组织成员企业将原有的旧知识及通过企业间知识共享传过来的新知识运用知识地图工具对知识存量、知识结构、知识新旧度等进行识别、盘点与过滤，通过对知识编号、标识及坐标定位去粗取精地提炼出组织创新所需可用的知识元素，进入组织新知识体系。知识融合主要是将来自组织内部和外部的知识包括个体与组织知识、显性与隐性知识、技术与市场知识、基础知识与专业知识等不同类型的知识按类型与结构进行分析，根据优势互补的原则对旧知识进行归纳整理，并对外部节点知识、关联知识或接口知识按知识属性、知识关联及知识聚类进行识别分析，寻找与自身创新匹配的知识进行知识融合，并生产出新的知识及新的知识地图，一方面进入新的知识体系与知识库，另一方面用于技术、工艺、产品、市场或制度创新，这样就形成了虚拟组织企业间知识共享→知识整合→知识再共享→知识再整合循环往复的知识迭代过程，如图4.3所示。

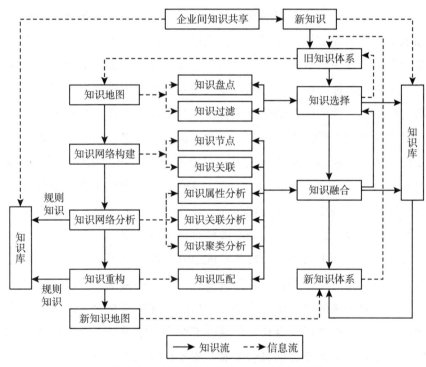

图 4.3　虚拟组织成员企业知识整合过程

4.2.3 基于知识集成视角探析

知识集成作为虚拟组织持续创新能力的本质，是系统化能力、社会化能力与合作化能力的化合物，是个体、组织、组织间进行知识交流、知识生产和知识创新的整体过程。该过程就是：个体知识（显性与隐性）、社会知识（显性与隐性）与企业存量知识相互作用匹配，并发生转化，从而产生新知识（显性与隐性）。一方面，生产的新知识作为企业增量知识进入下一个循环；另一方面，新知识嵌入企业研发、生产、营销与服务过程，从而引发企业技术、管理与制度创新，并物化到产品与服务，实现其潜在价值。由此可见，知识集成有两块知识：一是显性知识与隐性知识间的集成；二是生产的新知识与个体知识、组织知识、组织间知识进行相互识别、获取、共享与整合形成新的有机知识体系，从而进行协同创新。知识集成是虚拟组织持续创新的核心机制，在持续创新能力形成与提升过程中发挥着关键作用。基于虚拟组织的组织结构、资源连接与创新方式，虚拟组织知识集成实质上就是实现参与合作创新的个体、组织、组织间显性知识与隐性知识的外在化、内在化、组合化与社会化的相互转化过程，或者说是个体、组织、组织间显性知识与隐性知识的共享与整合过程，其最终目标就是要打破知识壁垒与保护，运用知识共享与整合满足用户对知识及知识处理系统共享和互操作的要求，加强系统问题的解决能力、组织应变能力进而提升持续创新能力。

从虚拟组织知识集成创新的形成过程来看，知识共享获取的质量与知识集成的效能取决于知识的结构来源、知识的生产流程与知识的创新环境，如图 4.4 所示。

1. 知识的结构来源

知识创新的结构来源于企业内外部的知识源，包括企业的知识库与嵌入员工与流程的经验知识，以及企业外部的知识源。企业知识往往存储于个体的知识地图和组织流程，或者存储于企业的产品和服务之中；而外部

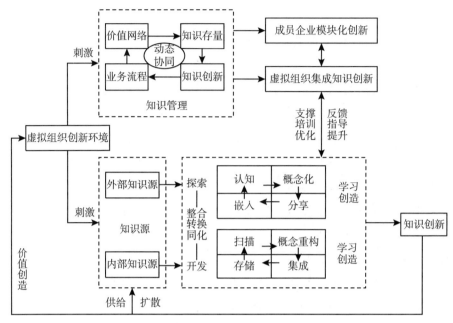

图 4.4 虚拟组织知识集成过程与路径

知识作为对内部知识的补充，通过企业内部整合、吸收和内化过程，并结合企业现有的知识基础和资源能力，为企业面对复杂性创新情境提供了持续的知识供给。由于企业长期的领域专业性、路径依赖性、认知局限性和技术陷阱等原因，企业内部知识具有较大的深度，相同类型的知识边际效益降低，亟待外部知识的涌入，更新内部知识的"血液循环"，因此需要打破传统的企业"链式创新模式"，跨越组织边界，允许在创新增值过程中多元化的创意、知识、资源、能力进入企业内部，由企业实现有效的整合与协同，创造更大的价值。一般而言，企业可以通过挖掘或与外部包括供应商、领先用户、模块商、集成商及高校、科研院所、行业协会、金融中介等的利益相关者形成价值网络合作来获取创新资源及有用的知识，甚至通过与竞争对手的合作补充知识存量。内外部知识的互补衔接与高度融合有效保障了企业间合作创新所需的显性知识与隐性知识的获取与集成。此外，知识创新的产品毫无疑问是新知识以及新知识蕴含的价值。新知识是知识创造的成果，是对组织现有知识的补充，为组织应对与内外部环境的变化提供决策依据和解决方案。知识，尤其是隐性知识，难以通过传统的财务方法进行定价和估值，因而知识的价值往往容易被忽视和低估。组织的新知识如原理性和事实性知识，能快速附加于企业的产品和服务中，提升企业产品的附加值和产出能力，进行即时的知识输出和价值创造。实际上，知识创新是组织通过感知环境、定义问题、制定决策和解决问题的过程产出，而这一过程本质上就是知识的体现，蕴藏着大量人力性和技能性的隐性知识，意味着知识本身就是一种价值。

2. 知识的生产流程

知识生产流程是通过获取内外部知识源所提供的数据、信息和知识，通过企业认知与扫描、概念化与重构、分享与集成、存储与嵌入的知识分享、知识创造和知识保有等具体知识活动完成新知识的创造，并且将知识嵌入到参与创新的员工、流程、规范中去。知识生产流是企业实现知识创新的关键，是通过个体、团队和组织、组织间不同层面的知识学习与创造活动而构成的，在组织的整合能力、转换能力和同化能力的作用下，应对不同的外界情境，有效地融合探索活动和开发活动。首先，认知与扫描是企业利用内外部知识创造新的知识的起点，认知主要是企业对外部知识的调查、获取和解读，而扫描则是对企业已有知识的检索、识别和提取。知识认知与扫描过程中，个体对于问题和机会的识别与发现，会从调查和检索已有的知识地图来搜集足够的信息，产生一个比较模糊的图景和理解；知识探索过程中，知识网络边缘的个体与外界的知识源连接较近，对市场机遇有敏锐的触觉，对客户知识需求有深度的认知，能够最快产生重塑产品和市场定位的创意和想法。其次，概念化与重构是企业从外部网络获取到多元知识后形成组织共同心智的前提，将新知识和其他个体、团队的知识在组织内全员学习、接受和理解，将部分员工中形成的认知翻译为组织语言，通过清晰和共同的表达形式为分享和扩散提供基础。概念化是企业对外部知识的概念表述，通过组织共享的语言和行为模式实现组织知识扩散的可能，概念重构化则是企业为应对变化而对内部知识的概念重构，通过构建新的组织术语和行为规范从而准确定义新问题。通过概念化与重构的过程，对企业获取的纷杂信息进行整合筛选，反馈指导认知与扫描过程的优化，将变化的信息抽象为一个理论框架并建立相应的模型，通过问题定义，为新知识和经验信息在企业内的传递、分享和整合提供基础。再次，分享与集成是产生新知识和形成共享心智最重要的环节，通过对已界定的问题在组织范围内扩散和推广，以深度交流和参与的方式鼓励知识开放式共享，以促使多元化知识结构的组织成员间充分地激荡和碰撞，并借助组织内部的整合机制，进而产生新的思想和知识。分享是外部知识在企业内部传播和扩散的过程，以共享的组织语言在跨部门和跨系统之间转移；集成则是在问题定义的基础上，具有多元知识的个人和团队之间创意和解决方案的整合，建立起跨个体和团队边界协同的认知模式。最后，存储与嵌入是知识生产流程的最后环节，将分享与集成创造的新知识引入组织知识库，通过有形和无形、正式和非正式等方式，进而形成组织记忆，指导企业在产品、服务和流程上的创新。存储是组织中的个人和团队对通过与其他个人和团队交互过程中产生的新知识的自我内化和记忆过程，一般可以依照组织以往的存储惯例和方式对新知识进行保有；而嵌入则将从外界获取而创造的新知识融入公司已有知识库，更新组织记忆的过程。由于大量的知识、行为和规则是隐性的和抽象的，难以进行知识显性化存储和嵌入，因此借助交互式记忆系统能够形成元知识，促进组织对新知识的接受和掌握，同时提供组织成员之间的协作能力，知晓针对出现的问题该去咨询谁。

3. 知识的创新环境

知识的创新环境是知识生产的过程中所置身的企业内外环境，激发企业进行知识创新，为知识生产流程提供高效、灵活和协同的支撑系统，而知识生产流程与生产环境的交互确保知识生产平稳高效运行。这样的交互作用体现在环境对流程的实施提供支撑、培训和优化，以及保障流程的顺利运作；反之，流程对环境有相应的反馈、指导和提升作用，帮助组织构建优良的生产环境和应对环境变化。知识的创新环境主要包括企业外部环境和企业内部环境，其中，企业内部环境包括知识模块化创新环境与参与虚拟组织的创新环境,通过系列的知识管理活动改造和优化内部环境,为企业进行平稳高效的知识创新活动提供保障。企业外部环境是知识创新的起点,是基于外部环境的刺激而作出的创新反应。创新过程中,一方面通过虚拟网络—任务模块—知识集成指导知识生产;另一方面通过参与虚拟组织入手,描绘出企业的知识地图和关系网络,据此检测和掌握企业现有的知识存量。在企业对知识储备充分了解的基础上,结合环境变化的情况和知识创新的目标,制定企业的知识战略,据此设计相适宜的组织结构、机制、流程和文化,打造具有动态、协同的企业内部环境的知识管理体系。

从知识创新过程来看,企业间知识共享过程就是对各自自愿贡献知识的获取、识别、消化、吸收与转移过程,而知识整合是在企业间知识共享的基础上对知识进行匹配、融合、应用与扩散的过程,这两个过程恰恰是知识集成的全过程。从持续创新能力的影响因素来看,根据"创新即资源重组→能力即知识集成"这一传导机制以及"知识集成 = 知识共享 + 知识获取 + 知识整合 + 知识重组"逻辑结构,影响持续创新能力的影响因素实质上就是知识集成的影响因素,换言之,就是要探索影响知识共享意愿、共享动机与共享行为,以及知识整合的关键因素。对虚拟组织而言,它是在社会化分工的大背景下基于"产品模块化、功能虚拟化及业务归核心化"的设计思想展开的合作创新,共享的是企业间的核心能力,其基本指导思想是:通过企业间合作以共享企业间公共信息、流程、激励机制、外部机会、制度等显性知识及模块化之间的接口知识,这些知识结构转移和吸收与成员企业的核心知识进行对接、更新与升级,提升自身的核心知识进而强化核心能力,能够促使企业之间核心能力通过合作共享持续提升,同时实现"1 + 1 > 2"的并行作业、快速集成、协同创新效应,这也正是虚拟组织区别于传统联盟创新的本质差异。

4.2.4 持续创新能力的影响因素

通过上述知识共享、知识整合与知识集成的影响因素分析,得出影响持续创新能力的关键因素可以划分为以下三个维度：主体因素、知识因素与环境因素。

（1）主体因素。即知识供需双方知识获取过程，联盟企业因素主要包括两个：提供方的知识转移能力和接受方的知识吸收能力，由于知识的提供方与需求方在虚拟组织创新网络中针对的是成员企业，各成员企业既是知识的提供者又兼有知识的吸收者双重身份，知识吸收与转移对知识集成的功能而言主要体现的是对共享知识资源的获取功能，基于此，将知识转移能力和知识吸收能力统称为知识获取能力，简称为知识资源获取。

（2）知识因素。从虚拟组织持续创新知识供应的特性与知识交换的属性来看，主要体现为两块知识：一是为合作创新企业间共享的规则、信息、制度、流程等显性知识；二是不易编码、传递与模仿且形成专业知识模块及标准知识模块的隐性知识，强调核心能力的异质性及专业知识的互补性。为此，将知识因素定义为显性知识与隐性知识。

（3）环境因素。从现有文献来看，主要存在三类环境因素：一是基于企业间关系，表现为信任、承诺与相互依赖关系。这三个变量中，承诺是建立在信任基础上的，相互依赖的前提是合作。虚拟组织合作创新本身就是基于企业间的异质性与互补性的核心能力，且联盟企业间是基于契约（包括显性契约与隐性契约）。所以，取信任作为研究变量，实际上，虚拟组织为企业间合作创新提供的就是一个高度信任的合作环境。二是组织学习环境。组织学习能够增加知识存量，影响知识整合效率，通过组织学习也可以提升知识的吸收与转移能力，影响知识共享效率，因此学习能力能够调节知识存量与知识流速，进而影响并调节知识获取能力。三是共享手段即信息技术。近年来随着互联网高速发展及企业数字化经营，信息系统对每个企业而言已成为经营与管理过程中必不可少的工具，企业间信息交流与数据对接早已应用了信息技术与互联网平台，信息技术已不是企业间知识共享、知识整合及知识集成的障碍，因此信息技术在本书中不作为关键因素考虑。此外，对期望报酬或公平感知这一影响因子而言，由于虚拟组织是基于网络契约（包括显性契约与隐性契约）实现企业间合作的创新行为，在参与合作创新之前关于职能分工安排与合作绩效分配合作创新前在网络契约中加以体现，因此，期望报酬或公平感不作为影响知识共享的主要因子。

综上所述，主体因素是知识资源的拥有者，知识共享过程中，知识拥有者在供给知识的同时，也在通过虚拟组织平台获取其他成员企业的知识信息，同理，知识拥有者在获取知识资源的同时，也在供给自身知识资源。知识资源依据其属性可定义为显性知识资源获取与隐性知识资源获取这两个变量，它们凸显了主体功能与知识属性。环境因素即学习能力与信任，其中学习能力主要是调节知识存量及知识获取效率的强弱；虚拟组织创新实现能力本质上就是对共享知识的集成，可见，知识集成是影响虚拟组织持续创新能力的关键因素。因此，虚拟组织持续创新能力的影响因素通过识别提取出五个关键因子，即显性知识资源获取、隐性知识资源获取、知识集成、学习能力与信任。

但是，在识别与明晰虚拟组织持续创新能力的影响因素之后，要进一步探讨关键因子与持续创新能力之间存在的作用关系以揭示虚拟组织持续创新能力的形成机理，就需要解析虚拟组织持续创新能力影响因素与能力结构之间的逻辑关系。在虚拟组织持续创新实现过程中，基于市场机遇的搜索与获取、客户需求知识的潜在趋向、价值空间与产业脉动的判断、合作伙伴技术能力的识别与选择、系统设计规则与创新流程的制定与执行、模块分解与职能分配等知识来源与获取均涉及创新发起；而虚拟组织成员企业通过知识获取与整合形成知识模块，通过共享与集成形成价值模块或产品价值实现；虚拟组织通过合作创新形成的规则界面与关系界面的协调与治理又离不开企业间高度互信的关系基础。

1. 知识资源获取与创新发起能力关系解析

在虚拟组织持续创新过程中，创新动力是持续创新的起点与来源，关系着市场机遇的捕捉与识别、客户需求的精准定位与创意决策。创新动力是由市场机遇及产业方向与产业空间交互形成的需求拉动和能力协同合作创新过程中知识共享、吸收、应用、更新、生产所形成的技术推动组成的驱动系统。市场需求蕴藏着巨大的经济利益及利益空间，而技术推动隐含着企业核心能力租金。因此，也可以说创新动力是知识与信息交互应用的结果，作用于创新动力的创新发起能力实质上就是对知识资源的获取能力。从创新动力的形成与创新发起能力的作用来看，知识资源获取来源于两方面。一是显性知识资源获取，主要分为三种：①结构，即确定产品或项目系统的要素模块构成及要素模块间的相互作用；②界面，即要明晰子模块的位置安排、信息交换与联系方式等；③标准，即设计规则、功能与性能标准要求等信息。当然还包括市场机遇、客户需求信息、产品规则、制度流程、文化差异、先验合作、企业资源库等知识资源的获取，主要是用于机遇捕捉、信息诠释与创意决策。二是来源于成员企业的技术知识或专业知识，称之为隐性知识，这部分知识主要是寄存并隐藏在各子系统模块中，能够带来创新方面信息浓缩化的成本与利益。由于技术知识的公共产品属性与溢出效应，不易编码与传递，即使企业间进行互补性创新活动时，技术知识的溢出效应有助于产生新的创意。企业还会加强产权及专利保护以保持并强化自身的技术优势，因此隐性知识资源的获取主要来源于成员企业将技术知识凝结并嵌入在产品模块的知识模块的提供及通过交流获取的先验知识，模块知识用于盘点技术资源支撑及创意形成，此外，知识模块采用的是隐性的设计规则，只需要和界面实现关联，因此节约了知识获取、共享和转移成本。

2. 知识集成与创新实现能力关系解析

创新过程是从创意形成、资源整合到商业化的价值创造过程，是持续创新的核心。创新过程中成员企业将各自己专业知识技能或惯例与职能模块关联资源交互作用形成功能创新模块和知识更新模块，在此基础上将创新功能模块集成、重组与整合形成创新产品，然后通过虚拟组织营销渠道将创新产品商业化，实现创新产品的价值置换功能。创新实现过程本质上就是知识应用、更新、创造与信息搜索交互作用的过程。从创新实现能力与创新过程的相互作用来看也可以称之为共享知识模块的知识集成过程。首先，对虚拟组织而言，企业间知识共享与知识整合主要聚焦于成员企业层面对知识模块功能的整合，表现在从系统设计界面与模块衔接界面信息知识、客户信息获取与知识模块匹配整合，形成知识模块功能升级；其次，对成员企业知识整合后的功能模块进行知识集成实现其价值功能。事实上，只有通过配置性知识使模块操作与客户需求衔接形成技术联通与市场联通才能产生价值创新。因此，知识集成过程实质上就是在系统设计规则下对分布在成员企业间隐性知识模块和显性知识信息通过共享整合实现知识联结的过程，或者说是知识转移与知识生产的过程。

虚拟组织在知识集成过程中，根据信息流通与功能对称能够发现未被满足的潜在客户需求和新设计规则，未被满足客户需求会引发规则冲突，也就是潜在技术结构与现体系结构的差距或差异，规则冲突能够促使企业搜索更有效率的规则从而推动规则的演进，规则演进需要企业间的知识集成与创新网络协同，从而形成虚拟组织循环往复的知识集成（见图4.5）。因此，虚拟组织的创新实现能力实质就是对成员企业共享知识模块的集成能力，虚拟组织创新实现能力可以用知识集成关键因子解释与作用持续创新能力。

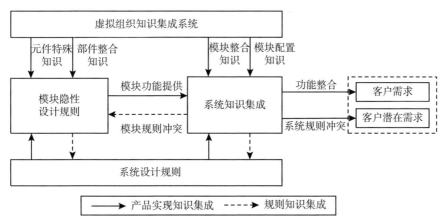

图 4.5　虚拟组织知识集成创新模型

3. 界面管理与信任的关系解析

虚拟组织创新基于知识分工将复杂产品或切割形成独立模块交由成员企业，而后各部分模块在产品架构系统内通过标准界面交流。一方面，知识分工本身就使得各成员企业根据自己的设计理念和掌握信息作出决策，作为信息传递系统的虚拟组织协调着不同行为主体的行动；另一方面，由于模块化设计本身就使得模块拥有多项选择权，所以对知识积累方向的协调机制就显得格外重要。因此，首先需要明确界面的形成原理及界面的协调规则。

虚拟组织的知识处于并行分布状态，依据具有显性特征的共同设计规则通过功能的分解与知识整合在模块层面上可以找到效率结合点。在虚拟组织合作创新过程中，基于模块化原理，在共同设计规则下一般会以三种模块进行合作创新：标准模块创新、专用模块创新与集成模块创新成员企业在创新过程中，依据共同规则传递的显性知识信息及技术标准要求运用自身的技术知识（隐性知识）进行分层式创新，如图 4.6 所示。

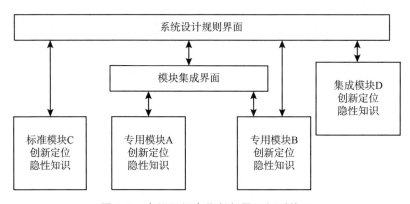

图 4.6　虚拟组织合作创新界面规则关系

在创新过程中，依据信息可见范围，共同规则的信息分为三类：一是系统信息，即以显性知识形式存在的系统设计规则；二是局部可见信息，即模块集成过程中表达模块功能和系统规则保持一致的界面信息；三是隐性信息，即处于界面之下系统不需知道其具体实现过程只知道结果功能的信息。这三类信息均是在系统规则设计要求下相互协调、相互作用，共同完成各自界面模块功能。

从图 4.6 可以看出，系统设计规则界面对标准模块 C、专用模块 B、集成模块 D 是直接可见的，对专用模块 A 是间接可见的，其中专用模块 A

只需要清楚模块集成信息即可，专用模块 B 需要同时明确系统设计规则和模块集成规则信息。标准模块难以模仿，一般是凭借企业经验和规模经济条件下获取的李嘉图租金；专用模块是与指定系统相匹配的具有特定功能的模块，一般是享有技术专利保护并获得熊彼特租金，是推动产品升级的动力源；集成模块是集成专业模块与标准模块的功能整合，其租金主要用于满足客户个性化需求。由此可见，界面管理能力是应用管理知识或技能协调要素界面与关系界面以提升知识集成效率与效益，是虚拟组织持续创新效率与效益的保障和关键。

而虚拟组织企业间因知识资源与信息、职能分工流程、组织与跨文化等关联界面的协调与管理在某种意义上可以说是联盟企业间的关系治理机制，是网络构成要素之间关系协调与网络规范的关系治理，包括信息共享、知识获取、规则执行和并行作业等。虚拟组织网络结构包括水平联结、跨组织关系与互动关系三种结构特征。在联结结构中，权力、市场与信任是组织交易三种基本治理手段（Gravens & Piercy，1996）。根据企业间关系治理行为理论，相关承诺首先可以获取对方信任；其次借助资源互补依赖与合作意愿推动彼此信任；再次信任能够促进了企业间共同行动的一致性。

企业间信任主要包括两个要素：结构要素与社会要素。结构要素是指伙伴企业的资源互补状况；而社会要素则指伙伴间的合作意愿。对虚拟组织而言，因其独特的组织结构及成员组成的对等特性，无法通过指令来解决界面关系中出现的各种问题，即虚拟组织关系治理既不适用市场规则，也不适用科层制，但无论是间续式、契约型的双边关系治理还是动态多元的合约关系治理，虚拟组织的关系治理离不信任的基础，信任被认为是一种期望对方不会利用自己脆弱性的信心，属于一种系统简化机制，通过信任的两大功能，即不信任和声誉可以降低环境复杂性和系统复杂性。并且信任本身就蕴含了决策、约束、协调、简化等功能性工具，而这些功能恰恰是虚拟组织企业间协调的基本手段。

虚拟组织在合作创新过程中形成的要素界面与关系界面的协调与管理的最后工具就是信任，因此，界面管理可以用信任关键因子解释与作用持续创新能力。

4. 学习能力的作用效应

在虚拟组织合作创新过程中，学习能力的作用效应主要表现为成员企业运用已有的知识、经验、智力与技能最大限度地领会和掌握系统规则、模块规则、客户信息等显性知识与功能模块及模块间接口知识等隐性知识的能力，换言之，是企业消化、吸收企业间共享技术知识的模仿性学习，因此，学习能力最重要的体现就是能够调节并提高企业对新知识的吸收与转移能力，高效率的吸收与转移能力能够快速接受新知识，并进一步激发企业对新知识的渴求与获取，通过将新知识与已有知识的持续整合与创新，能够更新知识存量并产生知识增量的同时，提升了知识集成效率与集成品质进而提升持续创新能力，因此，从学习能力的作用效应来看，知识的吸收能力与转移能力实质上就是知识的获取能力。知识存量的更新实质就是知识与外部环境之间的联系与反馈过程，是一种非线性复杂扩散态，是一个同时具备时间特性和空间特性的学习结果。虚拟组织在持续创新过程中，成员企业学习能力越强，企业对市场信息知识的捕捉、联想和筛选能力就越强，能够迅速获取吸收外部异质与互补性知识从而增加知识宽度，降低知识转入成本；另外学习能力越强，企业对知识的消化吸收能力与知识集成能力就越强，越有利于外界知识与自身知识体系的有效融合以重构自身的知识体系，从而增加知识深度。可见，学习能力的作用结果就是为组织输入与输出知识资产，是虚拟组织持续创新的基础。

4.3 虚拟组织持续创新能力的作用过程与形成机理

4.3.1 虚拟组织持续创新能力的作用过程

虚拟组织基于市场共同目标、战略共识与框架规则形成快速连接企业间资源与能力的创新联盟。这种独特的组织属性，使得企业间在异质性能力上各自拥有一定的专业知识位势，由于知识互补依赖从而形成企业间彼此知识位势差距，知识位势的差距形成自然压力，促使知识从低位势知识主体向高位势知识主体学习，进而引起知识从高位势向低位势流动，流动过来的知识一方面与低位势知识主体自身知识积累经过匹配识别以替换无效的知识母体，从而形成知识存量的静态积累而被储存起来以备日后激活而重新使用；另一方面是企业间知识互动过程中，不同知识主体知识交叉整合形成新知识，进而引起知识存量的动态增长。可见，虚拟组织企业间知识势差引起的知识共享与知识流动从而引发彼此知识存量的增长，实现知识的静态积累与动态积累。随着外部环境与机遇的变化，虚拟组织核心企业会依据"企业资源池"适时更新重组合作企业以延长组织的生命周期，实现组织创新的连续性与持续性。核心企业基于其自身的核心技术及市场信息搜索的先觉知识因而拥有一定的核心技术优势和市场结构优势，在虚拟组织中扮演系统整合者的身份角色，实现创新资源整合、创新规则设计、职能模块分配、组织流程监管、关联界面协调等职能。另外，其在创新价值链中具备能力集成知识与系统架构知识，其中集成知识是虚拟组织从机遇捕捉、创意形成到商业化过程中系统结构、模块功能、关系协调的知识，集成知识与共享知识共同构成了核心企业的构架知识；参与企业因能力租金、专用性投资成本与风险、超额绩效分配等经济因素驱动愿意进行联合创新，由于自身核心能力所以拥有内核知识，即参与企业通过信息屏蔽保留的个别信息或看不见的规则，表现为技术专利、技术诀窍、操作流程等知识（龙勇和穆胜，2013），内核知识与共享知识构成了成员企业的模块知识。可见，虚拟组织合作创新过程中企业间共享的知识实质上就是核心企业架构知识与成员企业模块知识交叉重叠部分称之为接口知识（或称共享知识），接口知识在合作创新中又表现为共同的设计规则，是集成知识和内核知识的具体化部分，包括流程、实践、经验、惯例以及与产品关联的交易秘密，决定了双方共享知识的耦合方式。

　　虚拟组织作为一个能力集合体，基于参与主体的功能特性与能力属性所形成的架构知识、共享知识与模块知识共同构成了合作创新的知识集合

（知识/技术/惯例）。虚拟组织持续创新能力的知识来源于组织学习，即组织内参与协同创新的个体、企业及企业间基于本体知识与共享知识的重置配比法则进而对知识的选择获取、消化吸收、改进创造的过程，通过知识积累、知识获取与应用、知识创新三种渠道分别产生知识存量、知识增量与知识质量，而持续创新能力则是由组织的知识存量、知识增量和知识质量决定的，三者结合形成了组织持续创新的能量，能量的转化正是虚拟组织持续创新能力的形成基因。

虚拟组织创新能力实质上是技术知识、经验惯例的复合体，组织的技术知识结构及其认知能力决定了知识积累、知识获取与应用、知识创新的效率与效果，因此组织内参与创新的个体、企业与企业间要充分利用企业间流通的知识信息不断地进行交互学习，吸收所需的知识进行筛选和归类，扩充并更新现有的知识存量，从而又产生新的技术知识，扩大了组织的知识增量规模；同时要淘汰组织冗余或不适的知识以对知识实现升级换代保证知识质量。

因此，成员企业在合作创新过程中通过知识积累转化为知识存量、知识获取与应用转化为知识增量、知识整合创新转化为知识质量，三者有机结合形成知识能量，能量通过知识集成形成持续创新能力。由此可见，知识存量是形成虚拟组织持续创新能力的初始条件，决定组织的初始创新能力；知识增量是组织技术创新能力的成长条件，决定组织的动态创新能力；知识质量是组织创新能力的提升条件，决定了组织的持续创新能力。三者之间相互作用、交互迭代催生了虚拟组织持续创新能力的作用过程（见图 4.7）。

从图 4.7 可以看出，知识获取的质量与知识集成效率直接影响着虚拟组织知识存量、知识增量与知识质量，是虚拟组织持续能力的提升条件。而知识存量是知识主体所拥有全部知识的总括，涵盖了知识宽度（即知识的多样化）与知识深度（即知识链上单一知识面所处的知识位势），是企业间通过关系学习完成探究知识并产生有关系产品或流程知识的行为，从而实现知识静态积累与知识动态积累。

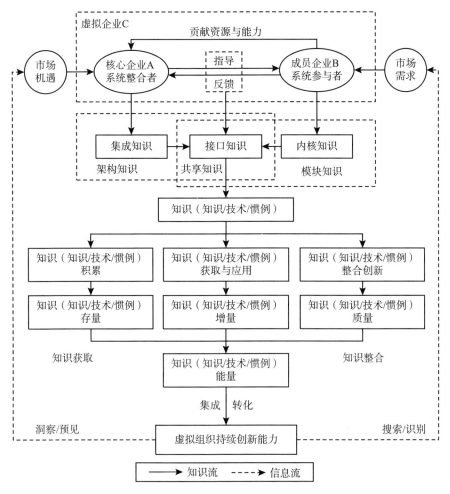

图 4.7　虚拟组织持续创新能力的作用过程

4.3.2　虚拟组织持续创新能力的形成机理

　　虚拟组织是基于重组核心能力、共享价值链资源、完善价值链功能的高能量创新联盟共同体，凭借网络关系整合组织显性资源和隐性资源，以合作创新形式彼此借力造势从而为顾客价值持续创造特殊资产，通过扬长补短的能力组合与并行作业的创新方式，能够极大地提升协同创新的系统效率，并获得高额的网络租金。因此，虚拟组织协同创新改写了知识经济时代数字资产、新规模经济、新范围经济及新交易成本等游戏规则。

创新是虚拟组织生存与发展的本能，持续创新过程是知识创造和应用的过程，在此过程中虚拟组织内成员企业通过信息交互及学习交流，吸收和获取价值链中流动及企业间共享的知识和技术，应用知识编码与技术语言对吸收的知识加以创新转化，对获取的技术进行改造使其与从事的专用性技术或管理知识相适应，融合创造出新技术和新知识，从而实现创新产品，并使其商业化，商业化过程中不断搜索客户潜在隐性需求产生新的市场机遇，进入新的创新循环，形成虚拟组织特有的持续创新能力。

虚拟组织竞争优势的真正来源在于核心企业能够基于未来市场潜在战略机会的判断快速集成成员企业知识的能力。从知识集成流程来看，虚拟组织知识集成过程是对技术流与知识流的协调匹配过程，与组织作业和价值观念传递有关，是成员企业间对战略机遇、未来机会、合作创新的资源认同，而沟通交流、参与和认同是基于对成员企业间共享的知识资源与支持资源的重组整合，从而产生的高效的知识经营与知识创新方式进而获取合作创新优势。从外部环境变迁来看，虚拟组织根据法律、文化、技术、产业及企业环境等因素发展趋势进行综合判断，当然新的机遇也可能来自在合作创新过程中基于知识与信息的交互共享对现有产品的改良或关联产品的延伸等机遇信息，进而在企业间共享与交互传递，形成持续合作创新意愿。核心企业是基于战略机遇的考虑构建的虚拟组织，核心企业根据战略机遇或者说是核心战略，首先要梳理与盘点自身的知识资源与支持资源，基于交易成本的理论支撑合作的先验知识，根据知识分工与资源分工选择合作伙伴，合作伙伴参与合作创新可能是基于机遇，也可能是基于成本，还可能是基于资产的利用效率或能力租金等，不管出于哪种目的，按照各自的职能分工与职责义务完成职能模块或专业化模块，在实现合作创新的同时实现各自的战略目标，但是离不开核心企业对企业间关联界面的协调。

虚拟组织持续创新系统知识获取来自参与创新的成员企业所提供共享的显性知识与隐性知识，显性知识主要是指企业的规则、客户信息、流程、文化与制度等，参与创新的方式主要是用于企业间信息共享及对产品模块品质的改善；隐性知识主要是成员企业的核心能力或专业知识，参与创新主要是根据知识分工将专业知识凝结并内化在产品模块或专业化模块，以知识专业化模块的形式参与其他职能模块的集成，最终形成标准模块或通用模块，显性知识与隐性知识主要是基于创新价值链分工的不同导致贡献与共享的方式不同。虚拟组织核心企业凭借组织的职能分工和创新流程协调成员协调知识资源与支持资源的，并落实布置在成员企业创新活动之中。

虚拟组织在持续创新过程中会不断培育组织的核心能力，即对成员企业知识的集成能力，换言之，就是在创新过程对不同的知识资源和支持资源进行整合集成于持续创新系统中，形成独特的知识整合与关系协调方法。在核心能力形成过程中，联盟组织或传统组织培育自身核心能力需要长期的知识积累与创新过程中知识的不断整合形成的，尤其是对市场机遇的预见与捕捉能力。而虚拟组织核心能力是建立在对来自成员企业长期知识积累基础上的集成整合，体现的是"1+1＞2"的知识协同效应，在知识创新过程中持续创造新知识，用于知识的传递与应用。因此，知识转化是持续创新的基础，由于知识尤其是隐性知识储存于成员企业个体的头脑中，通过知识在"个体—组织—组织间"进行转化，实现个体与个体间、个体与组织间、组织与组织间的知识交流、协作与分享，才能快速应对外部变化的环境及提升合作创新的速度与品质，首先，知识型员工是知识的载体，具有从事生产、创造和应用知识的能力，能够为组织带来知识资本增值；其次，知识的转化是虚拟组织实施创新活动的基础，隐性知识往往是员工长期工作总结形成的某种直觉、洞察力，是实践经验的集合，只有通过交流、分享这部分知识才会形成企业组织知识；最后，能力营造和能力拓展的相互依存构成了虚拟组织创新所需要的知识互动过程。

在这个过程中，创新伴随着资源要素组合，而能力作用伴随着知识流动。因此，虚拟组织持续创新能力的形成过程实质上就是知识的流动过程，即知识获取、知识吸收、知识创新、知识应用四个过程。持续创新是持续创新能力的载体及外在表现，持续创新能力则是推动虚拟组织持续创新的内在作用力。虚拟组织中成员企业共享的知识或技术存量一定程度上决定着虚拟组织初始创新能力，创新过程中成员企业通过企业间合作获取知识、经验与惯例，并对外部获取的技术知识进行消化吸收，与原企业知识有效组合创造新知识与新技术，并将其应用于合作创新过程，从而又增加了虚拟组织技术知识存量，而存量知识的增加反过来又会促进企业间技术知识的获取。换言之，通过合作创新提升了技术知识的流量与流速，通过技术知识交互学习增强了成员企业的核心能力或创新能力，然后再集成提升了虚拟组织的核心能力，通过虚拟组织创新资源连接平台联合创新，形成持续创新循环。

知识的共享与应用使虚拟组织能够随时洞察市场变化，搜索客户隐性需求，及时预见并捕捉市场机遇，通过知识应用对机遇进行识别、分析与决策，形成创意或产品概念输入到创新过程，此时知识的共享、重组、整合成为创新关键，首先对组织内共享的创新资源与能力进行识别重组；其次对创意产品的功能模块与对应的能力模块配置整合，形成强强联合创新的能力协同效应及知识交互效应；在此基础上形成虚拟组织的核心能力，实现生产要素与知识的交互转换形成新产品，最后进入商业化过程，通过能力协同产生的合作创新速度效应与知识共享交互应用对市场机遇反应的敏捷效应，在创造顾客价值的同时洞察客户的隐性需求及预见市场的共性需求，与在创新过程中生产的新知识同时进入新的创新循环，即生产要素、知识与能力交互迭代、循环往复的创新运动过程。在此过程中，知识共享、知识获取、知识集成与知识创新形成的知识链与知识流贯穿于虚拟组织持续创新系统的全过程，在学习能力与信任的正向调节作用下，能够增强持续创新过程所需要的知识流量、知识质量及知识获取效率。企业间通过高度信任的关系联结能够增进知识的共享与转移意愿，强化知识共享行为及共享关联知识量从而提升知识获取的效率。而学习能力能够调节知识生产及应用。由此可见，虚拟组织持续创新依赖于组织"能缺与融智"的基本属性及高效的资源配置能力，创新能力的提升必然会在企业间开展互动学习、知识积累与共享等深层合作，知识是创新的核心，知识的循环流动性是虚拟组织持续创新能力作用的关键，是推动组织持续创新的根本动力，组织内生产要素和知识结合起来才能开发新产品、提供新服务，因此，虚拟组织持续创新能力的形成机理是在学习能力与信任关系的正向调节作用下知识资源获取通过知识集成对持续创新能力的正向作用效应。虚拟组织持续创新能力的形成机理如图4.8所示。

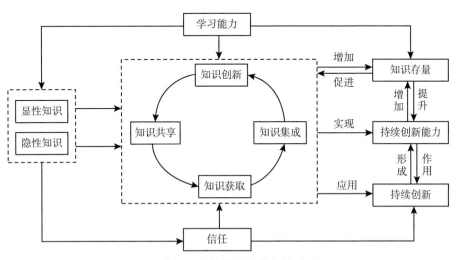

图4.8　虚拟组织持续创新能力的形成机理

总之，通过对虚拟组织持续创新能力的影响因素及形成机理研究，明确了虚拟组织持续创新能力是基于"业务归核化、产品模块化、创新并行化"指导思想，依据设计规则、知识需求与分工、流程及规则，持续不断的在学习能力与信任的调节作用下，在共享交互成员企业间显性知识资源与隐性知识资源的基础上进行知识获取与知识集成，形成循环往复的知识获取与知识集成的迭代过程。

4.4　本章小结

本章在第2章虚拟组织持续创新理论的基础上，探析了虚拟组织持续创新能力的形成机理。

首先，基于能力理论、知识基础理论、动态能力理论、知识创新能力的相关观点，探析了虚拟组织持续创新能力的内涵与本质。研究发现，虚拟组织持续创新能力实质上就是基于市场机遇快速构建价值网络，通过对成员企业显性知识资源与隐性知识资源的集成重组，形成作用于推动并维持虚拟组织持续创新过程关键节点的知识流的创造及循环应用。虚拟组织持续创新能力的本质就是对来源于成员企业间共享的知识资源的集成。

其次，探讨了虚拟组织持续创新能力的构成要素。基于虚拟组织持续创新的关键节点与四大部件，即创新动力、创新过程、界面管理与学习能力，剖析了虚拟组织持续创新能力的作用过程及与四大部件的交互关系，创新性地围绕虚拟组织持续创新过程将持续创新能力解构为创新发起能力、创新实现能力、界面管理能力与学习能力四个构成要素，并分析了能力结构与持续创新能力的作用关系，提出了虚拟组织持续创新能力的作用过程就是在学习能力与界面管理的支撑作用下从创新发起到创新实现的过程。为弄清楚创新发起能力、创新实现能力与界面管理能力的基因。

再次，基于知识共享、知识整合、知识集成三个视角，剖析了虚拟组织持续创新能力的影响因素。研究发现：①虚拟组织创新的前提条件是自愿贡献与共享知识资源，知识共享的要素由知识共享主体（包括个体、团队、组织与组织间）、知识共享客体（即显性知识资源与隐性知识资源）、知识共享环境（即信任关系、信息技术与公平感知）三个要素构成；②虚拟组织持续创新的关键是对企业间共享的知识资源进行重组整合，知识整合的影响因素即为知识因素（关联知识存量）、主体因素（知识吸收与转移能力）、关系因素（即关系学习与关系信任）；③虚拟组织持续创新能力的本质即为企业间共享知识的集成能力。从知识的结构来源、知识的生产流程及知识的创新环境三个方面，系统描述了虚拟组织知识集成的过程与路径。通过上述三个视角的系统分析，并进一步解析了持续创新能力的影响因素与能力结构之间的关系：一是知识资源获取与创新发起能力的关系；二是知识集成与创新实现能力的关系。明确了创新发起能力实质上是通过知识资源获取因子实现作用效应，创新实现能力通过知识集成因子实现作用效应，界面管理通过信任因子加以实现关系协调，学习能力因子发挥调节效应。最终理论上提出显性知识资源获取、隐性知识资源获取、学习能力、信任与知识集成是影响持续创新能力的关键因子。

最后，剖析了虚拟组织持续创新能力的形成过程，认为虚拟组织作为核心能力的集合体，通过成员企业贡献与共享显性知识资源与隐性知识资源的获取，并与自身知识库进行匹配整合嵌入内化于专业知识模块，成员企业间专业知识模块通过框架设计规则、业务流程及模块接口信息进行知识集成，形成产品或服务整体解决方案，基于核心能力的协同效应与合作创新的速度与品质效应，赢得持续竞争优势，并在价值创造、价值传递、价值体验与价值获取的循环路径上实现持续创新。进而提出了虚拟组织持续创新能力的形成机理，即在学习能力与信任的正向调节作用下，知识资源获取通过知识集成对持续创新能力的正向作用效应。

第5章 虚拟组织持续创新能力
形成机理的实证研究

第4章从理论上研究了虚拟组织持续创新能力影响因素及形成机理，探索性提出了虚拟组织持续能力的影响因素，即显性知识资源获取、隐性知识资源获取、学习能力、信任与知识集成，这五个要素是不是影响虚拟组织持续创新的关键影响因子，关键因子间的相互作用机制以及关键因子对持续创新的作用效应如何，是识别并剖析虚拟组织持续创新能力形成机理的关键所在。本章在第4章虚拟组织持续创新能力相关理论研究基础上，运用关键因子间以及关键因子与虚拟组织持续创新能力之间的相关假设，提出虚拟组织持续创新能力的形成机理模型，并通过实证研究验证虚拟组织持续创新能力的形成机理。本章采用实地调研与调查问卷相结合的研究方法，根据研究问题进行问卷设计、样本选取与数据采集，并借助SPSS 19.0 和 Amos 17.0 统计分析工具，对各变量指标题项进行关键因子分析、信度与效度检验、描述性统计，并对相关假设进行主效应、中介效应、调节效应检验，对研究结果进行讨论，以验证持续创新能力的影响因素、关键因子间的作用关系以及关键因子对持续创新能力的作用效应。

现有研究中，关于虚拟组织持续创新能力的研究较少，主要聚焦于三个方面。

（1）知识获取视角。主要集中在企业间知识共享意愿与动机、知识资源交换与吸收、知识资源转化与转移等对知识资源获取质量的影响进而影响持续创新能力的过程（汤建影和黄瑞华，2005；张小娣等，2011；商淑秀和张再生，2013）。

（2）知识集成视角。主要强调企业间知识的识别、获取、匹配、整理及组合等结构化过程，基于整体设计规则对成员企业知识模块进行功能集成与价值实现，研究变量主要集中于学习能力、吸收能力、关系信任等对知识集成效率的影响（Rosen，2007；辛宇，2013；魏江和徐蕾，2014）。

（3）知识创新视角。主要集中于知识集成应用创造新知识的过程、知识创新与创新能力的作用关系（Shari，2010；余光胜，2013；张军和许庆瑞等，2014；臧树伟和陈红花，2019）。

通过对现有文献进行梳理，发现影响持续创新能力的因素可归结为三大因素：①主体因素，即成员企业对共享知识资源的获取及集成整合能力；②知识因素，即企业间共享的显性知识及隐性知识；③环境因素，即企业间学习环境及信任环境。现有文献为研究提供了理论基础和研究借鉴，但是它仅局限于联盟网络创新的某一视角，忽略了虚拟组织自身柔性、敏捷性、动态性等创新属性以及高度信任的文化环境、高效的学习氛围影响其获取、集成成员企业间知识资源的创新能力，缺乏对虚拟组织持续创新能力影响因子的探索识别，以及虚拟组织持续创新能力的形成机理模型的构建与探索性验证。

基于此，本章基于"知识获取—知识集成—创新能力"的分析框架，探究成员企业间知识获取、知识集成、学习能力、信任对虚拟组织持续创新能力主效应、调节效应与中介效应之间交互传导作用机制，提出并实证研究了虚拟组织持续创新能力的形成机理模型。该研究成果无疑将为创新型企业，尤其是科技型中小企业运用虚拟组织持续创新机理实现以小博大、以快制慢的商业策略提供新理论、新方法与新路径。

5.1 理论模型与研究假设

5.1.1 知识资源获取与持续创新能力

知识作为有价值的信息是持续创新能力的基础，具有隐含性、分散性与价值性等特性（禹海慧，2015）。根据知识能否清晰表述和有效转移，可以将知识分为显性知识和隐性知识，其中显性知识是以信息、流程、文件、规则、惯例等形式呈现，隐性知识以经验心得、见识、技能和诀窍等形式储存于组织个体，或嵌入于产品、工艺和服务中，又或根植于组织的结构、规则和程序中（Kogut & Zander，1996）。虚拟组织成员企业间基于战略共识与规则认同，依据"产品模块化与业务归核化"法则配置价值链功能，利用在线信息技术共享市场机遇、顾客需求、设计规则、制度流程等显性知识，通过互动交流不断理解知识模块需求、设计规则流程与专业技能、经验诀窍等隐性知识匹配融合以促使创新优先排序与结构化分析，从而形成"问题定义—问题理解—协同解决"的创新能力，进而确立协同创新的界面规则与创新方向。

虚拟组织在知识资源配置过程中遵循"知识获取—知识吸收—知识整合—知识集成"知识创造及持续创新能力形成过程。核心企业基于企业间达成的战略共识及系统设计规则，对创意产品价值链进行切割分解成功能模块，依据企业间知识专长实现定点配置。企业间在合作创新过程中通过知识与信息共享彼此不断地获取知识，理解设计规则不同的知识需求及客户标准化与编码化的知识需求，有利于各自进行结构化分析与优先排序，从而提高潜在机会识别和定义存在问题的能力，形成创新界面规则与创新方向（王亚娟和张钰等，2014）。根据需求知识变更及企业知识适应性不断调整并调适网络结构与网络规模，网络结构越聚焦即网络中心性越强，网络中心企业的结构优势与声誉就越高，其为了维护拥有社会资本这种优越感，愿意与虚拟组织中其他成员企业分享知识（商淑秀和张再生，2013），有利于增进企业间知识资源获取的数量与质量。在此过程中，成员企业间借助互联网信息技术提供的虚拟组织网络平台进行交流与讨论，强化彼此之间的了解与信任，分享更多的心得、经验、惯例和信息，通过组织学习与 SECI 知识创新模型进行知识创新与价值创造，共同解决合作创新过程中遇到的难题，并形成交互关系记忆以增加企业创新所需的知识存量，高效的知识获取能够扩大并改善参与企业现有的知识基础，激励企业沿着知识模块高效集成的方向将外部获取知识与内部专长整合利用并在企业内部进行转化，将知识嵌入并内化在分配的专业模块上，提升专业模块的功能价值、性能、品质与集成效率，进而增强持续创新能力。此外，企业间隐性知识的异质性增强了企业合作创新的相互依赖，使企业能在多样化知识的获取、吸收与整合过程中增进知识记忆，创造生产新知识以减少企业获取知识的重叠性与相似性，旨在增强知识获取品质，同时还节约了企业识别处理同质知识的时间与精力。可见，基于虚拟组织知识模块集成创新平台，有效促进了企业间专业知识的高频互动，企业更能理解参与企业之间解决问题的思路风格与行为方式，提升显性知识与隐性知识的获取、转移效率与质量，增加了参与企业对异质性和互补性知识的获取整合能力，从而提升知识集成效能与持续创新能力。

虚拟组织作为知识联盟，其知识资源（显性知识与隐性知识）分布于参与创新的成员企业，知识资源通过在个体、组织、组织间交互对流、吸收转化，使得企业能够从多样化知识及创新经验中受益，进而发展为更加复杂的知识（Vasudeva，2011）。基于知识分工、模块化生产及知识模块集成思想，在实现知识模块"1＋1＞2"的协同创新效应的同时，增加了知识存量、增量与质量，相应地提升了知识能量及创新能力。知识基础理论认为，知识整合过程中，组织拥有知识存量资源越多，越能将知识以共同语言的形式表达出来，从而促成知识的整合应用及创新能力的提升（Suzuki，2004）。基于规模经济、范围经济、速度经济以及空间经济的视角，格兰斯特兰德（Granstrand，1998）提出了成员企业间互补性知识资源结构为虚拟组织知识组合与知识集成提供了可能，并激发组织产生新的产品概念与产品创意进入创新循环系统。同时，企业间互补性知识为虚拟组织提供了从机遇搜索、创意形成、创新实现到商业化应用过程中出现不同问题的解决路径与渠道，增加了组织探索新知识交流组合频率与密度，进而增强创意新颖性及合作创新意愿的可能，为虚拟组织创新赢得了先决条件。此外，虚拟组织高度信任的创新环境催生了企业间信息交互密度与知识共享强度，促使企业主动愿意与合作伙伴分享知识，降低自身留存知识、经验与技能的程度，增进企业间知识共享、知识获取的数量与质量并使知识高度内化与透明化，在增强企业完整价值链虚拟功能的同时减少了企业的投资成本与交易成本，减轻了成员企业间彼此搜索、识别、吸收和利用知识的压力，并导致更具新颖价值的创新，进一步促进知识流动的频繁程度及流量的能效，从而提升持续创新能力。

可见，虚拟组织持续创新优势相比传统组织来源于知识集成的效能，主要由两部分组成：一是知识获取效率引发的知识集成效率；二是知识获取质量引发的知识集成品质。虚拟组织知识集成的速度性、组织柔性、敏捷性与高品质使其具有较强的生命力与持续创新的优势，从而赢得客户与市场先机。合作创新过程中新知识的生产及应用扎根于成员企业间知识、信息与技术的交互作用过程。创新过程转移的不仅仅是技术，更主要的是知识，因为知识创新的作用价值是通过技术创新的生产应用和实践以产品形式转化为生产力。虚拟组织创新不仅强调企业间的知识合作，更关注联盟企业之间显性知识资源关联的共同背景及隐性知识资源的异质程度。信息、规则、制度、流程及文化差异等作为显性知识资源是组织惯例和技术知识的一般性理解，是企业间知识交流的基本语言。显性知识资源获取得越多，企业间拥有可供交流的知识通用语言及知识共用术语就会越多，双方知识的交互意愿及形成的共识流量相对就越大，相应的知识的转移及吸收能力就越显著，从而知识创新能力就越强；而隐性知识是对特定技术领域深入个性化的理解，是组织性质和能力差异的源泉，也是组织知识创新能力的核心所在，隐性知识资源获取量越多，凝结并嵌入在知识模块的价值量就越大，知识集成能力相对就越大，双方合作的能力租金、合作意愿及积极性就会越高，从而持续创新能力就越强。

通过以上分析，提出以下假设。

H1 显性知识获取对持续创新能力有显著正影响。

H2 隐性知识获取对持续创新能力有显著正影响。

5.1.2 知识集成的中介作用

虚拟组织知识集成强调借助网络信息技术连接参与企业共享显性与隐性知识资源进行知识识别、知识获取、知识利用的过程，通过知识集成进而形成企业可支配利用新知识体系，实现知识在企业间循环往复扩散与传播。

虚拟组织的本质即为知识的集合体，成员企业为知识网络关系为虚拟组织创新提供了企业所需的基础知识地图。首先，对虚拟组织而言，企业间知识共享与知识整合主要聚焦于成员企业层面对知识模块功能的整合，表现在从系统设计界面与模块衔接界面信息知识、客户信息获取与知识模块匹配整合，形成知识模块功能升级；其次，对成员企业知识整合后的功能模块进行知识集成实现其价值功能。由于虚拟组织知识资源分布并嵌入内化于参与个体、组织及组织间，知识模块相对分散难以自主创新。实现战略机遇目标需要将分散在个体—组织—组织间三个层次主体的专业知识模块聚焦、联调并加以转化应用，通过显性知识与隐性知识交互对流、吸收转化与传播扩散，形成知识资源持续性创新、螺旋式上升的往复迭代过程。事实上，只有通过配置性知识使模块操作与客户需求衔接形成技术联通与市场联通才能产生价值创新（骆品亮和刘明宇，2009）。可见，虚拟组织知识集成过程实质上就是在系统设计规则下对分布在成员企业间的隐性知识模块和显性知识信息通过共享整合实现知识联结的过程，或者说是知识转移与知识生产的过程。通过知识集成能够快速将参与企业在各自知识专长知识领域内提供的高性能、高品质、高效率专业模块联结组合，提升产品创新速度与价值转换以满足客户效能与感知价值的同时，增强了客户对产品品牌的忠诚与黏度，为探寻或捕捉客户隐性知识需求提供潜在机遇窗口。通过知识集成可以整合和优化虚拟组织知识存量，增加知识增量与质量，市场知识能够敏锐感知市场动态并对这些来自市场及行业内部的各类信息作出快速反应，使组织具备或拥有捕捉市场机遇，精准定义客户核心需求、布局通路渠道等市场创新能力以拓展或开辟新市场；应用技术知识聚焦于创意概念、研发、制造与工艺、商业化应用及关联界面协调等创新战略环节以加速技术创新。综上所述，虚拟组织知识集成是建立在组织战略引导和知识资源重构的基础上，对组织内分布在知识主体的知识要素与创新资源进行有机关联与配置、持续交互迭代，从而实现知识资源最大化创造与利用，进而提升组织持续创新能力。

从知识资源获取对知识集成的作用来看，虚拟组织知识集成是建立在成员企业共享核心能力的基础上对各自提供的专业知识模块予以集成，凭借企业能力的协同创新与并行作业来提高知识集成创新效率、创新速度与创新品质，这取决于成员企业彼此对共享知识资源的获取效率与获取质量，通过显性知识信息的交互能够促使企业间共同理解设计规则，精准把握客户知识需求与潜在需求，尤其是成员企业专业模块间接口知识与核心企业系统设计架构知识的共享与获取质量能够大幅提升产品模块性能与品质及标准模块价值，获取、吸收的显性知识通过知识内化与嵌入转移到隐性知识模块（专业模块）中去以增强专业模块的功能价值，同时，通过互动学习交流及知识多元化的共享与获取也促进了双方的共同语言与共同理解；隐性知识又称之为内核知识，不易编码、交流与表达，其主要功能是指导实现以产品模块或节点模块形成的知识模块，与其他联盟企业形成的知识模块共享集成形成完整产品功能或形成产品价值链的完整功能。由此可见，隐性知识获取与显性知识获取通过学习能力可以调节与增强知识的获取数量和效率，但是对虚拟组织而言，隐性知识资源的获取是企业将内核知识嵌入在专业模块以知识模块形式与其他企业专业模块进行共享与集成。通过知识集成将知识联盟中的知识进行有效提取，而后对这些知识片段共享与加工，不断提高知识的附加值进而创造出新的知识（徐扬等，2015）。知识与信息如同虚拟组织持续创新系统生存与发展的血液，知识资源共享存量及转移流量是衡量参与企业以知识为基础合作创新的速度与效率。首先，虚拟组织是以市场机遇合作为前提、以各自贡献核心能力实现的分工协作，资源互补依赖度较高。核心能力的共享实质上是成员企业的专业知识（隐性知识）嵌入内化在分配的产品模块上形成的专业模块化或标准化模块，或者是将核心知识嵌入在节点模块形成价值模块，然后交由核心企业对价值链节点模块进行整合集成，形成产品价值连接通道以实现产品价值链的完整功能，通过互补性与异质性专业知识的共享，促进了参与企业间在能力与知识具有相容性、互补性与协调性，从而增强企业间知识集成与并行作业的效率，进而提升虚拟组织的持续创新能力。因此，企业间隐性知识资源获取共享转移量越大，核心知识嵌入专业模块的程度相对越大，形成专业化与标准化模块的性能与品质就越高，相应地，对模块化模块的集成效率及持续创新能力就高。其次，企业之间显性知识资源的共享与获取对知识集效率起关键影响作用，能够影响知识的共享意愿及知识集成整合。显性知识资源包括企业文化、创新价值观、共同愿景、管理制度、创新流程、行业机会、顾客信息及关联产品价值升级空间等基础知识，这些显性知识的充分共享与整合能够加快企业间交互创新的速度，合作创新过程中知识的更新速度与知识承载的网络效应随着时间延续价值呈递减性以使得知识创新及应用周期缩短，因此，虚拟组织成员企业显性知识资源获取与隐性知识资源获取能够正向作用影响知识集成效率，进而影响持续创新能力，而知识集成对持续创新能力有正向作用效应。

通过以上分析，提出以下假设。

H3　显性知识资源获取对知识集成有正向作用效应。

H4　隐性知识资源获取对知识集成有正向作用效应。

H5　知识集成对持续创新能力有显著正向作用效应，并且知识集成在知识资源获取与持续创新能力之间起中介效应作用。

5.1.3　学习能力的调节作用

组织学习是促进组织学习过程的组织特性和管理特性，是为适应外部环境变化及内部创新所需动态吸收、内化、共享和创造知识的过程，是个体间、个体与组织间互动交流知识资源并储存于组织记忆中，然后通过信息传导机制实现组织知识创造、扩散、应用与再创造的循环往复过程。相对于虚拟组织成员企业共享的静态存量知识资源，学习能力更具有动态性特征，它就是处理知识的能力，是创造、获取、转化、集成整合知识，扩展并更新知识存量，调适组织行为认知，改进企业绩效并提升知识创新的能力（Pilar & Jose，2005）。同时，学习能力是通过构建组织和规范程序以促进和鼓励学习并将吸收转化新知识应用到新产品开发以获取较高生产效率的能力（Huber，1991），是组织为改变行为与认知而学习的技能（蔡莉和尹苗苗，2008）。

当个体、组织与组织间缺少必要的知识基础及相应的知识存量，过大的知识落差就会造成对新知识的理解难度，因此组织需要不断进行交互学习以增强知识吸收与消化能力，实现知识集成与知识协同。在知识资源集成过程中，学习能力的强弱往往起着关键的调节作用。创新本身是对新创意、新产品或服务、新工艺、新技术、新机制或新商业模式引进、吸收及改进的过程，也是对市场及经营管理信息辨别、分析、质疑的过程。而通过组织学习往往能够对过去核心客户、供应商及竞争对手的观念进行调整，并采取适应环境变化和客户需求的行动。尤其是在市场—技术二元结构因素不确定性的条件下，通过组织学习能够精准理解客户需求的知识与能力，同时对新环境和新技术领域进行扫描、跟踪并从合作创新的成员企业中引进该领域较为先进的知识、产品、技术与信息（Crossan & Apaydin，2010）。学习能力的作用结果即为组织输入与输出知识资产，学习能力的强弱能够更新并调节组织知识存量与知识结构，引导并改变组织行为与认知，进而影响知识集成及组织创新能力的形成。

通过以上分析，提出以下假设。

H6 学习能力对显性知识获取与知识集成之间的关系具有正向调节作用，且学习能力越强，显性知识获取与知识集成之间的正向作用就越强。

H7 学习能力对隐性知识获取与知识集成之间的关系具有正向调节作用，且学习能力越强，隐性知识获取与知识集成之间的正向作用就越强。

5.1.4 信任的调节作用

构建虚拟组织不仅能降低企业风险和缩减运营成本，而且能为企业间进行有效的知识交流与知识共享、知识资源获取提供资源连接平台，使得合作企业以彼此的能力和知识作为杠杆来增强虚拟组织联盟企业合作的竞争力和生命力，知识与信息能否交流畅通则成为知识资源获取与知识共享集成的关键。虚拟组织企业间合作是基于核心能力的共享与投资交换。由于知识的价值功能，所以成员企业会保护和各自感知有价值的显性知识与隐性知识以防范知识的流失及未来市场竞争力的消失，而企业间信任可以在一定程度上降低企业的知识保护行为，促进企业间彼此的知识流动及知识资源的获取（邢子政和黄瑞华等，2008）。企业间合作创新氛围在很大程度上是由企业间的关系行为引发并维持下去的，企业间关系主要有三个维度，即情感、贡献和忠诚，而情感和忠诚的直接表现就是信任（时勘和高利苹等，2012），因为影响企业间知识资源交互转移的环境因素主要还是取决于合作企业间的彼此信任程度。首先，信任能够降低网络联盟合作伙伴间机会主义倾向及沟通和交易成本，减少认知风险、环境不确定性，进而形成良好的学习氛围，促进企业间知识的交换与共享意愿，同时提升网络合作的稳定性；其次，信任有助于合作伙伴间形成稳定的行为模式、规范共识及网络惯例，减少分歧与不确定性因素，缓解局部目标冲突以及短期不平衡等所带来的摩擦，调节并改善企业知识集成能力；最后，信任还能够提高企业灵活性，适应动态环境变化。此外，关系租金是获取关系优势的前提条件，通过建立知识共享路线、互补资源供给、关系性投资等多种方式实现对关系租金的特定组合，能够创造出超常的利润（彭春华和黄庆阳，2007），特别是当虚拟组织面临环境的不确定性、产品复杂性以及交易双方存在资源依赖的情景时，通过信任可以有效地治理企业间合作创新关系（张旭梅和陈伟，2009）。

虚拟组织是介于企业与市场的中间组织，是集成成员企业核心能力进行联合创新的动态知识联盟。企业间在合作创新过程中，如何让成员企业专业知识（隐性知识）和基础知识（显性知识）以不同形式进行自愿共享并尽可能公开信息与知识使企业间彼此有权运用这些知识是知识集成的关键。信任作为根植于人际关系的信用资产，是促进知识共享意愿产生的关键因素，是企业间相互依赖和高效沟通交流的基础。在知识市场情景关系交易中，根据人的理性假设，对方是否值得信赖与信任是自己决定共享知识的前提条件，企业间的信任水平能够影响知识共享意愿的程度，减少认知风险与环境不确定性，并形成良好的学习与创新氛围，提高企业共享基础知识与专业知识的意愿。企业间信任是对彼此可靠性和诚实度有足够信心，坚信彼此间不会利用对方脆弱点去获取利益，从而增强知识的共享意愿与对长期合作网络的维护（Morgan & Hunt，1994）。实际上，企业间信任是基于彼此契约、能力和意愿所建立起来的信心体系。契约型信任要求合作企业遵守诺言并按协议行事；能力型信任是合作双方是否有能力发挥作用的预期；意愿信任是合作双方希望相互能承担责任（计国君和于文鹏，2010）。虚拟组织持续创新氛围的营造与培育某种意义是基于高度信任的环境，信任能够增强企业间知识共享的默契程度及共同语言的交流频率，提升知识共享的数量与质量。企业间相互信任程度越高，知识共享的意愿就越强，知识的集成效率就越高，相应的持续创新能力就越高。信任对于专业知识的嵌入转移及基础知识的共享整合均有积极影响作用，相应地提升企业间知识的集成效率与持续创新能力。

通过以上分析，提出以下假设。

H8　信任对显性知识获取与知识集成之间的关系具有正向调节作用，且关系信任越强，显性知识获取与知识集成之间的正向作用就越强。

H9　信任对隐性知识获取与知识集成之间的关系具有正向调节作用，且关系信任越强，隐性知识获取与知识集成之间的正向作用就越强。

在以上论述中，假设：①知识集成在显性知识资源获取与持续创新能力之间、隐性知识资源获取与持续创新能力之间起着中介的作用；②学习能力会强化显性知识资源获取对知识集成、隐性知识资源获取对知识集成的正向作用效应（调节第一阶段的影响），但并不会影响知识集成与持续创新能力之间的正向作用关系（不调节第二阶段的影响）。同样，信任会强化显性知识资源获取对知识集成、隐性知识资源获取对知识集成的正向作用效应（调节第一阶段的影响），但并不会影响知识集成与持续创新能力之间的正向作用关系（不调节第二阶段的影响）。根据这些假设，可以进一步地推论，学习能力越强，显性知识资源获取与隐性知识资源获取通过知识集成进而对持续创新能力的正向作用效应就越强，同样，关系信任度越高，显性知识资源获取与隐性知识资源获取通过知识集成进而对持续创新能力的正向作用效应就越强，换言之，学习能力越强，关系信任度越高，知识集成在显性知识资源获取、隐性知识资源获取与持续创新能力之间所起的中介效应就越强。为此，提出以下假设。

H10　学习能力越强，知识集成在显性知识资源获取与持续创新能力之间所起的中介效应就越强。

H11 学习能力越强，知识集成在隐性知识资源获取与持续创新能力之间所起的中介效应就越强。

H12 关系信任度越高，知识集成在隐性知识资源获取与持续创新能力之间所起的中介效应就越强。

H13 关系信任度越高，知识集成在隐性知识资源获取与持续创新能力之间所起的中介效应就越强。

综合以上研究假设，最终得出理论结果为：在学习能力与信任的调节作用下，显性知识资源获取与隐性知识资源获取通过知识集成对持续创新能力的正向作用效应，理论模型与研究假设如图 5.1 所示，研究问题与研究假设见表 5.1。

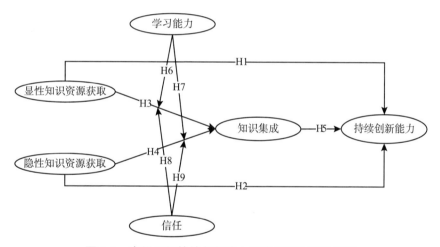

图 5.1 虚拟组织持续创新能力形成机理的理论模型

表 5.1 研究问题与研究假设

研究问题		研究假设
知识资源获取对持续创新能力的作用影响	H1	显性知识获取对持续创新能力有显著正影响
	H2	隐性知识获取对持续创新能力有显著正影响
知识集成在知识资源获取与持续创新能力之间起着中介作用效应	H3	显性知识资源获取对知识集成有正向作用效应
	H4	隐性知识资源获取对知识集成有正向作用效应
	H5	知识集成对持续创新能力有显著正向作用效应，并且知识集成在知识资源获取与持续创新能力之间起中介效应作用

研究问题		研究假设
学习能力是否在知识资源获取与知识集成之间起调节作用效应	H6	学习能力对显性知识获取与知识集成之间的关系具有正向调节作用，且学习能力越强，显性知识获取与知识集成之间的正向作用就越强
	H7	学习能力对隐性知识获取与知识集成之间的关系具有正向调节作用，且学习能力越强，隐性知识获取与知识集成之间的正向作用就越强
信任是否在知识资源获取与知识集成之间起调节作用效应	H8	信任对显性知识获取与知识集成之间的关系具有正向调节作用，且关系信任越强，显性知识获取与知识集成之间的正向作用就越强
	H9	信任对隐性知识获取与知识集成之间的关系具有正向调节作用，且关系信任越强，隐性知识获取与知识集成之间的正向作用就越强
学习能力的强弱、关系信任的高低如何影响知识集成在显性知识资源获取、隐性知识资源获取与持续创新能力之间的中介效应	H10	学习能力越强，知识集成在显性知识资源获取与持续创新能力之间所起的中介效应就越强
	H11	学习能力越强，知识集成在隐性知识资源获取与持续创新能力之间所起的中介效应就越强
	H12	关系信任度越高，知识集成在隐性知识资源获取与持续创新能力之间所起的中介效应就越强
	H13	关系信任度越高，知识集成在隐性知识资源获取与持续创新能力之间所起的中介效应就越强

5.2　研究设计

科学规范的研究方法是学术研究的重要组成部分，由于研究对象是虚拟组织，是基于企业与企业间层面研究，所涉及的数据难以通过公开渠道或公开资料获取。本书采用实地调研与调查问卷相结合的方式进行数据收集。关于问卷设计、样本选取与数据收集、变量测度、统计分析与数据整理等内容进行以下描述。

5.2.1　问卷设计

1. 问卷设计过程

调查问卷是在综合整理国内外文献资料的基础上开发的，其所列示的指标题项大都直接引用现有资料文献。在发放调查问卷前，非正式访谈了3 位研究虚拟组织与创新管理的资深学者及 5 位企业领导者，就问卷维度层次、指标题项内容和表达措辞征询了意见，并进行了讨论与调整。

问卷设计的合理性与科学性是保证样本数据的信度和效度、提高数据有效性、确保统计分析结果可靠性的重要基础。从问卷设计的原则、流程和可靠性等方面，分四个步骤进行问卷设计。

（1）文献梳理，形成初始问卷。对于显性知识资源获取、隐性知识资源获取、知识集成、学习能力、信任等具有成熟量表的变量，直接使用文献中的经典量表。对于持续创新能力缺乏成熟量表的变量，首先回溯文献中相关变量的量表，形成量表库，然后根据虚拟组织持续创新能力的基本含义、作用效能与研究情景选择合适的题项。

（2）征询学术专家的意见。征求同济大学、西安交通大学从事战略与组织管理、创新管理、企业间合作与网络组织研究的相关教授专家的意见，并根据交流的意见与建议对测量指标题项进行了微调，以使指标题项可以涵盖概念模型的理论构面。

（3）征求企业界专家的意见。就上述经学术讨论形成的问卷，与小米科技、美邦服饰、金谷高科等集团公司高管人员进行深入访谈，访谈内容主要包括三方面：①如何理解与运营虚拟组织、模块设计及模块化应用主要体现价值链哪些环节，运行过程中存在哪些困惑与收获；②讨论各指标题项所反映的概念范畴与逻辑关系是否符合企业运营虚拟组织的实际情况；③对问卷的措辞进行讨论，使问卷尽量不包含专业术语，以提高问卷的可读性及易答性。

（4）预测试，形成最终问卷。在形成最终问卷之前，选择了 20 家左右的企业进行了预测试，选择对象为同济大学 EMBA 相关学员所在企业以及河南个别主板及新三板上市公司，参与预测试的受访对象均为企业中高级管理人员，最终形成有效问卷 17 份。根据问卷对象的反馈信息，对量表信效度进行初试检验，并根据检验结果与反馈信息对问卷进一步修改完善，最终形成调查问卷的量表。

2. 问卷基本结构

为了方便受访者填写问卷，量表的结构和表达遵循两项原则：①将受访者相对熟悉的问题放在第一部分，例如企业年龄、企业规模、所属行业等信息，希望能够提高受访者填答的意愿；②将相同衡量尺度的问题及类似主题的问题尽量放在一起，以减少答卷者思路的跳跃程度。

基于企业运营虚拟组织或参与虚拟组织经营情况不便统计，设计了企业运营虚拟组织或参与虚拟组织的指标题项，以调查问卷的方式进行信息搜集与识别，提取有效调查问卷进行统计分析。主要包括以下内容：①企业基本情况，即所有制、企业年龄、企业规模、所属行业、销售额等；②企业对外合作创新情况；③与合作创新相关的能力；④企业合作创新环境；⑤企业知识资源获取情况；⑥问卷填写人的基本信息。

3. 问卷纠偏措施

由于调查问卷的填答主要是基于应答者的主观评价，可能会带来数据结果的偏差情况。为了尽可能避免调查问卷出现上述问题带来的不利因素，在问卷调查的方法设置上采取了相应的纠偏措施：①尽量选择企业高层管理人员或者熟悉企业战略与组织创新的中层管理人员作为问卷填写人；②量表中指标题项的设计尽量针对企业现状或者是最近两三年的总体情况；③给所有填答人员作出相应承诺，问卷信息仅用于学术研究，无任何商业用途，并承诺对研究感兴趣的受访者会及时分享研究成果，以打消填答过程中对一些信息数据的顾虑，增强问卷填写的准确性与有效性；④广泛听取企业界管理层和学术界专家的意见与建议，对问卷措辞进行反复修改，尽量排除指标题项在理解或表述不清而造成的负面影响。

5.2.2 研究样本与数据收集

1. 样本选择与数据收集

研究样本主要选取运营虚拟组织合作创新的科技型中小企业，并满足

以下三个条件：①企业近 3 年价值创造过程中，在产品研发设计、模块化
制造、渠道服务等节点有清晰的合作创新伙伴；②经营中存在外协、外包
或承包、众包等创新业务；③在行业选定及区域圈层上选择电子商务较为
发达、虚拟组织应用较多的行业及经济领域，行业选择以机械电子、生物
医药、节能环保、汽车服务、智能家具 5 个行业为主。另外，问卷发放区
域主要选择河南、北京、上海、浙江等电子商务较为发达、经济发展相对
平衡的省市。问卷发放对象主要是熟悉企业战略及战略合作、研发及研发
联盟，以及参与企业经营管理的中高层管理人员，以保证问卷内容填写的
正确性与准确性。借助组织创新关系网络渠道发放与收集问卷。通过问卷
星发放问卷 50 份；通过微信、电子邮件等信息渠道发放问卷 100 份；通
过线下向国内某些知名高校 EMBA 在职学员发放问卷 50 份；定点向企业发
放纸质问卷 180 份。问卷发放合计 380 份，回收 375 份，回收率 98.68%。
在回收问卷中，企业基本信息填写不全或不符合样本选取要求的有 43 份，
题项填答不全的问卷有 41 份，剔除这些无效问卷，共计得到有效问卷
291 份，有效问卷回收率为 76.58%。样本特征结构见表 5.2。

表 5.2　　　　　　　　　　　　样本特征结构

项目		样本/份	百分比	项目	样本/份	百分比
行业分布	电子信息	106	36.43	≤200 人	29	9.97
	机械与仪器	69	23.71	201 ~ 1 000 人	121	41.58
	生物科技	36	12.37	员工规模 1 001 ~ 3 000 人	87	29.90
	能源环保	33	11.34	3 001 ~ 5 000 人	23	7.90
	汽车航天	47	16.15	≥5 000 人	31	10.65
	合计	291	100.00	合计	291	100.00
所属区域	河南	123	42.27	≤2 年	3	1.03
	上海	76	26.12	3 ~ 5 年	16	2.41
	北京	36	12.37	企业年龄 6 ~ 10 年	185	63.57
	浙江	29	9.97	11 ~ 15 年	57	19.59
	江苏	27	9.28	≥15 年	30	13.40
	合计	291	100.00	合计	291	100.00

2. 样本描述

表 5.2 反映了样本回收的基本特征，从行业分布来看，以电子信息行业最多，占到样本的 36% 左右；从企业的员工人数来看，样本企业覆盖了从几十人到上千人的企业，但员工人数在 1 000 人以下的企业占到了样本总数的 51% 左右；从企业成立时间来看，6～10 年的企业占比 64% 左右。

5.2.3 变量测量

本书设计的测量题项均采用 Likert－5 级刻度度量表来度量，对每一题的答案均用"非常不符合、不符合、不确定、符合、非常符合"作为答案。而后从 1～5 分别给这些答案计分。在数据处理前，先对变量所涉及的题项进行信度与效度检验，在不影响结果的前提下，对各变量的测量题项至少保留两个。

1. 因变量

持续创新能力是基于虚拟组织循环往复迭代的持续创新系统而言的，依据虚拟组织柔性引发对市场机遇响应的敏捷性、能力协同创新的速度性及知识集成的效能形成的差异性创新能力，是作用于持续创新系统上的能力。因此，对持续创新能力的测量，借鉴创新能力的测量方法及测量指标题项。从目前的测量方法来看，现有文献中国外学者通常采用专利数单一维度作为测量指标，但是并非所有的创新用专利进行统计，并且既然涉及创新能力，应尽量使之更具操作性，采用两两比较的概念，为此，遵照熊彼特最初对创新的定义，结合虚拟组织结构与创新特性，参考宋志红等（2010）量表，将虚拟组织持续创新能力的测量采用 5 个题项，见表 5.3。

表 5.3   持续创新能力构念及测量题项

因变量	测量题项	题项来源
持续创新能力	①与竞争对手相比，组织能够更快地推出新产品或服务	宋志红、陈澍和范黎波，2010
	②与竞争对手相比，组织能够更快地开辟新市场	
	③与竞争对手相比，组织能够抢先进入新市场	
	④与竞争对手相比，组织能控制上游原材料或外协品的供给来源与渠道	
	⑤与竞争对手相比，组织更加重视合作创新或研发投入	

2. 自变量

显性知识资源获取借鉴曾鄂文（Tsang，2004）、窦红宾和王正斌（2012）、马柯航（2015）对显性知识资源获取的研究量表，并结合虚拟组织调研情况，对显性知识资源的获取选取 3 个测量题项，见表 5.4。

表 5.4   显性知识资源获取构念及测量题项

自变量	测量题项	题项来源
显性知识资源获取	①组织获取市场机遇需求信息的能力	Tsang，2004；窦红宾和王正斌，2012；马柯航，2015
	②组织获取技术发展信息的能力	
	③组织获取产业政策信息的能力	

隐性知识资源获取借鉴引用曾鄂文（Tsang，2004）、窦红宾和王正斌（2012）、马柯航（2015）对隐性知识资源获取的研究量表，采用 3 个指标题项对隐性知识资源获取予以测量，见表 5.5。

表 5.5   隐性知识资源获取构念及测量题项

自变量	测量题项	题项来源
隐性知识资源获取	①组织有获取研发技术知识的能力	Tsang，2004；窦红宾和王正斌，2012；马柯航，2015
	②组织有获取创新管理知识的能力	
	③组织获取市场开发知识的能力	

3. 中介变量

虚拟组织知识集成实质上是对成员企业共享知识资源的重组整合，借鉴王娟茹和杨瑾（2005）、张小娣和赵嵩正等（2011）、斯宾德和伯纳德（Spender & Bernard，2006）、克莱延布林克（Kraaijenbrink，2007）知识集成的研究量表，并结合虚拟组织调研情况对个别指标题项进行了微调，用6个指标题项来测量，见表5.6。

表5.6 知识集成构念及测量题项

中介变量	测量题项	题项来源
知识集成	①公司能够将外部知识与企业知识进行重组	王娟茹和杨瑾，2005；张小娣和赵嵩正等，2011；Spender & Bernard，2006；Kraaijenbrink，2007
	②公司能够把任务及所需知识进行结合	
	③公司善于借鉴或重复利用已有知识，避免不必要的重复研究和开发	
	④公司善于对知识资源开发新的用途，增加新的收入来源	
	⑤公司善于改善知识利用的方式或流程，提高顾客满意度和生产效率	
	⑥公司善于合作伙伴间共享和传播知识经验，提高合作效率与质量	

4. 调节变量

（1）学习能力。本书引用吴瑞和理查兹（Swee Goh & Richards，1997）、皮拉尔和何塞（Pilar & Jose，2005）开发的学习能力量表，从领导与授权、共同愿景、开放与试验、知识传递与融合4个维度，用10个题项来测量学习能力，见表5.7。

表 5.7   学习能力构念及测量题项

调节变量	测量题项	题项来源
学习能力	①伙伴企业与本企业会互相交流产品开发和经营方面的各种经验	Swee & Richards, 1997; Pilar & Jose, 2005
	②当市场或消费者需求偏好发生变化，伙伴企业与本企业会相互交流信息	
	③当市场产业结构发生变化时，伙伴企业与本企业会相互交流信息	
	④双方会经常共同商讨并解决所遭遇的问题	
	⑤双方会经常共同分析讨论重要的战略议题	
	⑥双方会经常调整对本行业技术发展趋势的看法	
	⑦双方的合作总能带来许多建设性的讨论与想法	
	⑧双方会经常面对面的沟通，更新人际网络关系	
	⑨双方会经常评估并进一步更新存储在电子数据库中的资料	
	⑩双方会经常评估和更新彼此间的正式合约	

（2）信任。信任是组织间产生知识共享意愿的前提条件，为此学者们对战略联盟企业间信任关系进行测量，参考贾生华、吴波和王承哲（2007）对战略联盟伙伴间的信任关系 5 个测量指标及龙勇和穆胜（2013）对技能型战略联盟伙伴间的信任 3 个测量指标，借鉴西莫宁（Simonin，1999）与瓦哈布（Wahab，2011）、卡明斯（Cummings，1996）、安德森和纳鲁斯（Anderson & Narus，1990）、陈莉平和石嘉婧（2013）等研究成果与方法，并合作调研情况，用 5 个指标题项进行测量，见表 5.8。

表 5.8   信任构念及测量题项

调节变量	测量题项	题项来源
信任	①公司与合作伙伴之间都会毫不隐瞒地分享知识	贾生华、吴波和王承哲，2007；龙勇和穆胜，2013；Simonin，1999；Wahab，2011；Cummings & Bromiley，1996；Anderson & Narus，1990；陈莉平和石嘉婧，2013
	②公司相信合作伙伴会按约定履行义务	
	③公司相信合作伙伴的行动对合作是有利的	
	④环境出现变化时合作伙伴会给本公司提供支持	
	⑤公司与合作企业管理者处理问题的方式有共同之处	

5. 控制变量

由于是基于虚拟组织持续创新能力的相关研究，为保证变量关系研究的有效性与完整性，选取了企业规模、企业年龄、所属行业 3 个控制变量。它们虽然不是本书关注的重点，但是对知识资源获取和持续创新能力可能产生影响，因此必须在回归模型中进行控制。

企业规模：企业规模关系着知识存量的规模与结构，也意味着企业能够提供不同的财力和人力处理不确定性环境和进行产品开发的能力，是影响企业创新行为和创新能力的重要组织特征。目前主要用两种指标来测量：员工人数和销售额。由于销售额是一个客观变量，涉及商业数据，要获得其准确的数值也不容易，因此采用人数进行测量，其中"1"代表"低于 100 人"，"2"代表"100~500 人"，"3"代表"501~1 000 人"，"4"代表"1 001~5 000 人"，"5"代表"高于 5 000 人"。

企业年龄：企业年龄在一定程度上反映了企业创新的持续性、经验知识积累与管理水平。其测量一般就是指从企业成立之时到调查时点的年份数。本书企业年龄的度量为 2015 减去企业创立年份的值，其中"1"代表"低于 2 年"，"2"代表"3~5 年"，"3"代表"6~10 年"，"4"代表"11~15 年"，"5"代表"高于 15 年"。

所属行业：行业的知识规模与结构同样可以影响企业的创新能力。由于样本中 36% 左右的企业均为电子信息行业，占据样本总量高于 1/3，因此在实际操作中将所属行业设置为虚拟变量，其中电子信息行业赋值为"1"，其余为"0"。

5.3 分析方法

本书运用 SPSS 19.0 与 Amos 17.0 进行统计分析，分析方法及应用主要包括信度分析、效度分析、结构方程模型分析及层级回归分析。

5.3.1 信度分析

信度（Reliability）反映因子内部同质性程度以及测验结果受随机误差影响的指标，表现为测试结果的一贯性、一致性和稳定性。信度可靠表示数据可用性，是进行效度分析和其他进一步分析的基础。

（1）克朗巴哈系数（Cronbach's α）。Cronbach's α 指量表所有可能的项目划分方法得到的折半信度系数的平均值，是测量指标内部一致性程度及每个指标所属变量的系统变异程度，α 系数越大，表示该变量系统性越强，α 系数越大意味着测量题项间相关性越好。一般认为，Cronbach's α 大于 0.6 即可接受，Cronbach's $\alpha \geqslant 0.7$ 说明信度较好，达到 0.8 以上则说明信度非常好。

（2）组合信度（Composite Reliability，CR）。CR 允许误差之间相关且不相等，还允许潜在变量对各测量题项的影响不同，从而有效避免使用 α 系数时要求潜在变量对各题项影响相等的不符实际的假设，故 CR 比 α 系数更为准确。一般认为，CR $\geqslant 0.5$ 即表示潜在变量各题项间具有一致性。

5.3.2 效度分析

效度（Validity）即有效性，主要是观测测量指标与所测潜变量之间内容越吻合，则效度越高；反之，则效度越低。信度是效度的必要而非充分条件，效度高则信度也高，而信度高其效度未必高。效度主要分为内容效度与构建效度。

1. 内容效度

内容效度主要用于测量内容在多大程度上反映或代表研究者所要测量的构念。其判断方法为：测量工具是否可以真正测量所研究的变量；测量工具是否涵盖了所研究的变量的范围。本书问卷是在文献综述、访谈、专家评判以及预试等研究的基础上形成的。研究的测量量表主要采集于以往经典文献的成熟量表，经过双语研究者的对比翻译，对量表措辞进行修改，力求清晰明确、简洁易懂。对于个别无现成题项的量表，则根据其理论含义反复比较及与 6 位相关领域专家学者访谈之后进行设计，形成了测量题项调整的基础。进而通过 40 名企业管理者的小规模访谈、问卷预测试等环节对量表题项及结构进一步修正和完善，形成正式问卷。因此，问卷量表具有较好的内容效度。

2. 构建效度

构建效度主要是测量结构与所研究的潜变量之间一致性程度，即测量题项在多大程度上验证了潜变量的理论结构。构建效度一般通过收敛效度和区分效度来检验。

（1）收敛效度（Convergent Validity）。收敛效度指同一潜变量的测量题项的聚合或收敛程度，即各题项之间的同质性。收敛效度可用以下方法评价：该潜变量所有题项的因子载荷 > 0.7（或接近 0.7），且达到显著水平（t 值 > 1.98）；AVE（Average Variance Extracted）是比较正式的聚合效度检验指标，AVE 越大，表明聚合效度越高，当 AVE > 0.5 时，量表的聚合效度可以接受。

（2）区分效度（Discriminant Validity）。区分效度反映不同潜变量测量题项的差异程度，表示变量间不相关程度。如果一个变量各题项与其他变量之间的相关程度低，说明区分效度好。区分效度可用以下方法评价：所有构念之间的 AVE（均值方差）均大于其对应行和列的相关系数矩；"配对检验"，即两个构念的两因子测量模型拟合性显著高于单因子测量模型拟合性时，这两个构念具有足够的区分效度，严格的"配对检验"需要对所有变量进行两两配对。

5.3.3 结构方程模型分析

结构方程模型分析是应用变量的协方差矩阵来分析变量之间关系的一

种统计方法。借助结构方程用于模型分析检验主要是能够同时估计多个自变量与多个因变量之间的关系，在估计时能够考虑变量的测量误差，提高估计的精度。

本章采用二阶段分析策略：首先使用验证性因子分析检验测量模型的拟合性，然后再进行模型拟合与假设检验。评价测量模型和结构模型拟合性的拟合指数众多，使用以往实证研究常用的拟合指数：χ^2，Df，CFI，TLI，IFI，RMSEA。

（1）χ^2 称为绝对拟合指数，如果 χ^2 值不显著，则表明模型拟合程度好。由于 χ^2 值对样本大小非常敏感，样本量越大时，χ^2 越容易显著，因此实证研究中经常参考"卡方指数（χ^2）与自由度（Df）"的比值，即 χ^2/Df，当 $\chi^2/\text{Df} < 2$ 时，认为模型拟合非常好；当 $2 < \chi^2/\text{Df} < 3$ 时，模型拟合可接受。

（2）CFI（Comparative Fit Index）、TLI（Tucker-Lewis Index）称为比较拟合指数，其值不易受样本量的影响，是较为理想的比较拟合指标。CFI 和 TLI 的值越大并且越接近于 1，表示模型的拟合性越好。一般认为，如果 TLI 和 CFI 的值大于 0.9，则表示模型的拟合性可以接受；如果 TLI 和 CFI 的值大于 0.95，则表示模型的拟合性相当好。

（3）RMSEA（Root Mean Square Error of Approximation）为近似误差的平方根，是常用并且较好的绝对拟合指数，RMSEA 的值越低越好。一般认为，当 RMSEA 的值小于 0.05 时，表示模型拟合程度非常好；当 $0.05 < \text{RMSEA} < 0.08$ 时，表示模型拟合结果可以接受；当 $0.08 < \text{RMSEA} < 0.1$ 时，表明模型拟合结果一般。

5.3.4　层级回归分析

层级回归分析方法能够使研究者基于变量的因果关系设定变量进入回归模型的依次顺序，从而直观地反映出新进入变量解释因变量的贡献程度。由于本书在变量测量上采用多个维度测量的方式，因此，在进行层级回归结果分析过程中选取指标题项的均值作为变量的值。

在进行调节效应分析时，由于自变量和调节变量往往与它们之间的乘积项呈现高度相关，因此在生成交互项时，对连续型的自变量和调节变量在放入回归模型前先进行标准化处理，以消除多重共线性带来的影响。在分析过程中，根据交互项的显著程度以及 R^2 变化的显著性程度（F 值）来综合分析调节效应的显著程度。

5.4　数据分析与结果

5.4.1　信度与效度检验

信度主要用于评价量表的稳定性与可靠性；而效度则衡量测量工具结果与真实情况的符合性与准确性。

1. 持续创新能力信度与效度检验

通过对持续创新能力信度分析，发现 Cronbach's α 为 0.874（大于 0.7），表明所测变量有较高的内部一致性，信度检验通过；通过对持续创新能力的效度分析发现，指标题项因子载荷值（corrected item-total correlation，CITC）中最大值为 0.85，最小值为 0.79（各指标题项因子载荷值均大于 0.5），组合信度值（CR）值为 0.909（大于 0.6），均值方差（AVE）值为 0.666（大于 0.5），这说明单个指标的可靠性以及变量度量指标均有效，效度具有收敛性。另外通过验证性因子分析发现，持续创新能力的 CFI、TLI、IFI 值分别为 0.975、0.951、0.976（均大于 0.9），而 RMSEA 值为 0.017（小于 0.08），表明效度检验通过。此外，χ^2 指数与自由度 Df 的比值即 $1 < \chi^2/\mathrm{Df} < 3$，说明因子之间有较好的区分效度。持续创新能力探索性因子测量、信度与效度检验见表 5.9。

表 5.9 　　　　　持续创新能力探索性因子测量、信度与效度检验

变量及测量题项	因子 1	因子 2	信度与效度系数
持续创新能力 （$\alpha = 0.874$；CR $= 0.909$；AVE $= 0.666$）			
①与竞争对手相比，组织能够更快地推出新产品或服务	0.85		
②与竞争对手相比，组织能够更快地开辟新市场	0.79		$\chi^2 = 20.004$；Df $= 7$；$p < 0.05$；CFI $= 0.975$；TLI $= 0.951$；IFI $= 0.976$；RMSEA $= 0.017$
③与竞争对手相比，组织能够抢先进入新市场	0.82		
④与竞争对手相比，组织能控制上游原材料或外协品的供给来源与渠道	0.80		
⑤与竞争对手相比，组织更加重视合作创新或研发投入	0.82		

2. 显性知识资源获取信度与效度检验

通过对显性知识资源获取信度分析，发现 Cronbach's α 为 0.768 （大于 0.7），表明所测变量有较高的内部一致性，信度检验通过；通过对显性知识资源获取的效度分析发现，指标题项因子载荷值（CITC）中最大值为 0.85，最小值为 0.82 （各指标题项因子载荷值均大于 0.5），组合信度值（CR）值为 0.872 （大于 0.6），均值方差（AVE）值为 0.695 （大于 0.5），这说明单个指标的可靠性以及变量度量指标均有效，效度具有收敛性。另外通过验证性因子分析发现，显性知识资源获取的 CFI、TLI、IFI 值分别为 0.999、0.997、0.999 （均大于 0.9），而 RMSEA 值为 0.023 （小于 0.08），表明效度检验通过。此外，χ^2 指数与自由度 Df 的比值即 $\chi^2/\text{Df} = 1.14$，$1 < \chi^2/\text{Df} < 3$，说明因子之间有较好的区分效度。显性知识资源获取探索性因子测量、信度与效度检验见表 5.10。

表5.10　　显性知识资源获取探索性因子测量、信度与效度检验

概念与测量题项	因子1	因子2	信度与效度系数
显性知识资源获取（$\alpha = 0.768$；CR $= 0.872$；AVE $= 0.695$）			$\chi^2 = 9.12$；Df $= 8$；$p < 0.05$；CFI $= 0.999$；TLI $= 0.997$；IFI $= 0.999$；RMSEA $= 0.023$
①组织通过网络能够敏锐洞察并获取市场机遇需求信息	0.85		
②组织通过网络能够把握并获取技术发展信息	0.83		
③组织通过网络渠道能够获取产业政策等信息	0.82		

3. 隐性知识资源获取信度与效度检验

通过对隐性知识资源获取信度分析，发现 Cronbach's α 为 0.921（大于 0.7），表明所测变量有较高的内部一致性，信度检验通过；通过对隐性知识资源获取的效度分析发现，指标题项因子载荷值（CITC）中最大值为 0.94，最小值为 0.91（各指标题项因子载荷值均大于 0.5），组合信度值（CR）值为 0.95（大于 0.6），均值方差（AVE）值为 0.864（大于0.5），这说明单个指标的可靠性以及变量度量指标均有效，效度具有收敛性。另外通过验证性因子分析发现，隐性知识资源获取的 CFI、TLI、IFI 值分别为 0.991、0.993、0.998（均大于 0.9），而 RMSEA 值为 0.031（小于 0.08），表明效度检验通过。此外，χ^2 指数与自由度 Df 的比值即 $1 < \chi^2/Df < 3$，说明因子之间有较好的区分效度。隐性知识资源获取探索性因子测量、信度与效度检验见表 5.11。

表5.11　　隐性知识资源获取探索性因子测量、信度与效度检验

概念与测量题项	因子1	因子2	信度与效度系数
隐性知识资源获取（$\alpha = 0.921$；CR $= 0.95$；AVE $= 0.864$）			$\chi^2 = 13.61$；Df $= 9$；$p < 0.05$；CFI $= 0.991$；TLI $= 0.993$；IFI $= 0.998$；RMSEA $= 0.031$
①组织通过合作网络获取技术研发知识		0.94	
②组织通过合作网络能够获取创新管理知识		0.91	
③组织通过合作网络能够获取市场开发知识		0.94	

4. 学习能力信度与效度检验

通过对学习能力信度分析，发现 Cronbach's α 为 0.93（大于 0.7），表明所测变量有较高的内部一致性，信度检验通过；通过对学习能力的效度分析发现，指标题项因子载荷值（CITC）中最大值为 0.81，最小值为 0.64（各指标题项因子载荷值均大于 0.5），组合信度值（CR）值为 0.939（大于 0.6），均值方差（AVE）值为 0.527（大于 0.5），这说明单个指标的可靠性以及变量度量指标均有效，效度具有收敛性。另外通过验证性因子分析发现，学习能力的 CFI、TLI、IFI 值分别为 0.917、0.929、0.938（均大于 0.9），而 RMSEA 值为 0.036（小于 0.08），表明效度检验通过。此外，χ^2 指数与自由度 Df 的比值即 $1 < \chi^2/Df < 3$，说明因子之间有较好的区分效度。关系学习能力探索性因子测量、信度与效度检验见表 5.12。

表 5.12　　关系学习能力探索性因子测量、信度与效度检验

变量及测量题项	因子 1	因子 2	信度与效度系数
学习能力（$\alpha=0.93$；$CR=0.939$；$AVE=0.527$）			
①伙伴企业与本企业互相交流产品开发和经营方面的各种经验	0.74		
②当市场或消费者需求偏好发生变化，伙伴企业与本企业会互相交流信息	0.64		
③当市场产业结构发生变化时，伙伴企业与本企业会相互交流信息	0.70		$\chi^2=27.12$；$Df=18$；$p<0.05$；$CFI=0.917$；$TLI=0.929$；$IFI=0.938$；$RMSEA=0.036$
④双方会经常共同商讨并解决所遭遇的问题	0.81		
⑤双方会经常共同分析讨论重要的战略议题	0.80		
⑥双方会经常调整对本行业技术发展趋势的看法	0.73		
⑦双方的合作总能带来许多建设性的讨论与想法	0.64		
⑧双方会经常面对面的沟通，更新人际网络关系	0.80		
⑨双方经常会评估并进一步更新存储在电子数据库中的资料	0.73		
⑩双方会经常评估和更新彼此间的正式合约	0.81		

5. 信任信度与效度检验

通过对信任信度分析，发现 Cronbach's α 为 0.851（大于 0.7），表明所测变量有较高的内部一致性，信度检验通过；通过对信任的效度分析发现，指标题项因子载荷值（CITC）中最大值为 0.83，最小值为 0.77（各指标题项因子载荷值均大于 0.5），组合信度值（CR）值为 0.894（大于 0.6），均值方差（AVE）值为 0.628（大于 0.5），这说明单个指标的可靠性以及变量度量指标均有效，效度具有收敛性。通过验证性因子分析发现，信任的 CFI、TLI、IFI 值分别为 0.938、0.947、0.974（均大于 0.9），而 RMSEA 值为 0.043（小于 0.08），表明效度检验通过。此外，χ^2 指数与自由度 Df 的比值即 $1 < \chi^2/\mathrm{Df} < 3$，说明因子之间有较好的区分效度。信任探索性因子测量、信度与效度检验见表 5.13。

表 5.13　　　　　信任探索性因子测量、信度与效度检验

概念与测量题项	因子1	因子2	信度与效度系数
信任（$\alpha = 0.851$；CR = 0.894；AVE = 0.628）			
①与合作伙伴之间都会毫不隐瞒地分享知识	0.78		$\chi^2 = 24.49$；Df = 11；$p < 0.05$；CFI = 0.938；TLI = 0.947；IFI = 0.974；RMSEA = 0.043
②相信合作伙伴会按约定履行义务	0.79		
③相信合作伙伴的行动对合作是有利的	0.83		
④环境出现变化时合作伙伴会给本公司提供支持	0.77		
⑤与合作企业的管理者处理问题的方式有共同之处	0.79		

6. 知识集成信度与效度检验

通过对知识集成信度分析，发现 Cronbach's α 为 0.941（大于 0.7），表明所测变量有较高的内部一致性，信度检验通过；通过对知识集成的效度分析发现，指标题项因子载荷值（CITC）中最大值为 0.87，最小值为 0.79（各指标题项因子载荷值均大于 0.5），组合信度值（CR）值为 0.949（大于 0.6），均值方差（AVE）值为 0.646（大于 0.5），这说明

单个指标的可靠性以及变量度量指标均有效，效度具有收敛性。另外通过验证性因子分析发现，知识集成的 CFI、TLI、IFI 值分别为 0.984、0.973、0.984（均大于 0.9），而 RMSEA 值为 0.071（小于 0.08），表明效度检验通过。此外，χ^2 指数与自由度 Df 的比值即 $1 < \chi^2/Df < 3$，说明因子之间有较好的区分效度。知识集成探索性因子测量、信度与效度检验见表 5.14。

表 5.14　　　　知识集成探索性因子测量、信度与效度检验

概念与测量题项	因子 1	因子 2	信度与效度系数
知识集成（$\alpha = 0.941$；$CR = 0.948$；$AVE = 0.646$）			
①能够将外部知识与企业知识重组	0.79		
②能够把任务及所需知识进行结合	0.87		
③借鉴或重复利用已有知识，避免不必要的重复研究和开发	0.87		$\chi^2 = 20.69$；$Df = 9$；$p < 0.05$；$CFI = 0.984$；$TLI = 0.973$；$IFI = 0.984$；$RMSEA = 0.071$
④对知识资源开发新的用途，增加新的收入来源	0.84		
⑤改善知识利用的方式或流程，提高顾客满意度和生产效率	0.81		
⑥合作伙伴间共享和传播知识经验，提高合作效率与质量	0.86		

5.4.2　同源方法方差检验

调查问卷变量测量均由同一个人员填答，在填答过程中可能会带来同源方法方差问题。因此，借用 Amos 17.0 结构方程统计软件，将所有题项合并成为一个因子进行测量，从单因子模型验证数据分析结果看，发现模型的匹配效果不够理想。为此，采用 Harman 单因子检验分析法，对所有变量的测量题项进行探索性因子分析，结果发现最大的因子解释了26.378% 的方差变异量。由此可见，调查问卷不存在显著的同源方法方差问题。同源方法方差检验见表 5.15。

表 5.15　　　　　　　　　　同源方法方差检验

模型	χ^2	Df	TLI	CFI	RMSEA
六因子模型	236.302	179	0.928	0.983	0.016
五因子模型1：显性知识资源获取 + 隐性知识资源获取	568.619	201	0.868	0.823	0.081
五因子模型2：显性知识资源获取 + 学习能力	520.104	201	0.894	0.907	0.087
五因子模型3：隐性知识资源获取 + 学习能力	718.413	203	0.821	0.839	0.103
五因子模型4：显性知识资源获取 + 信任	651.372	202	0.871	0.897	0.089
五因子模型5：隐性知识资源获取 + 信任	693.213	204	0.854	0.862	0.090
四因子模型6：显性知识资源获取 + 隐性知识资源获取 + 学习能力	785.213	205	0.807	0.827	0.107
四因子模型7：显性知识资源获取 + 隐性知识资源获取 + 信任	751.692	203	0.812	0.831	0.093
四因子模型8：显性知识资源获取 + 隐性知识资源获取 + 知识集成	991.392	205	0.752	0.751	0.121
三因子模型9：显性知识资源获取 + 隐性知识获取 + 知识集成 + 学习能力	1 191.646	208	0.677	0.711	0.135
三因子模型10：显性知识资源获取 + 隐性知识获取 + 知识集成 + 信任	1 089.621	207	0.684	0.690	0.127
二因子模型11：显性知识资源获取 + 隐性知识获取 + 知识集成 + 学习能力 + 信任	1 322.781	208	0.691	0.702	0.141
单因子模型：显性知识资源获取 + 隐性知识获取 + 学习能力 + 信任 + 知识集成 + 创新能力	1 721.819	209	0.501	0.557	0.173

5.4.3　变量描述性统计分析

变量的均值、标准差及相关系数统计见表 5.16。从表 5.16 可以看出，各变量之间的相关系数均小于 0.7，变量均值（AVE）均大于因子之间的相关系数，且方差膨胀因子（VIF）又均小于 10，因此，排除了变量之间多重共线性的可能。另外，从表 5.16 中还可以发现显性知识资源获取与知识集成（$r = 0.35$，$p < 0.01$）、持续创新能力（$r = 0.29$，$p <$

0.01）呈显著正相关关系；隐性知识资源获取与知识集成（$r = 0.34$，$p < 0.01$）、持续创新能力（0.37，$p < 0.01$）呈显著正相关关系；知识集成与持续创新能力（$r = 0.51$，$p < 0.01$）呈显著正相关关系。此外，企业规模（$r = -0.09$）、所属行业（$r = -0.20$）与显性知识资源获取没有显著的相关关系，企业规模（$r = -0.17$）、所属行业（$r = -0.28$）与隐性知识资源获取也没有显著的相关关系，说明知识资源的获取在不同行业和不同的企业规模差异不大。而企业年龄（$r = 0.29$，$p < 0.01$）与显性知识资源有显著正相关关系，企业年龄（$r = 0.34$，$p < 0.01$）与隐性知识资源有显著正相关关系，说明知识存量的增长是企业在发展中不断积累的。

表 5.16　　　　　　　变量的平均值、标准差与相关系数

变量	1	2	3	4	5	6	7	8	9
企业年龄	1.00								
企业规模	0.22**	1.00							
所属行业	-0.16**	0.17**	1.00						
显性知识资源获取	0.29**	-0.09	-0.20**	1.00					
隐性知识资源获取	0.34**	-0.17**	-0.28**	0.23**	1.00				
学习能力	0.23*	-0.12	-0.25**	0.24**	0.40**	1.00			
信任	0.33**	-0.10	-0.24**	0.31**	0.42**	0.55**	1.00		
知识集成	0.38**	-0.02	-0.33**	0.35**	0.34**	0.47**	0.50**	1.00	
持续创新能力	0.37**	-0.04	-0.17**	0.29**	0.37**	0.45**	0.66**	0.51**	1.00
均值	4.30	0.39	2.65	4.61	4.74	3.41	3.62	4.69	4.31
标准差	0.98	1.11	1.72	0.70	1.18	0.99	0.84	0.70	0.91

注：** 表示 $p < 0.01$，* 表示 $p < 0.05$。

5.4.4　假设检验

本书主要采用层级回归的方法来进行假设验证，为降低多重共线性影响的可能性，在构造变量交互项与平方项之前应用 SPSS 19.0 首先对变量进行了标准化处理，回归及假设检验结果见表 5.17。

表5.17

假设检验结果

变量	知识集成 (M1~M9)									持续创新能力 (M10~M16)						
	模型 1	模型 2	模型 3	模型 4	模型 5	模型 6	模型 7	模型 8	模型 9	模型 10	模型 11	模型 12	模型 13	模型 14	模型 15	模型 16
控制变量																
企业年龄	0.05	0.08	0.08	0.03	0.02	0.07	0.04	0.05	0.07	0.04	0.04	0.03	0.06	0.07	0.01	0.02
企业规模	−0.05	−0.02	−0.01	0.01	0.03	0.03	−0.01	0.03	0.02	0.01	−0.03	−0.09	−0.04	−0.06	0.00	−0.01
所属行业	−0.26	−0.24	−0.23	−0.21	−0.17	−0.18	−0.19	−0.18	−0.18	−0.09	−0.02	0.02	0.05	0.03	0.07	0.08
自变量																
显性知识资源获取		0.22**		0.21**	0.19**	0.18**	0.21**	0.20**	0.19**		0.17**		0.1*	0.15**	0.14**	0.16**
隐性知识资源获取			0.18**	0.16**	0.17**	0.12*	0.15**	0.16**	0.14*		0.24**		0.09	0.13**	0.12**	0.15**
中介变量																
知识集成												0.43**	0.37**	0.32**	0.24**	0.23**
调节变量																
学习能力					0.32**		0.22**		0.16**					0.16**		0.20**
信任						0.33**		0.34**	0.28**						0.29**	0.39**
交互项																
显性知识获取×学习能力							0.16**		0.17**					0.15**		0.19**
隐性知识获取×学习能力							0.14**		0.13*					0.21**		0.20**
显性知识获取×信任								0.17**	0.16**						0.13**	0.14**
隐性知识获取×信任								0.13**	0.12*						0.19**	0.14*
R^2	0.22	0.26	0.24	0.28	0.36	0.36	0.38	0.39	0.42	0.16	0.23	0.30	0.33	0.38	0.51	0.54
调整后 R^2	0.21	0.25	0.23	0.27	0.35	0.35	0.36	0.37	0.40	0.15	0.22	0.29	0.32	0.36	0.49	0.52
F 值	24.12**	22.68**	20.86**	20.07**	24.18**	23.85**	19.49**	20.06**	16.73**	15.94**	15.55**	27.26**	21.06**	19.09**	29.19**	25.03**

注：$n=291$；** 表示 $p<0.01$，* 表示 $p<0.05$。

1. 主效应检验

H1 和 H2 提出显性知识资源获取和隐性知识资源获取对持续创新能力有显著正向影响。为了验证这两个假设，将持续创新能力设为因变量，并首先将控制变量（企业年龄、企业规模和所属行业）代入回归方程，应用 SPSS 19.0 进行回归，回归结果见表 5.17 模型 10，发现控制变量对持续创新能力的作用系数分别为企业年龄（$\beta = 0.04$）、企业规模（$\beta = 0.01$）、所属行业（$\beta = -0.09$），这 3 个因子对因变量持续创新能力作用效应不明显，但从控制变量单因子来看，β 企业年龄 $>\beta$ 企业规模 $>\beta$ 所属行业，说明持续创新能力从持续性方面与企业年龄有一定关联，但是创新能力及企业规模和所属行业关联性不大，总体而言，控制变量单因子对持续创新能力的作用效应不明显；其次将控制变量和自变量显性知识资源获取、隐性知识资源获取依次代入回归方程，应用 SPSS 19.0 进行层级回归，回归结果见表 5.17 模型 11，发现控制变量对持续创新能力的作用系数分别为企业年龄（$\beta = 0.04$）、企业规模（$\beta = -0.03$）、所属行业（$\beta = -0.02$），可见，控制变量各因子对持续创新能力作用效应不明显，而自变量显性知识资源获取对持续创新能力的作用系数（$\beta = 0.17$，$p < 0.01$）、隐性知识资源获取对持续创新能力的作用系数（$\beta = 0.24$，$p < 0.01$），可见，两者均对持续创新能力的正向作用效应非常显著，H1 和 H2 得到了验证。另外，从自变量对因变量的正向作用效应来看，隐性知识资源获取对持续创新能力的正向作用效应要大于显性知识资源获取对持续创新能力的正向作用效应，说明隐性知识对持续创新能力的效用要大于显性知识对持续创新能力的效用。

2. 中介效应检验

根据柏松和肯尼（Baron & Kenny, 1986）提出的中介效应检验标准及检验步骤，即首先将自变量 X 对因变量 Y 进行回归，回归方程为 $Y = cX + \varepsilon_1$，检验回归系数 c 的显著性；其次将自变量 X 对中介变量 M 进行回归，回归方程为 $M = aX + \varepsilon_2$，检验回归系数 a 的显著性；再次，X 和

M 对 Y 的回归，回归方程为 $Y = c'X + bM + \varepsilon_3$，检验回归系数 c' 和 b 的显著性。如果系数 c，a 和 b 都显著，就表示存在中介效应；如果系数 c' 不显著，就称该中介效应是完全中介效应；如果回归系数 c' 显著，但 $c' < c$，就称该中介效应是部分中介效应。依据上述中介效应检验标准及检验步骤，运用 SPSS 19.0 层级回归方法验证知识集成在显性知识资源获取、隐性知识资源与持续创新能力之间的中介作用效应，即验证 H3、H4 与 H5。

（1）知识资源获取对知识集成的作用效应检验。为了验证 H3 和 H4，将知识集成设为因变量，并将控制变量代入回归方程，回归结果见模型1，发现显性知识资源获取对知识集成的正向作用效应要大于隐性知识资源获取对知识集成的正向作用效应，这也符合虚拟组织知识集成创新的基本原理，因为虚拟组织在知识集成创新过程中，成员企业隐性知识的共享与传递是嵌入内化在产品模块内的专业知识形成的知识模块或为专业化模块或标准化模块，而后再运用虚拟网络平台进行知识模块或专业化模块进行集成共享，形成标准化模块或通用化模块即产品化过程，在该过程中隐性知识的获取是通过专业模块载体而进行传递的，而非像信息、规则、制度、文化及流程等显性知识资源，易编码化易吸收与传递，因此知识资源对知识集成的效用来看，显性知识资源的获取对知识集成相比隐性知识资源的获取对知识集成的正向作用效应要明显。因此，综合表 5.17 模型1、模型2、模型3 及模型4 分别层级回归结果，发现显性知识资源获取对知识集成有非常显著正向作用效应，隐性知识资源获取对知识集成有非常显著正向作用效应，因此，H3 和 H4 得到了验证。

（2）知识集成对持续创新能力的作用效应检验。为了验证 H5，将持续创新能力设为因变量，并将控制变量和知识集成依次代入回归方程，层级回归结果见表 5.17 模型12，发现控制变量中企业年龄对持续创新能力（$\beta = 0.03$）、企业规模对持续创新能力（$\beta = -0.09$）、所属行业对持续创新能力（$\beta = 0.02$）的作用效应不明显，而知识集成对持续创新能力（$\beta = 0.43$, $p < 0.01$）的正向作用效应非常显著，说明知识集成对持续创新能力有非常显著的正向作用效应，H5 得到了验证。

（3）知识集成在知识资源获取对持续创新能力的中介效应检验。为进一步验证知识集成在显性知识资源获取对持续创新能力的中介作用效应，以及知识集成在隐性知识资源获取对持续创新能力的中介作用效应，通过上述检验结果，综合表 5.17 模型 11 的检验结果，即自变量显性知识资源获取对持续创新能力的作用系数（$\beta = 0.17$，$p < 0.01$）、隐性知识资源获取对持续创新能力的作用系数（$\beta = 0.24$，$p < 0.01$），两者均对持续创新能力的正向作用效应非常显著；再结合表 5.17 模型 4 的假设检验结果即自变量显性知识资源获取对知识集成的正向作用效应（$\beta = 0.21$，$p < 0.01$）、隐性知识资源获取对知识集成的正向作用效应（$\beta = 0.16$，$p < 0.05$）均非常显著；最后结合表 5.17 模型 12 的假设检验结果，即知识集成对持续创新能力的正向作用效应（$\beta = 0.43$，$p < 0.01$）非常显著，并依据中介效应检验标准，可以得出，知识集成在显性知识资源获取对持续创新能力有显著中介作用效应，知识集成在隐性知识资源获取对持续创新能力有显著中介作用效应。

但是，知识集成在显性知识资源获取与隐性知识资源获取对持续创新能力的中介效应是完全中介效应还是部分中介效应，还需要进一步检验。为此将持续创新能力设为因变量，并依次将控制变量、自变量、中介变量依次代入回归方程，运用 SPSS 19.0 进行层级回归，层级回归结果见表 5.17 模型 13，发现控制变量对持续创新能力的作用系数分别为企业年龄（$\beta = 0.06$）、企业规模（$\beta = -0.04$）、所属行业（$\beta = 0.05$），控制变量的三个单因子对持续创新能力作用效应不明显；自变量对因变量持续创新能力的作用系数分别为显性知识资源获取对持续创新能力（$\beta = 0.1$，$p < 0.05$）和隐性知识资源获取对持续创新能力（$\beta = 0.09$），说明显性知识资源获取对持续创新能力有显著正向作用效应，而隐性知识资源获取对持续创新能力的作用效应不明显，而知识集成对持续创新能力（$\beta = 0.37$，$p < 0.01$）的正向作用效应非常显著，且在知识集成中介效应作用下显性知识资源获取对持续创新能力的作用系数 $\beta = 0.1$ 小于主效应作用下显性知识资源获取对持续创新能力的作用系数 $\beta = 0.17$，知识集成中介效应作用下隐性知识资源获取对持续创新能力的作用系数 $\beta = 0.09$ 小于主效应作用下

显性知识资源获取对持续创新能力的作用系数 $\beta = 0.24$，由此可以得出，知识集成在显性知识资源获取对持续创新能力存在部分中介效应；而知识集成在隐性知识资源获取对持续创新能力存在完全中介效应。这一结果与虚拟组织持续创新的基本原理及创新实践是一致的，虚拟组织持续创新能力本质上就是对各成员企业隐性知识模块的完全集成，对显性知识资源共享获取的部分集成。

尽管运用柏松和肯尼（Baron & Kenny，1986）关于中介效应的标准检验方法与检验步骤，但是并没有检验出中介效应的显著性。为此，进一步用索贝尔（Sobel，1982）方法检验知识集成中介效应的显著性。根据 Sobel 检验方法与步骤即检验 ab 乘积项的系数是否显著，统计量 $Z = ab/S_{ab}$，$S_{ab} = \sqrt{a^2 s_b^2 + b^2 s_a^2}$，其中 S_a 和 S_b 分别为 a 和 b 的标准差。首先，借用 SPSS 19.0 将自变量显性知识资源获取与持续创新能力进行回归，得到非标准化系数 $a = 0.321$ 和 $S_a = 0.049$。其次，在解释变量中放入中介变量知识集成，得到中介变量相关系数 $b = 0.291$ 和 $S_b = 0.063$，根据 Sobel 检验计算公式得到 $z = 3.02$，$p < 0.01$。同样方法，将自变量隐性知识资源获取与持续创新能力进行回归，得到非标准化系数 $a = 0.296$ 和 $S_a = 0.041$。最后，在解释变量中放入中介变量知识集成，得到中介变量相关系数 $b = 0.217$ 和 $S_b = 0.051$，根据 Sobel 检验计算公式得到 $z = 2.87$，$p < 0.01$。结果表明，知识集成在显性知识资源获取与持续创新能力之间（$z = 3.02$，$p < 0.01$）以及隐性知识资源获取与持续创新能力之间（$z = 2.87$，$p < 0.01$）起着显著的中介作用。因此 H3、H4、H5 得到了数据的进一步支持。

3. 调节效应检验

在统计回归分析中，检验变量的调节效应意味着检验调节变量 M 和自变量 X 的交互效应是否显著，也就是在方程 $Y = a + bX + cM + c'MX + \varepsilon$ 中调节效应是否显著即是分析 c' 是否显著达到统计学意义上的临界比率 0.05 水平。

（1）学习能力的调节效应检验。H6、H7 提出了学习能力分别对显性知识资源获取和隐性知识资源获取与知识集成之间的关系具有正向调节作用，即学习能力越强，显性知识资源获取和隐性知识资源获取分别对知识集成的正向作用就越强。为验证 H6 和 H7，首先，将知识集成作为因变量，并依次向回归方程中加入控制变量、自变量和调节变量（学习能力），运用 SPSS 19.0 进行回归，回归结果见表 5.17 模型 5，发现控制变量企业年龄对知识集成（$\beta = 0.02$）、企业规模对知识集成（$\beta = 0.03$）、所属行业对知识集成（$\beta = -0.17$）作用效应均不明显；而自变量显性知识资源获取对知识集成（$\beta = 0.19$，$p < 0.01$）和隐性知识资源获取对知识集成（$\beta = 0.17$，$p < 0.01$）正向作用效应均非常显著；调节变量（学习能力）对知识集成（$\beta = 0.32$，$p < 0.01$）作用效应非常显著。其次，运用 SPSS 19.0 将自变量（显性知识资源获取、隐性知识资源获取）、调节变量（学习能力）先进行标准化，再计算自变量与调节变量的交互项，此后仍将知识集成作为因变量，并依次将控制变量和自变量、调节变量、显性知识资源获取与学习能力的交互项、隐性知识资源获取与学习能力的交互项代入回归方程，层级回归结果见表 5.17 模型 7，发现控制变量企业年龄对知识集成（$\beta = 0.04$）、企业规模对知识集成（$\beta = -0.01$）、所属行业对知识集成（$\beta = -0.19$）作用效应均不明显；自变量显性知识资源获取对知识集成（$\beta = 0.21$，$p < 0.01$）、隐性知识资源获取对知识集成（$\beta = 0.15$，$p < 0.01$）正向作用均非常显著；调节变量（学习能力）对知识集成（$\beta = 0.22$，$p < 0.01$）作用效应也非常显著；显性知识资源获取与学习能力的交互项对知识集成（$\beta = 0.16$，$p < 0.01$）、隐性知识资源获取与学习能力的交互项对知识集成（$\beta = 0.14$，$p < 0.01$）正向作用效应均非常显著。最后，运用 SPSS 19.0 将自变量、调节变量（信任）先进行标准化，再分别计算自变量与调节变量（信任）的交互项，而后将知识集成作为因变量，依次将控制变量和自变量、调节变量（学习能力、信任）、显性知识资源获取与学习能力的交互项、隐性知识资源获取与学习能力的交互项、显性知识资源获取与信任的交互项、隐性知识资源获取与信任的交互项依次代入回归方程，层级回归结果见表 5.17 模型 9，发现控制变量企业年龄对知识集成（$\beta = 0.07$）、企业规模对知识集成（$\beta = $

0.02）、所属行业对知识集成（$\beta = -0.18$）作用效应均不明显；自变量显性知识资源获取对知识集成（$\beta = 0.19$，$p < 0.01$）正向作用效应非常显著、隐性知识资源获取对知识集成（$\beta = 0.14$，$p < 0.05$）正向作用效应显著；调节变量（学习能力）对知识集成（$\beta = 0.16$，$p < 0.01$）作用效应也非常显著；显性知识资源获取与学习能力的交互项对知识集成（$\beta = 0.17$，$p < 0.01$）的正向作用效应非常显著，隐性知识资源获取与学习能力的交互项对知识集成（$\beta = 0.13$，$p < 0.05$）正向作用效应显著，这表明学习能力对显性知识资源获取与知识集成之间关系、隐性知识资源获取与知识集成之间关系具有正向调节作用，即学习能力越强，显性知识资源获取与知识集成、隐性知识资源获取与知识集成之间的正向作用关系就越强。H6、H7 得到了数据支持，检验通过。

为了更直观地显示调节变量学习能力与自变量知识资源获取交互项的调节作用，分别以高于均值一个标准差和低于均值一个标准差作为基准描绘学习能力的强弱对显性知识资源获取与知识集成、隐性知识资源获取与知识集成之间关系的调节作用，如图 5.2 和图 5.3 所示。其中图 5.2 表明学习能力强时的显性知识资源获取与知识集成关系比学习能力弱时更强；图 5.3 表明随着学习能力的增强，隐性知识资源获取能力与知识集成能力越强。这表明随着关系信任度的增强，隐性知识资源获取对知识集成的作用效应越强。

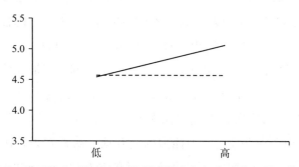

图 5.2 　学习能力对显性知识资源获取与知识集成关系的调节作用

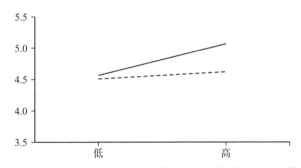

图 5.3 学习能力对隐性知识资源获取与知识集成关系的调节作用

（2）信任的调节效应检验。H8、H9 提出了信任分别对显性知识资源获取和隐性知识资源获取与知识集成之间的关系具有正向调节作用，即关系信任越强，显性知识获取与知识集成之间的正向作用就越强；关系信任越强，隐性知识获取与知识集成之间的正向作用就越强。为验证 H8 和 H9，首先，将知识集成作为因变量，并依次向回归方程中加入控制变量、自变量和调节变量（信任），运用 SPSS 19.0 进行层级回归，回归结果见表 5.17 模型 6，发现控制变量企业年龄对知识集成（$\beta = 0.07$）、企业规模对知识集成（$\beta = 0.03$）、所属行业对知识集成（$\beta = -0.18$）作用效应均不明显；而自变量显性知识资源获取对知识集成（$\beta = 0.18$，$p < 0.01$）正向作用效应非常显著，隐性知识资源获取对知识集成（$\beta = 0.12$，$p < 0.05$）正向作用效应显著；调节变量（信任）对知识集成（$\beta = 0.32$，$p < 0.01$）作用效应非常显著。其次，运用 SPSS 19.0 将自变量、调节变量（信任）先进行标准化，再计算自变量与调节变量的交互项，此后仍将知识集成作为因变量，并依次将控制变量和自变量、调节变量（信任）、显性知识资源获取与信任的交互项、隐性知识资源获取与信任的交互项代入回归方程，层级回归结果见表 5.17 模型 8，发现控制变量企业年龄对知识集成（$\beta = 0.05$）、企业规模对知识集成（$\beta = 0.03$）、所属行业对知识集成（$\beta = -0.18$）作用效应均不明显；自变量显性知识资源获取对知识集成（$\beta = 0.20$，$p < 0.01$）、隐性知识资源获取对知识集成（$\beta = 0.16$，$p < 0.01$）正向作用均非常显著；调节变量（信任）对知识集成（$\beta = 0.34$，$p < 0.01$）作用效应也非常显著；显性知识资源获取与信任

的交互项对知识集成（$\beta = 0.17$，$p < 0.01$）正向作用效应非常显著，隐性知识资源获取与信任的交互项对知识集成（$\beta = 0.13$，$p < 0.05$）正向作用效应显著。再次，将知识集成作为因变量，依次将控制变量和自变量、调节变量（学习能力、信任）、显性知识资源获取与学习能力的交互项、隐性知识资源获取与学习能力的交互项、显性知识资源获取与信任的交互项、隐性知识资源获取与信任的交互项依次代入回归方程，层级回归结果见表5.17模型9，发现控制变量企业年龄对知识集成（$\beta = 0.07$）、企业规模对知识集成（$\beta = 0.02$）、所属行业对知识集成（$\beta = -0.18$）作用效应均不明显；自变量显性知识资源获取对知识集成（$\beta = 0.19$，$p < 0.01$）正向作用效应非常显著、隐性知识资源获取对知识集成（$\beta = 0.14$，$p < 0.05$）正向作用效应显著；调节变量（信任）对知识集成（$\beta = 0.28$，$p < 0.01$）作用效应也非常显著；显性知识资源获取与学习能力的交互项对知识集成（$\beta = 0.16$，$p < 0.01$）的正向作用效应非常显著，这表明信任对显性知识资源获取与知识集成之间具有较强的正向调节效应，即关系信任越强，显性知识资源获取与知识集成之间的正向调节效应就越强；隐性知识资源获取与学习能力的交互项对知识集成（$\beta = 0.12$，$p < 0.05$）正向作用效应显著，这表明信任对隐性知识资源获取与知识集成之间具有正向调节效应显著，即关系信任越强，隐性知识资源获取与知识集成之间的正向调节效应就越强。H8、H9得到了数据支持，检验通过。

为了更直观地显示调节变量（信任）与自变量（显性知识资源获取与隐性知识资源获取）交互项的调节作用，分别以高于均值一个标准差和低于均值一个标准差作为基准描绘了学习能力的强弱对显性知识资源获取与知识集成、隐性知识资源获取与知识集成之间关系的调节作用，如图5.4和图5.5所示。其中图5.4表明关系信任度高时显性知识资源获取与知识集成关系比关系信任度低时的作用强；图5.5表明关系信任度高时隐性知识资源获取与知识集成关系比关系信任度低时的作用效应越强。

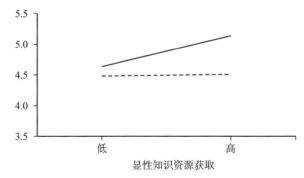

图 5.4　信任对显性知识资源获取与知识集成关系的调节作用

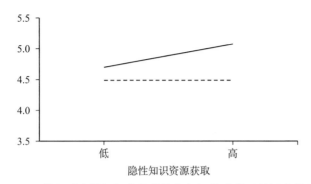

图 5.5　信任对隐性知识资源获取与知识集成关系的调节作用

（3）有调节的中介效应检验。H10 和 H11 提出，学习能力越强，知识集成在显性知识资源获取与持续创新能力之间所起的中介效应就越强；学习能力越强，知识集成在隐性知识资源获取与持续创新能力之间所起的中介效应就越强。为了验证这两个假设，将持续创新能力设为因变量，并依次将控制变量、自变量、中介变量、调节变量（学习能力），以及显性知识资源获取与学习能力的交互项（已提前标准化）、隐性知识资源获取与学习能力的交互项（已标准化）依次代入回归方程，运用 SPSS 19.0 进行层级回归，层级回归结果见表 5.17 模型 14，发现控制变量对持续创新能力的作用系数分别为企业年龄（$\beta = 0.07$）、企业规模（$\beta = -0.06$）、所属行业（$\beta = 0.03$），控制变量的三个单因子对持续创新能力作用效应不明显；自变量对因变量持续创新能力的作用系数分别为显性知识资源获取对持续创新能力（$\beta = 0.15$，$p < 0.01$）和隐性知识资源获取对持续创新能力（$\beta = 0.13$，$p < 0.05$），说明显性知识资源获取对持续创新能力有非常显著正向作用效应，而隐性知识资源获取对持续创新能力有显著作用效应，知识集成对持续创新能力（$\beta = 0.32$，$p < 0.01$）的正向作用效应非常显著，显性知识资源获取与学习能力的交互项通过知识集成对持续创新能力（$\beta = 0.15$，$p < 0.01$）及隐性知识资源获取与学习能力的交互项通过知识集成对持续创新能力（$\beta = 0.21$，$p < 0.01$）均具有非常显著的正向作用效应。相比模型13，在没有学习能力的调节作用下，显性知识资源获取对持续创新能力（$\beta = 0.1$，$p < 0.05$）的一般性显著作用和隐性知识资源获取对持续创新能力（$\beta = 0.09$）作用不明显，加入学习能力调节变量后，发现自变量对持续创新能力的正向作用效应增强，由原来的作用显著和作用不明显分别转化为非常显著和显著，这表明学习能力强弱能够影响知识集成在自变量（显性知识资源获取、隐性知识资源获取）与因变量（持续创新能力）的中介效应，也就是说，学习能力越强，知识集成在显性知识资源获取与持续创新能力之间所起的中介效应就越强；学习能力越强，知识集成在隐性知识资源获取与持续创新能力之间所起的中介效应就越强。因此，H10 和 H11 得到了验证。

同样，H12 和 H13 提出，关系信任度越高，知识集成在隐性知识资源获取与持续创新能力之间所起的中介效应就越强；关系信任度越高，知识集成在隐性知识资源获取与持续创新能力之间所起的中介效应就越强。为了验证这两个假设，将持续创新能力设为因变量，并依次将控制变量、自变量、中介变量、调节变量（学习能力），以及显性知识资源获取与学习能力的交互项（已提前标准化）依次代入回归方程，运用 SPSS 19.0 进行层级回归，层级回归结果见表 5.17 模型 15，发现控制变量对持续创新能力的作用系数分别为企业年龄（$\beta = 0.01$）、企业规模（$\beta = 0.00$）、所属行业（$\beta = 0.07$），控制变量的三个单因子对持续创新能力作用效应不明显；自变量对因变量持续创新能力的作用系数分别为显性知识资源获取对持续创新能力（$\beta = 0.14$，$p < 0.01$）和隐性知识资源获取对持续创新能力（$\beta = 0.12$，$p < 0.05$），说明显性知识资源获取对持续创新能力有非常

显著的正向作用效应，而隐性知识资源获取对持续创新能力有显著的正向作用效应，知识集成对持续创新能力（$\beta = 0.24$，$p < 0.01$）的正向作用效应非常显著，同样，显性知识资源获取与信任的交互项（$\beta = 0.13$，$p < 0.05$）通过知识集成对持续创新能力有显著的正向作用效应，隐性知识资源获取与信任的交互项（$\beta = 0.19$，$p < 0.01$）通过知识集成对持续创新能力有非常显著的正向作用效应。相比模型13，在没有关系信任的调节作用下，显性知识资源获取对持续创新能力（$\beta = 0.1$，$p < 0.05$）的一般性显著作用和隐性知识资源获取对持续创新能力（$\beta = 0.09$）作用不明显，加入关系信任调节变量后，发现自变量对持续创新能力的正向作用效应增强，由原来的作用显著和作用不明显分别转化为非常显著和显著，这表明关系信任强弱能够影响知识集成在自显量（显性知识资源获取、隐性知识资源获取）与因变量（持续创新能力）的中介效应，也就是说，关系信任度越强，知识集成在显性知识资源获取与持续创新能力之间所起的中介效应就越强；关系信任度越强，知识集成在隐性知识资源获取与持续创新能力之间所起的中介效应就越强。因此，H12和H13得到了验证。

为了进一步验证学习能力与信任两个调节变量同时对知识集成在显性知识资源获取、隐性知识资源获取与持续创新能力的中介效应，将持续创新能力设为因变量，并依次将控制变量、自变量、中介变量、调节变量（学习能力、信任），以及显性知识资源获取与学习能力的交互项（已提前标准化）、隐性知识资源获取与学习能力的交互项（已标准化）依次代入回归方程，运用SPSS 19.0进行层级回归，层级回归结果见表5.17模型16，发现控制变量对持续创新能力的作用系数分别为企业年龄（$\beta = 0.02$）、企业规模（$\beta = -0.01$）、所属行业（$\beta = 0.08$），控制变量的三个单因子对持续创新能力作用效应不明显；自变量对因变量持续创新能力的作用系数分别为显性知识资源获取对持续创新能力（$\beta = 0.16$，$p < 0.01$）和隐性知识资源获取对持续创新能力（$\beta = 0.15$，$p < 0.01$），说明显性知识资源获取、隐性知识资源获取对持续创新能力均有非常显著正向作用效应，知识集成对持续创新能力（$\beta = 0.23$，$p < 0.01$）的正向作用效应非常显著，显性知识资源获取与学习能力的交互项（$\beta = 0.20$，$p < 0.01$）

通过知识集成对持续创新能力有非常显著的正向作用效应，隐性知识资源获取与学习能力的交互项（$\beta = 0.39$，$p < 0.01$）通过知识集成对持续创新能力也具有非常显著的正向作用效应。同样显性知识资源获取与信任的交互项（$\beta = 0.16$，$p < 0.01$）通过知识集成对持续创新能力有显著的正向作用效应，隐性知识资源获取与学习能力的交互项（$\beta = 0.21$，$p < 0.01$）通过知识集成对持续创新能力有非常显著的正向作用效应。与模型13相比，由于两个调节变量学习能力与信任的加入，使得显性知识资源获取对持续创新能力的作用效应由原来的显著变为非常显著，隐性知识资源获取对持续创新能力的作用由原来的不明显变为非常显著，且中介变量知识集成对持续创新能力的作用系数与模型13相比，差异值 $\Delta m(0.37^{**} - 0.23^{**} = 0.15^{**})$ 也非常显著，这表明在学习能力与信任的调节效应下，知识集成在显性知识资源获取、隐性知识资源获取与持续创新能力之间有较强的中介效应在，且学习能力越强、关系信任度越高，知识集成在显性知识资源获取、隐性知识资源获取与持续创新能力之间的中介效应也就越强。因此增强了 H10、H11、H12 和 H13。

此外，为验证假设结构的一致性，根据爱德华兹和兰伯特（Edwards & Lambert，2007）提出的拨靴法（Bootstrapping Method）对有调节的中介效应进一步检验。拨靴法的基本原理即从原始样本中重得抽样，从而估计量的样本分布、标准误差、置信区间或者构造假设检验的统计方法。其基本思想与步骤为：首先，采用重抽样技术从原始样本中抽取设定的一定数量的样本；其次，根据抽出的样本计算给定的统计量 T；再次，重复上述步骤 n 次，得到 n 个统计量 T（一般大于 1 000 个）；最后，计算上述 n 个统计量 T 的样本方差，得到统计量的方差。分析在不同学习能力水平、不同关系信任水平下，知识集成在显性知识资源获取、隐性知识资源获取与持续创新能力之间的中介效应。将学习能力强代表均值加 1 个标准差，学习能力弱代表均值减 1 个标准差，同样，将关系信任度高代表均值加 1 个标准差，关系信任度低代表均值减 1 个标准差；显著性（ ** 表示 $p < 0.01$， * 表示 $p < 0.05$）；其中 P_{MX} 代表知识资源获取对知识集成的影响，P_{YM} 代表知识集成对持续创新能力的影响，P_{YX} 代表显性知识资源获取对持续创新能力的影响。

首先根据拨靴法的检验方法与步骤，结合表 5.17 模型 14 与模型 16 分析，结果列在表 5.18（持续创新能力设为结果变量、自变量为显性知识资源获取）和表 5.19（持续创新能力设为结果变量、自变量为隐性知识资源获取），由表 5.18 和表 5.19 可以看到，当组织学习能力弱时，显性知识资源获取对知识集成的影响不显著（$r = 0.09$），而当组织学习能力强时，显性知识资源获取对知识集成具有正向的影响（$r = 0.35$，$p < 0.01$）。同时，这两个影响系数之间存在显著的差异（$\Delta r = 0.26$，$p < 0.01$）。因此，学习能力会强化显性知识资源对知识集成的影响，进一步地支持了 H6。同时，从表 5.18 可以看到，显性知识资源获取通过知识集成对持续创新能力的间接影响在组织学习能力弱时不显著（$r = 0.03$），而组织学习能力强时则表现为正向显著（$r = 0.12$，$p < 0.05$），且两者的差异亦显著（$\Delta r = 0.09$，$p < 0.05$）。因此，H10 得到了数据的支持。用同样的方法来检验组织学习能力的强弱对知识集成在隐性知识资源获取与持续创新能力之间的中介效应，结果列示见表 5.19，从表 5.19 可以看到，当组织学习能力弱时，隐性知识资源获取对知识集成的影响不显著（$r = 0.11$），而当组织学习能力强时，隐性知识资源获取对知识集成具有正向的影响（$r = 0.32$，$p < 0.01$）。同时，这两个影响系数之间存在着显著的差异（$\Delta r = 0.21$，$p < 0.01$）。隐性知识资源获取通过知识集成对持续创新能力的间接影响在组织学习能力弱时不显著（$r = 0.07$），而在组织学习能力强时则为正向显著（$r = 0.22$，$p < 0.01$），且两者的差异亦显著（$\Delta r = 0.15$，$p < 0.05$）。因此，学习能力会强化隐性知识资源对知识集成的影响，进一步地支持了 H7，同时，H11 也得到了数据的支持。

表 5.18　　有调节的中介效应分析（持续创新能力为结果变量，显性知识资源获取为自变量）

调节变量	显性知识资源获取（X）→知识集成（M）→持续创新能力（Y）				
	第一阶段	第二阶段	直接效应	间接效应	总效应
	P_{MX}	P_{YM}	P_{YX}	$P_{YM}P_{MX}$	$P_{YX} + P_{YM}P_{MX}$
学习能力弱	0.09	0.22**	0.11	0.03	0.14

调节变量	显性知识资源获取（X）→知识集成（M）→持续创新能力（Y）				
	第一阶段	第二阶段	直接效应	间接效应	总效应
	P_{MX}	P_{YM}	P_{YX}	$P_{YM}P_{MX}$	$P_{YX}+P_{YM}P_{MX}$
学习能力强	0.35 **	0.31 **	0.03	0.12 *	0.15 *
差异	0.26 **	0.09	0.08	0.09 *	0.17 **

注：** 表示 $p < 0.01$，* 表示 $p < 0.05$。

表 5.19　有调节的中介效应分析（持续创新能力为结果变量，隐性知识资源获取为自变量）

调节变量	隐性知识资源获取（X）→知识集成（M）→持续创新能力（Y）				
	第一阶段	第二阶段	直接效应	间接效应	总效应
	P_{MX}	P_{YM}	P_{YX}	$P_{YM}P_{MX}$	$P_{YX}+P_{YM}P_{MX}$
学习能力弱	0.11	0.19 **	0.20 **	0.07	0.27 **
学习能力强	0.32 **	0.15 *	0.03	0.22 **	0.25 **
差异	0.21 **	0.04	0.17 **	0.15 *	0.32 **

注：** 表示 $p < 0.01$，* 表示 $p < 0.05$。

　　结合表 5.17 模型 15 与模型 16 分析，结果列在表 5.20（持续创新能力设为结果变量、自变量为显性知识资源获取）和表 5.21（持续创新能力设为结果变量、自变量为隐性知识资源获取），由表 5.20 和表 5.21 可以看到，当组织间信任度低时，显性知识资源获取对知识集成的影响不显著（$r = 0.07$），而当组织间信任度高时，显性知识资源获取对知识集成具有正向的影响（$r = 0.25$，$p < 0.01$）。同时，这两个影响系数之间存在显著的差异（$\Delta r = 0.18$，$p < 0.01$）。因此，关系信任会强化显性知识资源对知识集成的影响，进一步地支持了 H8。同时，从表 5.20 可以看到，显性知识资源获取通过知识集成对持续创新能力的间接影响在组织间信任度低时不显著（$r = 0.02$），而组织间信任度高时则表现为正向显著（$r = 0.14$，$p < 0.05$），且两者的差异亦显著（$\Delta r = 0.12$，$p < 0.05$）。因此，H12 得到了数据的支持。用同样的方法来检验组织间信任度的高低对知识

集成在隐性知识资源获取与持续创新能力之间的中介效应，结果列示见表 5.21，可以看到，当组织间信任度低时，隐性知识资源获取对知识集成的影响不显著（$r = 0.08$），而当组织间信任度高时，隐性知识资源获取对知识集成具有正向的影响（$r = 0.27$，$p < 0.01$）。同时，这两个影响系数之间存在显著的差异（$\Delta r = 0.19$，$p < 0.01$）。隐性知识资源获取通过知识集成对持续创新能力的间接影响在组织间信任度低时不显著（$r = 0.06$），而在组织间信任度高时则为正向显著（$r = 0.23$，$p < 0.01$），且两者的差异亦显著（$\Delta r = 0.17$，$p < 0.05$）。因此，组织间信任度的高低强化隐性知识资源对知识集成的影响，进一步地支持了 H9，同时，H13 也得到了数据的支持。

表 5.20　有调节的中介效应分析（持续创新能力为结果变量，显性知识资源获取为自变量）

调节变量	显性知识资源获取（X）→知识集成（M）→持续创新能力（Y）				
	第一阶段	第二阶段	直接效应	间接效应	总效应
	P_{MX}	P_{YM}	P_{YX}	$P_{YM}P_{MX}$	$P_{YX}+P_{YM}P_{MX}$
信任度低	0.07	0.21**	0.11	0.02	0.14*
信任度高	0.25**	0.32**	0.03	0.14*	0.17*
差异	0.18**	0.11	0.08	0.12	0.20**

注：** 表示 $p < 0.01$，* 表示 $p < 0.05$。

表 5.21　有调节的中介效应分析（持续创新能力为结果变量）

调节变量	隐性知识资源获取（X）→知识集成（M）→持续创新能力（Y）				
	第一阶段	第二阶段	直接效应	间接效应	总效应
	P_{MX}	P_{YM}	P_{YX}	$P_{YM}P_{MX}$	$P_{YX}+P_{YM}P_{MX}$
信任度低	0.08	0.19**	0.18*	0.06	0.24**
信任度高	0.27**	0.24**	0.02	0.23**	0.25**
差异	0.19**	0.05	0.16*	0.17*	0.33**

注：** 表示 $p < 0.01$，* 表示 $p < 0.05$。

由此可见，组织学习能力的强弱以及组织间彼此信任度的高低能够调节显性知识资源获取、隐性知识资源获取对知识集成的正向作用效应，同时能够强化知识集成在显性知识资源获取、隐性知识资源获取与持续创新能力之间的中介效应。即组织学习能力越强，组织间彼此信任度越高，知识集成在显性知识资源获取、隐性知识资源获取与持续创新能力的中介效应就越强。

（4）假设检验结果。通过对 H1～H13 的假设检验，首先验证了显性知识资源获取与隐性知识资源获取对持续知识集成与持续创新能力的正向作用效应；其次验证了学习能力与信任在显性知识资源获取、隐性知识资源获取与知识集成之间的调节效应；最后验证了显性知识资源获取、隐性知识资源获取在学习能力与信任的共同调节作用下通过知识集成对持续创新能力的正向作用效应。检验结果见表 5.22。

表 5.22 研究假设检验结果

研究问题		研究假设	实证结果
知识资源获取对持续创新能力的作用影响	H1	显性知识获取对持续创新能力有显著正影响	支持
	H2	隐性知识获取对持续创新能力有显著正影响	支持
知识集成是否在知识资源获取与持续创新能力之间起着中介作用效应	H3	显性知识资源获取对知识集成有正向作用效应	支持
	H4	隐性知识资源获取对知识集成有正向作用效应	支持
	H5	知识集成对持续创新能力有显著正向作用效应，并且知识集成在知识资源获取与持续创新能力之间起中介效应作用	支持
学习能力是否在知识资源获取与知识集成之间起调节作用效应	H6	学习能力对显性知识获取与知识集成之间的关系具有正向调节作用，且学习能力越强，显性知识获取与知识集成之间的正向作用就越强	支持
	H7	学习能力对隐性知识获取与知识集成之间的关系具有正向调节作用，且学习能力越强，隐性知识获取与知识集成之间的正向作用就越强	支持
信任是否在知识资源获取与知识集成之间起调节作用效应	H8	信任对显性知识获取与知识集成之间的关系具有正向调节作用，且关系信任越强，显性知识获取与知识集成之间的正向作用就越强	支持
	H9	信任对隐性知识获取与知识集成之间的关系具有正向调节作用，且关系信任越强，隐性知识获取与知识集成之间的正向作用就越强	支持

研究问题	研究假设		实证结果
学习能力的强弱、关系信任的高低如何影响知识集成在显性知识资源获取、隐性知识资源获取与持续创新能力之间的中介效应	H10	学习能力越强，知识集成在显性知识资源获取与持续创新能力之间所起的中介效应就越强	支持
	H11	学习能力越强，知识集成在隐性知识资源获取与持续创新能力之间所起的中介效应就越强	支持
	H12	关系信任度越高，知识集成在显性知识资源获取与持续创新能力之间所起的中介效应就越强	支持
	H13	关系信任度越高，知识集成在隐性知识资源获取与持续创新能力之间所起的中介效应就越强	支持

5.4.5 结果讨论

本书采用 291 家创新型企业作为研究样本，分析并检验了虚拟组织显性知识资源获取、隐性知识资源获取在学习能力与信任调节作用下通过知识集成对持续创新能力的作用效应，结果讨论如下所述。

（1）虚拟组织知识资源获取来源于分布嵌入在参与创新企业的个体、组织及组织间存量知识资源及合作创新过程中创造的增量知识资源，从知识资源的转移与流动属性分为显性知识资源与隐性知识资源，虚拟组织持续创新过程实质上就是知识的创新过程，是知识资源获取与知识集成创新的过程，知识在创新过程通过社会化、外在化、组合化和内在化四个循环过程往复迭代。

（2）虚拟组织作为知识的集合体，知识集成是其持续创新能力的本质及竞争优势的来源。从研究结果来看，显性知识资源获取与隐性知识资源对知识集成均有显著正向影响，且组织获取的知识资源越多，知识集成能力就越强，这表明虚拟组织中知识资源的存量是知识集成创新的前提条件；从变量描述性统计分析结果来看，显性知识获取与知识集成（$r = 0.35$，$p < 0.01$）、隐性知识获取与知识集成（$r = 0.35$，$p < 0.01$）均呈显著正相关关系，且相关度基本一致，这表明显性知识与隐性知识对知

识集成能力的正向影响程度相当，换言之，知识资源的存量结构对知识集成的正向影响作基本无差异；此外，显性知识获取与持续创新能力（$r = 0.29$，$p < 0.01$）、隐性知识获取与持续创新能力（$r = 0.37$，$p < 0.01$）均呈显著正相关关系，但从相关性程度来看，相比显性知识，隐性知识的获取对持续创新能力的正向影响程度较大，也就是说持续创新能力主要来源于隐性知识的获取、知识集成及吸收转化，这表明虚拟组织的知识资源结构对持续创新能力的影响程度或贡献程度具有差异性。在虚拟组织联盟持续创新过程中，要强化组织内部、组织间的信息知识交流对接平台与机制，营造战略目标、文化趋同、知识聚焦于一体化、融合化的交互信任环境，提升组织内、组织间、组织与外部环境交流对接的频率与密度，加大探索性知识的索取、吸收、转化与传播力度，从而提升虚拟组织持续创新能力。

（3）学习能力是虚拟组织持续创新的基础，是知识资源获取增量的关键。从研究结果来看，学习能力（$\beta = 0.16$，$p < 0.01$）非常显著调节显性知识资源对知识集成作用效应，学习能力（$\beta = 0.14$，$p < 0.05$）显著正向调节隐性知识资源对知识集成的作用效应（见模型7），这表明组织学习能力在知识资源结构与知识集成之间虽均具有显著的正向调节作用效应，但调节作用是有差异的。学习能力调节显性知识资源获取对知识集成的作用效应，相比调节隐性知识资源获取对知识集成的作用效应要强，说明隐性知识资源的获取需要强化互动学习频率与交流组织方式，增进双方的共性语言与理解记忆。可见，获取隐性知识资源需要企业具有较强的学习能力，这种学习不仅仅是对获取知识的积累与转化，更重要的是通过企业间交流、学习与模仿使相似的实践知识能够带来一种潜在持续改进的行为，知识重叠程度显著影响知识获取与转移效率。因此，在虚拟组织持续创新过程中，通过强化组织学习导向与学习交流密度，利用好与知识共享主体之间的知识重叠度来加大组织隐性知识的获取、吸收、转化及传播流量与流速，从而提高知识的利用率、知识创新流与价值流的集成能力。此外，通过验证分析结果发现，组织学习能力的强弱正向调节组织知识资源流量及流速的大小，组织学习能力越强，知识存量更新的速度就越快，

相应的知识集成能力就越强。

（4）虚拟组织持续创新能力是集成共享参与企业知识资源的生产、积累及应用过程。验证结果表明，知识资源获取通过知识集成正向影响持续创新能力，其中隐性知识通过知识集成对持续创新能力的影响程度（$\beta = 0.21$，$p < 0.01$）较显性知识通过知识集成对持续创新能力的影响影响程度（$\beta = 0.12$，$p < 0.05$）要显著，这说明隐性知识的存量及增量获取对持续创新能力具有较强的创新作用力，且学习能力越强，知识集成在知识资源获取与持续创新能力之间的中介效应就越强。因此，对虚拟组织而言，信息作为公共产品共享传播于企业间合作创新始末，与企业间共享集成的知识资源尤其是探索性知识资源重组整合，能够加速知识与信息更新迭代的速度，形成并提升外部环境变异感知能力、市场机遇的搜索能力、创意决策能力、创新实现能力与关联界面协调能力，从而提升虚拟组织对市场机遇的反应敏捷性、资源组织柔性及合作创新的速度性，快速满足客户需求的同时能够发现预见新需求或潜在需求，发现关联项目或升级产品，通过更新微调合作企业实现持续创新过程，知识的创造及使用过程即为虚拟组织持续创新能力的形成与提升过程。

5.5 本章小结

本章通过相关研究假设，构建了虚拟组织持续创新能力的形成机理理论模型，运用 SPSS 19.0 及 Amos 17.0 对持续创新能力的影响因子与形成机理进行了实证检验，并对研究结果进行分析讨论，得出以下研究结果。

（1）虚拟组织持续创新能力的形成机理：在学习能力与信任的调节作用下，显性知识资源与隐性知识资源获取通过知识集成对持续创新能力的作用机理。虚拟组织成员企业基于共同的战略使命、框架规则、市场机遇及关系信任，通过在线信息技术不断共享产业机会、客户需求、设计流程等显性知识信息，通过互动学习不断理解领悟显性知识与专业知识、研发经验、技术诀窍等隐性知识匹配融合形成专业模块，并基于产品设计架构对专业模块进行集成整合，进而形成产品价值或服务价值以快速满足客户需求，充分利用虚拟组织柔性、敏捷性与动态性的组织属性重构研发速度性与产品品质性竞争优势，持续不断地挖掘或创造客户新的需求从而实现持续创新。

（2）知识资源获取是形成虚拟组织持续创新能力的基础与前提。实证结果发现，显性知识资源获取与隐性知识资源获取对持续创新能力的正向作用非常显著；且隐性知识获取相比显性知识获取对持续创新能力的影响程度要显著。表明隐性知识资源是维系与保持虚拟组织持续创新的主要创新资源来源，也是核心能力协同创新的基础。虚拟组织基于"产品模块化与能力归核化"进行知识分工与合作创新，其中专业知识嵌入凝结在产品模块的过程即产品创新过程，决定着产品创新的功能与价值属性；而显性知识作为需求认知、战略共识、规则认同、节点流程的获取过程，决定着产品创新的目标与方向。

（3）知识集成是虚拟组织持续创新能力形成的核心。实证结果发现，显性知识获取与隐性知识资源获取对知识集成的正向作用均非常显著，知识集成对持续创新能力的正向影响也非常显著。表明虚拟组织持续创新能力本质上是对企业间共享知识资源的集成能力。此外，知识集成在显性知识资源获取与持续创新能力之间起部分中介作用，在隐性知识资源获取与持续创新能力之间起完全中介作用。表明知识集成的过程实质上是对显性知识信息经过获取吸收与隐性知识融合嵌入于专业知识模块之间的集成整合过程，知识集成效能获取于两个关键要素：一是企业间关系信任，关系到成员企业共享知识的存量与质量；二是企业间学习能力，关系到对显性知识资源的识别与选择速度，以及隐性知识资源嵌入专业知识模块的结构与效率。

（4）学习能力与信任是形成与提升虚拟组织持续能力的关键。实证结果发现，学习能力在显性知识资源获取、隐性知识资源获取与知识集成之间具有正向调节作用，且学习能力越强，显性知识资源获取、隐性知识资源获取与知识集成之间的正向作用就越强；信任对显性知识获取、隐性知识资源获取与知识集成之间的关系具有正向调节作用，且关系信任越强，显性知识资源获取，隐性知识资源获取与知识集成之间的正向作用就越强。

从研究结果可以看出，互联网的迅猛发展催生了虚拟组织创新应用的爆发式增长，给创新型企业尤其是科技型中小企业持续创新带来了战略机遇。探究虚拟组织持续创新能力的形成机理为科技型中小企业持续创新资源的搜索、连接、获取及整合等成长与发展难题提供理论支撑与破解之道。企业持续创新可以借助虚拟组织资源与能力突破自身资源能力的约束与局限，通过高质量、高效率集成企业间共享的知识资源发挥协同创新效应带来的速度经济与品质经济，以赢得客户对共享品牌的信赖度与忠诚度，进而获取持续竞争优势与市场先机。对企业构建运营虚拟组织创新实践有以下重要启示。

（1）战略目标的共识与统一关系虚拟组织资源配置与协同创新的效率。虚拟组织是基于战略机遇与共同目标连接成员企业资源与能力动态联盟，其独特创新优势来自动态组织柔性对市场机遇反应的敏捷性、知识资源集成创新的速度性。对科技型中小企业而言，构建虚拟组织主要是为了实现自身战略需求在"资短与能缺"的条件下实现外部资源与能力联结即"融资与融智"，成员企业也是在各自的战略需求下或为降低成本、或为获取能力租金、或为资源利用效率或市场战略机遇等而参与虚拟组织创新。因此，利用虚拟组织持续创新时：①要强调共同的战略机遇能够实现成员企业的战略需求，基于持续合作、品牌共享、声誉约束等管道，强化成员企业对知识资源的贡献与共享以提升模块性能与品质，以求资源与能力作用方向的统一与聚焦；②在构建与运营虚拟组织合作创新时，根据客户知识需求变迁要不断地更新合作伙伴的选择、关系发起与关系调整，此时合作伙伴的信息搜索与数据库建设对知识获取、知识集成与持续创新有重要影响。因此要通过不同的网络渠道，如参加贸易洽谈会、浏览产业杂志、现有合作企业推荐等发展潜在合作伙伴，推介本企业同时进行网络发起，发起与合作过程中还要不断地判断与评估合作伙伴的知识潜能与知识价值，依据知识效能优化关系结构与关系组合以提升持续创新能力。

（2）知识资源获取关系虚拟组织持续创新的动力基础。虚拟组织创新过程中知识来源于参与企业个体、组织知识库与企业间共同设计规则、客户需求、制度流程等显性知识以及由于核心能力形成的专业模块等隐性知识，显性知识信息的及时共享与充分交流对专业知识模块性能与品质的改善、新需求与新机遇的创造具有显著作用效应，决定了虚拟组织对外部环境变异感知及市场机遇反应的敏捷性；而具有较强异质性与互补性的核心技术知识转移内化于专业模块，核心技术知识转移量及转移效率对提升模块集成效率与集成价值具有显著作用效应。因此，运用虚拟组织持续创新特别要关注以下几点：①要适度控制虚拟组织规模，意味着选取合作伙伴时要就其知识量、知识结构、先验合作、网络声誉等知识信息知识进行评估，尤其是要特别关注企业能力的互补性与异质性是否与核心战略匹配；②系统设计规则的构建与实施，核心企业要基于信息网络和参与企业或组织充分沟通，必要时要将模块分解、职能分工及标准要求以电子资料形式储存以文档知识库或建立知识索引地图进行共享与传递，设计规则的清晰与有效执行直接影响知识集成效率；③建立显性知识库与知识地图，对于创新过程中共享传递有价值的显性知识，如需求变更、隐性机会、产品改良、成本信息等以文档形式存储于知识库，并建立知识地图以方便查询，从而提升知识获取效率；④基于隐性知识的不易编码及不易传递特性，隐性知识的获取通过网络视频、电话会议、研讨会等形式加以互动学习与经验探讨，增强知识的吸收与转化率以更新改善知识系统。

（3）学习能力是虚拟组织持续创新的关键。关系学习是企业间为实现战略机遇并创造更大价值而采取的共同学习的联合行动，在行动中通过对知识的共享、理解、整合进而将有价值的知识信息存储到知识系统，知识存量的更新与增加会影响和改变彼此间潜在知识沟通探讨与知识对流交换的关系行为。学习能力能够调节知识资源获取对知识集成的正向作用效应，同时能够强化知识集成在知识资源获取与持续创新能力的中介效应，相应地，通过互动学习可以增加企业间知识存量并产生知识交互效应，从而提升显性知识资源与隐性知识资源获取质量与效率，实际上企业间知识的吸收与传递是通过交流学习获得的。因此，运用虚拟组织持续创新必须重视：①提供并创造企业间互动交流平台与学习培训的机会。如可以借助自媒体与在线网络技术构建学习交流平台，通过企业间互动学习能够洞察市场环境的变迁趋势，搜索并捕捉市场机遇、先进知识、产品、技术等信息。学习能力越强，企业理解产业政策需求与客户知识需求的知识与能力就越强，从而对外部环境变异感知的能力就强，不易错失市场出现的新机遇与挑战机会，相比竞争者在市场、产品及技术方面具有更强的创新能力。②营造良好的学习环境与鼓励互动交流的企业文化氛围。可以借助互联网平台开展多种形式的交流活动，如电话会议、在线视频讲座、在线技术直播、线上或线下经验交流会、专项研讨会、知识库与信息库、技术专家交流等形式，用于加强"个人—组织—组织间"知识交流转化的机会与沟通效率，减少合作组织间、个体间的情感距离，同时通过加强组织内部学习使外部知识能够及时与本企业知识进行融合产生新知识，并形成自身的有机知识体系，进而提升持续创新能力。

（4）信任是虚拟组织关联界面协调的润滑剂及界面关系治理的有效工具。信任能够显著调节知识资源获取对知识集成的正向作用效应，并且能够强化知识集成在知识资源获取与持续创新能力之间的中介效应。虚拟组织持续创新过程中，形成了资源与信息、组织与功能、机制与流程等要素界面以及知识模块间与企业间的关系界面，界面关系协调与界面关系治理关系着企业间知识资源的共享意愿、获取质量与集成效率。可见，高度信任的双边合作关系能够促进企业间共享技术、市场和管理等知识的深度与宽度，增强企业间知识转移意愿与转移能力以及识别、理解和诊断系统与模块中的问题与机会，进而有利于多元知识的获取与整合。当然，企业间信任也助于维持成员企业间持续创新的合作关系，增强成员企业间的向心力与凝聚力，降低沟通成本与交易成本，提高合作创新效率。因此，虚拟组织持续创新需要构建多层次的信任激励机制以协调治理界面关系：①基于认证体系的信息网络信任机制，即为虚拟组织成员企业提供可信任的信息数据共享环境；②基于价值网络和组织公平可信的利益分配机制，即依据设计规则框架、产品模块与知识分工建立一种能力投资租金与创新绩效激励相容的成员企业间信任机制；③基于参与虚拟组织创新的在线企业、人员分布范围广且跨越了时空限制的组织属性、人际性格、价值观念、工作方式等不尽相同，要建立人际信任与虚拟社区信任机制。

　　本章探索性提出并实证了虚拟组织持续创新能力的形成机理模型，也证明了虚拟组织成员企业共享的显性知识与隐性知识角度考察知识资源获取通过知识集成中介对持续创新能力的正向作用效应。基于虚拟组织持续创新能力的影响因素及形成机理可知，通过提升知识资源获取的质量与效率、知识集成的效能即可提升虚拟组织持续创新能力，但是，知识资源获取来源于成员企业嵌入的知识资源，那么虚拟组织规模与结构是否是影响虚拟组织知识资源的贡献与共享，进而影响知识资源获取的质量与效率，也就是说，网络规模与网络结构中心性是否为知识资源获取的前置变量有待于考究，因此，第6章拟用理论研究与实证研究探索虚拟组织持续创新能力的提升机理及提升路径。

第6章 虚拟组织持续创新能力的提升机理及提升路径

　　创新的本质是变革求异，是为获利而应变外部动态环境产生的机遇或企业能力模块间发展不平衡产生的价值潜力共同驱动下的组织系统性活动；而能力是将一组资源要素组合起来使用的方法与技能，是技能和知识累积的复合体，是在动态环境中以战略机遇为目标，通过获取、配置、整合与重组各种资源从事价值创造活动所必需的技能、经验和知识。虚拟组织持续创新是以动态价值链为核心，基于组织柔性对市场机遇反应的敏捷性与核心能力协同创新的速度性，持续不断地搜索捕捉市场机遇并形成创意产品或项目，通过成员企业共享的知识、信息、技术等创新要素重组整合，输出产品与绩效以满足顾客价值及企业价值需求，在此基础上创造或挖掘新的隐性需求，从而持续推出和实施新的创新项目以实现合作创新绩效的循环迭代过程。而虚拟组织持续创新能力的本质就是生产、获取、应用新知识并将机遇转化为产品以满足市场价值的能力，归根到底来源于以存量知识为基础的知识获取、知识集成的知识交互性活动。提升虚拟组织持续创新能力就是要提升知识的获取质量、知识集成效率及知识交互过程中形成的知识存量，而在虚拟组织持续创新能力形成过程即"知识获取—知识集成—持续创新能力"中，影响知识集成的效率与质量是以学习能力与信任共同调节知识资源获取的效率，以及知识资源获取的质量。

　　第5章实证研究了虚拟组织持续创新能力的关键影响因子是显性知识资源获取、隐性知识资源获取、知识集成、学习能力与信任，验证了虚拟组织持续创新能力的形成机理模型，证明了显性知识资源获取、隐性知识资源获取在学习能力与信任调节作用下通过知识集成对持续创新能力的正向作用效应，且学习能力越强、企业间信任度越高，显性知识资源获取与隐性知识资源获取对知识集成的正向作用就越强，知识集成在显性知识资源获取、隐性知识资源获取与持续创新能力的中介效应就越强。通过对虚拟组织持续创新能力形成机理的实证研究，明晰了关系学习能够调节并增加知识存量用于企业在创新过程实现知识获取、知识应用与知识集成，主要用以促进知识资源获取效率进而提升知识集成效率；信任作为虚拟组织关系联结强度的关键因素能够促进企业间知识共享意愿与知识共享行为，提升知识共享密度与流量，用以增强知识资源获取效率进而提升知识集成效率，也就是说学习能力与信任主要是通过调节知识存量、知识增量、知识流以增强知识资源获取效率与质量，进而提升知识集成的效率与质量。但是，虚拟组织是以能力协同作为持续创新的先决条件，其持续创新优势取决于创新的速度与品质，即知识集成的效能取决于知识资源获取质量以及由学习能力和信任共同调节作用下的知识资源获取效率。因此，在已知学习能力与信任能够调节并增强知识资源获取效率与质量的基础上，探索影响知识资源获取的质量与效率是研究虚拟组织持续创新能力提升机理及提升路径的关键。基于此，本章在第 5 章虚拟组织持续创新能力形成机理实证研究的基础上，进一步探索虚拟组织持续创新的知识积累与知识转化机制、虚拟组织持续创新能力提升的推动因素、作业机理及实现路径，以丰富并拓展虚拟组织持续创新能力理论。

6.1 虚拟组织持续创新知识积累与转化机制

20 世纪 80 年代，美国管理学教授彼得·德鲁克提出了知识管理的概念，认为未来企业以知识管理为基础。之后，学界围绕企业知识管理思想展开系列研究：克莱因和罗森堡（Kline & Rosenberg，1986）提出了"知识平台"管理思想，从多个交叉知识层面探讨了知识创新"链环—回路"过程模式；日本学者野中郁次郎（Nonaka，2000）提出了 SECI 知识循环创新模型，认为持续创新能力的形成遵循知识创造与知识应用的演进过程；李和利姆（Lee & Lim，2001）提出了创新能力的提升必须通过现有知识的整理与新知识的生产过程。

21 世纪初，伴随着知识经济的开启知识管理被引入我国，引起了学界对知识管理与创新能力研究的广泛关注。魏江和朱海燕（2006）提出了创新能力的提升取决于三个过程：一是从外部获取的技术与信息，并与自身知识体系融合进而创造出新的知识；二是实现技术创新与扩散；三是技术与知识的储备与积累。张红兵（2008）认为组织的创新效率取决于随时间展开的技术—市场协同识别，创新能力的提升很大程度上可视为信息与知识的转换过程。刘海运和游达明（2011）基于知识管理的视角提出了企业突破性技术创新能力的提升机制，认为技术创新能力的提升是知识积累、知识转化与知识创新相结合的产物。虚拟组织作为成员企业知识集合体，其持续创新能力提升的知识来源离不开知识的积累与转化过程。

6.1.1 知识积累机制

基于虚拟组织持续创新的过程来看，成员企业协同创新是以各自贡献的知识存量和知识积累为基础的。成员企业如何利用自身知识与从网络中获取的知识有效融合，更新知识系统与优化知识结构，充分发挥知识的使用价值，提升知识创造、扩散与应用知识的能力以保持持续竞争优势。面对外部环境不确定性与产品复杂性的增加，企业必须对自身知识体系进行有效管理，同时还要对外部获取的知识进行充分整合以提升创新能力。

从知识积累机制过程来看，虚拟组织知识积累包括知识获取、知识集成、知识扩散与知识创新四个过程。

（1）知识获取是企业通过虚拟组织网络获取价值链节点（产品模块）需要的知识源，并把新知识与企业原有知识系统有机融合，使获取的知识转化为自身需求的知识资源。

（2）知识集成过程中，企业原有存储与维持的知识有时并不能在协同创新中发挥作用，需要对其进行激活使其脱离沉没状态，才能实现创新能力的提升。

（3）知识扩散能够使成员企业之间生产知识共振，不断进行交流对话，形成创新协同共识并实现知识资源共享。提高知识管理与创新能力的根本问题是使参与企业之间实现知识共享最优，为持续创新创造条件。

（4）知识创新是知识的生产、应用和增值过程，其根本目的就是通过谋求获取新知识与信息，探索与掌握新的创新规律，实现知识价值增值，创造新的协同创新绩效。

知识积累过程贯穿于虚拟组织持续创新活动的要素输入与创新产出动态过程，因而知识积累和知识存量始终处于不断进货和动态演变的过程中。当然，静态意义上的知识积累对持续创新能力仅仅是一种储备价值，只有静态知识积累动态化，形成高效畅通的知识流，持续创新能力的效能才能彻底发挥出来。因此，虚拟组织持续创新能力是由成员企业的知识状态决定，培育与提升持续创新能力的根本途径是企业进行知识创新与知识积累，协同创新前端以成员企业已有知识资源和核心能力为载体，通过积累创新过程激活企业自身知识潜力与创新能力，在知识积累的基础上形成"激活—创新—沉淀"三个阶段过程。激活的实质是技术创新活动的重启，是对原有知识状态和知识存量的激活；知识沉淀是将技术创新成果进行积累与延续，形成持续创新能力；虚拟组织持续创新本质上是对获取的知识资源进行集成整合与扩散转移的创新过程。虚拟组织持续创新知识积累三阶段模型如图6.1所示。

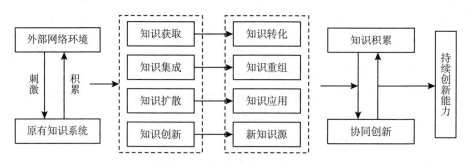

图 6.1　虚拟组织持续创新知识积累三阶段模型

6.1.2 知识转化机制

知识转化是日本学者野中郁次郎于 1995 年在《论知识创造的动态过程》一文中首次提出来的，认为创造与维持企业持续竞争优势，提升企业创新能力，单靠知识吸收与知识积累是不够的，还必须加强知识的转化能力。知识经济与数字化创新时代，技术创新的性质从依赖数据与信息转向借助于知识。在持续创新过程中各种知识的动态转化和流动至关重要。创新能力来源于知识，是知识管理的产物，其中知识转化在知识管理中占据主导地位，在很大程度上决定知识创新的成败。

虚拟组织是一个能力集合体，持续创新能力是成员企业知识集合体的具体表现，本质上就是凭借其能够推动虚拟组织持续创新。知识转化过程中，其按照一定的机理和方式逐步转化成企业能力，提升创新能力势必加强知识获取、吸收、积累、扩散与改进等知识管理各个环节。知识管理的能力某种意义上决定了创新能力，而技术创新知识与能力的转换机制是持续创新能力形成的关键。由于知识和能力的抽象性以及相互关系的复杂性，使得企业技术创新知识与能力的相互转换并不容易。构成企业技术创新能力的知识来自企业及企业间学习，即企业对知识进行选择、获取、消化吸收和改进创造的过程，主要包括三个渠道：知识积累（即知识的消化与吸收）、知识获取（即知识选择与获取）、知识创新（知识的改进与创造）。知识积累能够产生企业知识的存量，知识的选择和获取能够产生企业知识的增量，知识创新能够产生企业知识的质量。企业持续创新能力是由企业知识的存量、增量和质量决定的，三者结合形成了企业持续创新的能量，能量的转化正是虚拟组织持续能力的形成过程，如图 6.2 所示。企业创新能力实质上是知识的复合体，企业的技术知识结构及其认知能力决定了其知识积累、获取、创新的程度和效果，并决定了企业创新能力。由于技术与知识的资产专用性特征，往往适合于特定时间、特定地点和特定产业的知识场景，倘若脱离特定背景，技术知识就会遭到一定程度的贬值。因此，企业要不断地学习，从外部知识环境中吸收所需的知识，并进行筛选和归类，扩充有效的知识存量；要更新知识存量，产生新的技术知识，扩充企业的知识增量；过滤或删除企业冗余的技术知识，迭代升级创新需求的知识资源，以保证创新获取知识资源的质量。所以，要提升虚拟组织持续创新能力，就需要将知识积累（存量）、知识创新（增量）和知识质量三者有机结合起来，形成虚拟组织持续创新的能量，持续创新能力是其能力转化的结果。知识存量是虚拟组织持续创新能力的初始条件，决定虚拟组织持续创新的初始能力；知识增量是虚拟组织持续创新能力的成长条件，决定虚拟组织协同创新能力的作用过程；知识质量是虚拟组织持续创新能力的提高条件，决定了虚拟组织知识资获取与知识集成能力的作用效率与效能。三者相辅相成，相互促进形成了虚拟组织持续创新能力的提升基因。①

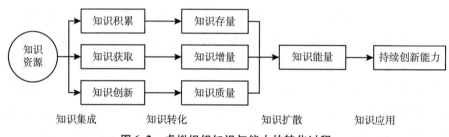

图 6.2　虚拟组织知识与能力的转化过程

6.2　虚拟组织持续创新能力提升的推动因素

　　根据虚拟组织持续创新能力的形成机理，发现显性知识资源获取、隐性知识资源获取、知识集成、学习能力与信任五个变量是影响虚拟组织持续创新能力的关键因素。这五个变量实质上是以知识为载体，通过对企业间存量知识的交互应用，生产创造新知识并应用到合作创新过程中去，形

① 刘海运，游达明. 基于知识管理的企业突破性技术创新能力机制 [J]. 科技进步与对策，2011，28（12）：92 - 95.

成知识"共享获取→集成应用→生产创造→再共享获取→再集成应用"
循环往复创新动态过程。

6.2.1 知识资源获取

知识可以通过经验心得、信息、流程、文件、观念及技术等方式呈
现。根据知识能否清晰表述、编码和有效传递，可以将知识分为显性知识
和隐性知识，其中隐性知识主要来源于个体层面的经验与技能，通过学习
交流实现领悟与练习，并使有意愿性的隐性知识转移和非意愿性的隐性知
识溢出。虚拟组织是以成员企业核心能力作为共享资源要素共同实现战略
机遇的动态知识联盟，其知识资源获取来源于企业间共享的知识存量与知
识质量，而知识共享的存量及质量在一定程度上取决于虚拟组织的网络规
模与网络结构。

（1）虚拟组织核心层与外围层企业数量决定了网络规模的大小与网
络结构层次的高低。首先，网络规模反映虚拟组织成员企业间关系和关系
中嵌入企业资源的多少。一方面，网络规模越大，意味着企业参与数量越
多且嵌入在参与企业知识资源就越多，可供企业间相互获取的知识资源就
越丰富；另一方面，由于企业的核心能力是互补异质的网络规模越大，成
员企业间与之建立有效的网络联结路径就越短，可供成员企业获取的异质
性知识资源的时效性就越强，当然共享可供参与企业获取的知识质量相对
就越高。其次，网络结构中心性越强，即虚拟组织网络结构越紧密、中心
性越聚焦，核心层企业或核心企业越能够更好地协调和管理其他成员企业
的行为，并获取有效信息和创新资源的直接与间接路径就越多，知识资源
获取的质量相对就越高。

（2）根据知识能力理论的观点，知识是指有价值的信息，是一种包
含了结构化的经验、价值观、关联信息及专家的见解等流动性要素的混合
物，具有重复利用、不会枯竭、能够共享以及边际报酬递增的价值属性，
企业的竞争优势来源于企业的知识、经验、惯例、技能等存量知识资产的
集成与整合，知识的获取、集成、共享及转移是企业持续创新的必备能

力。首先，知识资源嵌入并应用于核心技术、管理经验、制度惯例、创新流程、市场机遇搜索、营销渠道与客户关系的开发与维护等战略环节，以基础知识与专业知识关联协同、显性知识与隐性知识转化并存。其次，企业当前的知识存量和知识结构决定了企业发现未来的市场机会、资源配置的方法以及资源效能的发挥程度。最后，知识的获取、共享、更新、转移与传播反过来又决定了知识存量的提升速度和程度，知识总量与结构的差异导致了企业拥有的持续性竞争优势。

（3）知识资源获取过程是辨识能力与吸收能力融合过程。不同的组织同化与复制外界新知识的能力会有所差异，这种能力最早由科恩和莱文塔尔（Cohen & Levinthal，1990）提出，称之为吸收能力。吸收能力特别强调企业对外部创新机会的认知、掌握与运用开发。企业的吸收能力越强，对于外界环境的经营掌握能力也就越强，就越有机会把竞争对手的外溢知识引进企业内部。吸收能力一般可分为个人层次与组织层次：个人层次的吸收能力为个人接触的相关知识及不同的背景领域；组织层次的吸收能力与个人层次吸收能力并不相同，组织中成员多方面的经验累积，构成了组织层次的吸收能力。但是个人层次与组织层次的吸收能力皆存在着路径依赖的现象：个人或组织先前的知识会影响未来获取与累积后续知识的能力。新知识必须通过整合后融入现有知识结构中才能发挥作用，知识整合就是将个别知识系统化或是将集合起来的知识内化到组织成员的心智系统中。组织欲强化本身的能力，除积极吸收外界信息外，还要有整合知识的能力，但这种整合能力主要取决于组织是否有效搜集信息以及是否有效地在组织内各部门间扩散信息。在知识整合过程中，企业所拥有的存量知识越多，就越能将知识以共同语言的形式表达出来，从而促成知识的整合应用。

6.2.2　知识集成整合

知识集成整合是企业综合运用其现有的知识与所获取的知识的能力，这种能力不仅是工具的运用，例如资料库的使用，更重要的是人员之间的沟通协调，以及这些人员之间所具备的共同知识。波尔（Boer，1999）将知识集成能力分为三种能力：一是系统化能力，即企业自身从企业间获取的知识资源能够与匹配融合、吸收转化为企业知识资源库，从而更新知识资源系统，以增加知识库存量与知识增量；二是社会化能力，即企业自身从网络内获取的知识除了更新知识资源库之外，还要能够将新知识嵌入价值链分工合作的知识模块，以共同语言的描述形式与合作伙伴进行分享与传播，以提高企业间的合作创新效率与合作品质；三是合作化能力，即知识资源在虚拟组织网络内部共享流动时，知识需要有统一编码语言，以加快知识的吸收创新。企业持续竞争来自知识集成整合，而不是单一知识，因为整合的知识才能指导企业在快速变化的环境中做好产品与市场组织，快速而有效地开发产品以满足不同的市场需求，也意味着知识集成能够促进持续创新。

虚拟组织持续创新过程中，通过对共享知识资源不断的交互学习，加速了成员企业存量知识的更新迭代与扩散转移，与企业间知识共同形成虚拟组织知识池，用于调节企业间知识流量与知识流速。可见，通过各个层次主体的学习转化，能够精准定义情境或问题并将知识加以应用于创新活动实现机遇经济价值，进而提升持续创新能力。

以选择、获取、激活、融合与创造知识资源特别是隐性知识资源为核心的成员企业，参与知识资源集成整合直接影响着虚拟组织持续创新能力。而这种影响可从企业知识集成四维度视角进行全面解析：①知识集成整合有利于技术知识尤其是隐性技术知识的获取吸收。通过内部资源和外部资源的整合，可以识别、选择、吸取有价值的、与企业内部资源相适应的隐性技术知识等外部稀缺资源，并纳入企业自身知识资源体系之中。②企业知识资源集成整合能够创造技术知识资源。通过对不同来源、不同层次、不同结构、不同内容的技术知识资源的激活、融合，经过技术知识的社会化、外在化、综合化以及内在化，技术知识将呈螺旋式上升而加速发展。③企业知识资集成合可以推动企业跃上新的知识与技术平台。通过企业参与对虚拟组织知识资源的整合，加强自有知识和外部知识的衔接融合，企业能够克服制约企业产品开发和技术能力提升的技术瓶颈，摆脱木桶效应中技术与知识资源短板的束缚与限制，实现知识资源的互补与连接效应与整体价值链功能突破，从而共同促进虚拟组织合作创新能力的持续性提升。

6.2.3 关系信任与学习转化

虚拟组织持续创新能力来源于成员企业在信息技术与管理技术搭建的网络平台上共享的异质性与互补性知识资源，在协同创新过程中通过个体、团队、组织、组织间互动学习界面实现知识的获取、转化、更新及应用，知识经过成员企业间的传递与共享，进行知识集成、重组、整合与激励，进而产生边缘知识与新知识，提升知识的附加值。

虚拟组织持续创新过程中，关系信任促进知识生产及创新应用的渠道与路径有五个方面：一是成员企业间的关系信任能够增强联盟联结，克服知识获取、吸收获取、集成整合过程的敌对与封闭，非常有助于降低企业间知识整合成；二是紧密的伙伴关系可以使彼此间共同进行知识规划活动，并达成共识，促进技术信息标准化和保持流程的一致性，有利于知识整合过程中系统化能力的提升；三是强联结容易使伙伴之间对相互文化、价值和信念的认同感较强，有利于组织成员的彼此沟通、相互适应和协调，可以促进知识整合过程中社会化能力的提升；四是积极的行为性承诺、稳健的利益共享和风险分担机制可以减少相互间的目标冲突，对于伙伴成员应对市场风险、提高知识应用一致性极为有利。

虚拟组织通过营造企业间关系信任氛围与学习交流平台环境，相互获取与吸收知识，从而持续不断地创造与应用新知识进行协同创新。协同创新过程中，企业间知识资源通过交互作用进而不断地创造及应用新知识，实现存量知识的更新迭代与增量知识的扩散转移，完成协同创新目标的同时，形成了虚拟组织知识资源池，其主要功能用于调节企业间知识流量与流速。其中个体学习是组织间学习的基础，团队学习是联盟学习的基本单位，在虚拟组织竞合互动关系中，运用团队学习可以使个体学习其他组织成员的新知识，积累新经验，并将知识内化为所在组织内部知识，实现核心企业、成员企业及成员企业间的相互学习进而产生知识外溢与知识扩散，提升虚拟组织知识存量、增量与质量。由此可见，通过各个层次的学习转化，能够精准定义情境或问题并将知识加以应用于创新活动实现机遇经济价值，减少冗余性学习并提升企业创新能力。

虚拟组织知识集成与转化过程如图 6.3 所示。

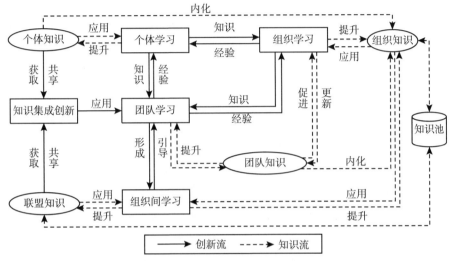

图 6.3 虚拟组织知识集成与转化过程

6.3 虚拟组织持续创新能力的提升机理

根据知识能力理论的观点，在知识经济时代，企业竞争优势来源于知识、经验、技能等存量与增量创新资产的整合，知识的获取、储存、转移、集成、更新、分享与应用成为企业构建竞争优势的必备能力。虚拟组织持续创新能力就是依据职能分工与创新流程对参与企业共享知识的重组排列组合，知识流量、流速及转化效率的全过程是虚拟组织持续创新能力提升机理及演进的过程。

（1）虚拟组织核心企业（或称主导企业）凭借其敏锐的嗅觉神经及敏捷的环境变异感知能力能够迅速洞察价值创新的机会窗口和预见未来的发展空间与变化趋势，精准定义市场机遇变现的知识需求清单，结合自身的知识能力及资源约束快速盘点梳理企业资源池成员企业的资源与能力，识别分析机遇价值变现的可能性与可行性，进而形成产品或服务创意概念、框架设计规则及相应的模块生产流程。接下来，核心企业基于资源替代、缺口弥补及能力提升迅速对接成员企业共享的知识资源，依据合作伙伴选择机制梳理成员企业资源库，从中选择出合作创新伙伴构建虚拟组织创新联盟。

（2）依据"产品模块化＋业务归核化"联合创新法则，核心企业就模块化产品形成方案对价值链系统进行切割、分拆与重置，通过在线信息技术平台将专业知识模块同步分配至合作伙伴，并就创新目标、设计规则、模块知识需求、业务流程等与合作伙伴达成创新共识，进而并行分布联合创新。创新过程中对客户需求更新、新知识新需求的洞察在网络中加以信息共享，企业间通过共同理解形成关系记忆，进而增加知识存量与增量。

（3）产品创意或概念产品形成并达成共识后，进入持续创新价值链并行作业过程，在该过程中，企业间通过按照职能分工共享各自的存量核心知识、经验、技能及接口知识，知识资源、技术资源与支持性创新资源经过识别获取、集成重组、配置整合、学习转化循环往复的创新过程进而创造出新知识、新技术。一方面，通过交流共享、SCEI 知识转化系统不断地将新知识作为增量知识创造性地转移至企业内部，与企业内部知识有效对接、吸收与重组从而增加并更新知识存量，改善存量知识结构进而增强并提升企业核心能力，新的核心能力通过企业间共享协同又转化为虚拟组织持续创新能力，如此循环往复的创新迭代过程既有效弥补并突破了企业创新过程中知识资源的短缺以及低效率应用的约束，又可以让参与企业共享的核心能力实现寻租并获得李嘉图租金；另一方面，新知识的生产及应用根植于知识、信息与技术的互动作用过程中，知识创新成果或输出经过技术创新的生产应用于实践以产品形式转化为生产力，也就是说新知识部分功能转移至新技术应用，新技术应用嵌入在研发、生产、管理、营销等价值链节点并物化到产品与服务形成产品或服务功能与语义的潜在价值，从而实现知识价值创新与技术产品化过程，新产品或项目结合并借助新知识与信息交互嵌入转化的关联界面管理知识与市场连接知识推向市场，从而实现产品商业化过程。

（4）基于虚拟组织强大的信息技术系统承载的信息流量与信息质量，

技术、管理、人员三种创新关联资源要素形成的集成系统强化或促进了组织对市场机遇反应的敏捷性，同时成员企业间共享核心能力的协同效应与优势资源的互补效应增强合作创新的速度性，在满足市场机遇价值或客户感知价值层面，以及合作创新绩效层面较传统联盟有明显的速度经济优势。因此，在实现商业化过程中，通过获取、整理与分析企业间共享的知识资源，从中识别并挖掘客户隐性需求，并将其转化新的市场机遇与合作机会，循环往复推进虚拟组织持续创新能力的提升。同时，伴随着持续创新能力的进一步增强，提升了组织技术知识存量、增量与质量，技术知识的积累又增强了虚拟组织企业间与外部环境知识的获取和转化能力，在预见或洞察市场机遇的同时又促进了虚拟组织技术创新能力的提升。通过学习能力与信任的调节作用大大增强了知识资源获取效率，从而加快了知识集成创新的效率。另外，基于企业专业知识的异质性与互补性，适度的网络规模与聚焦的网络结构为虚拟组织持续创新提供了知识基础存量规模与知识获取质量层次，即合作伙伴的选择质量及数量范围决定了企业知识资源获取的质量。因此，知识资源获取的效率与质量在学习能力与信任的调节作用与网络规模与网结构的直接作用下能够正向影响知识集成的效能，从而提升持续创新能力（见图6.4）。

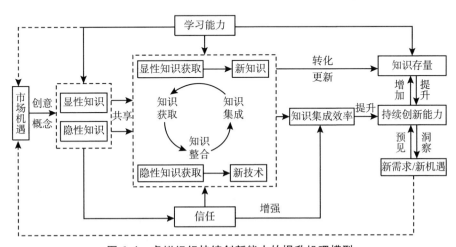

图6.4 虚拟组织持续创新能力的提升机理模型

从图 6.4 可以看出，在学习能力与信任的调节作用下，显性知识资源获取与隐性知识资源获取正向作用于知识集成。学习能力是指企业间在合作创新过程中对共享的知识资源进行识别、选择，并与原有知识积累进行匹配、融合，对技术难题或共同问题进行理解，形成知识记忆并转化为知识存量与知识增量的能力，主要用于提升持续创新过程中知识获取的效率进而影响并提升知识集成效率，学习能力越强，对知识能量的正向作用就越强，对于知识通过问题理解、知识解读、获取、储存与流通的程序所形成的能量就越大。企业间通过关系学习可以保持特定的共性语言、交互行为与交流方式，并建立自身的认知系统、关系记忆与知识价值主张。企业间关系的强弱决定了知识流通渠道的密度、知识交互流量与流速的大小，因此，虚拟组织高度信任的创新环境能够正向作用于企业间知识共享意愿，并促使企业间为了共同的战略目标及持续合作贡献与持续创新关联的知识流，将内核知识凝结内化为知识模块，共享接口知识与共同规则，增强了知识获取效率的同时也提升知识集成效率。但是，虚拟组织持续创新优势相比传统组织来源于知识集成的效能，主要有两块组成：一是知识获取效率引发的知识集成效率；二是知识获取质量引发的知识集成品质，而影响知识获取质量的主要因素是网络规模与网络中结构中心性。由此，在第 8 章讨论网络规模与网络结构对知识资源获取的作用效应。但是，当清楚虚拟组织持续创新的推动因素及提升机理后，就需要探讨分析虚拟组织持续创新能力的提升路径。

6.4 虚拟组织持续创新能力的提升路径

提升虚拟组织持续创新能力的要素主要聚焦在三个方面。一是合作主体共享知识存量规模与异质知识结构化的程度。成员企业间知识量的供给规模能够增进知识交互界面的交易流量及知识转化总量，基础知识及专业知识的结构化程度能够影响并促进知识与能力的相容性、互补性与协调性，从而形成转化为虚拟组织持续创新能力以确保虚拟组织创新系统的持续性与高效性运作，使得虚拟组织成员企业利用其能力互补、知识协同属性通过知识共享与传播实现知识在最短时间内转变为市场价值。二是持续创新过程中成员企业间获取、吸收转化的知识流量与知识质量。虚拟组织基于高度信任与承诺的创新环境，经过知识主体间高密度、高频率的学习交流，企业内部知识与获取外部知识通过交互吸收、对接转移从而增加了企业知识存量规模及合作创新过程中所需要的识流量，相应地凝结在职能模块的知识量就越多，传递到产品的知识价值量就越大，从而加速度了"知识—技术—产品"三者之间的更新替代速度，增强持续创新能力的同时也推动了虚拟组织持续创新。三是知识存量、知识增量与知识质量的转移与集成效率。虚拟组织知识转移是合作创新过程中某特定时段进入创新系统知识存量的比例，用来衡量知识分配与扩散的速度和水平，检测创新系统中知识密度和应用知识的能力与潜力，反映知识资源对持续创新能力的作用程度。围绕这三个因素，虚拟组织持续创新能力是对协同创新过程中需求知识的供给、应用、创造及转化的能力集合，提升虚拟组织持续创新能力的实质就是要提高成员企业间持续协同创新所需要知识的获取质量与获取效率，是面向市场机遇，集成重组企业间合作创新资源要素所需要的知识流量与知识流速的集合。因此，提升虚拟组织持续创新能力要遵循三种基本路径：一是基于知识模块合作伙伴之间"知识资源获取→知识集成→知识转移"为主线，以提升知识资源共享、知识资源获取与知识资源转移质量与效率的竞合互动路径（用①表示）；二是基于"显性知识资源获取→知识集成→持续创新能力"为主线，以提升知识资源共享与获取质量的知识对流路径（用②表示）；三是基于"隐性知识资源获取→知识集成→持续创新能力"为主线，以提升知识集成效率的知识协同路径（用③表示）。可见，在提升虚拟组织持续创新能力过程中，构建竞合互动机制、知识对流机制及知识协同机制有助于实现组织知识能量的积聚及转化，如图 6.5 所示。

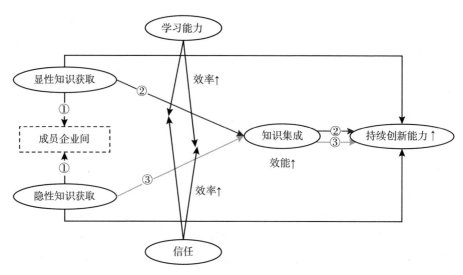

图 6.5　虚拟组织持续创新能力的提升路径

6.4.1　竞合互动路径

虚拟组织企业间互动关系是企业获取知识效率与知识质量的保障，而不同的关系结构会调节知识共享意愿、共享行为及共享知识数量与持量，处于不同价值链环节的知识异质性企业之间更多表现为合作关系；而处于同一价值链环节的知识同质企业间则是竞争多于合作，这种竞合互动关系结构性差异在虚拟组织持续创新过程引发企业间知识共享、知识获取的质量与效率的作用效应的差异，专业模块商之间未必然发生频繁的产品交易。

从知识集成效能的角度来看，虚拟组织企业间关系存在三种演化方向：一是通过关系专用性投资及异质性与互补性知识增强了企业间依赖关系；二是利用合作创新及知识共享机会，获取合作伙伴有价值的信息与知识，增强理解客户需求知识与知识边界不断重叠，通过与自身存量知识匹配融合形成有机知识体系，促使企业在价值链中向高附加值区域移动以增强自身的竞争能力；三是以市场客户需求知识为导向，通过合作创新探索构建企业自身核心能力，提升在价值链中的价值创造能力与知识位势，增强合作关系密度。而虚拟组织知识模块的集成模式能够激励成员企业通过知识共享、知识获取途径积累自身知识专长，提升模块化部件的功能价值和产出效率。

竞争能促使集群企业加快生产速度以及创新和知识转化的加速度，在竞争机制的作用下，企业为了生存与发展，必然加速产品更新与创新进程，缩短产品生产与商业化周期。但是在共同创造市场时，商业运作表现为合作，而当进行市场分配时，商业运作表现为竞争。竞合互动源于利益与知识的共享，网络中任意两个节点之间均可基于经济利益连接起来形成委托代理关系、信任合作关系、知识共享关系与利益分配关系。此外，由于专业模块之间的替代作用，专业模块商之间会产生竞争，竞争来源之一即为释放共享自己的专业知识数量与知识质量，以提升在虚拟组织专业模块商中的知识位势，争取参与权、合作权与话语权；竞争来源之二，和互补模块商之间在知识交流、知识共享与知识获取方面配合好，以提升自身在虚拟组织网络内的声誉及合作交流频率，进而提升自己的结构优势，产生知识资源的吸引力及知识资源的优化配置。因此，知识积累性、知识互补性与知识收益性是虚拟组织知识联盟产生的内在动力，竞争是其产生的外在压力。知识联盟是竞合关系，既有竞争，又有合作，合作竞争或竞合互动有利于组织间知识转移、知识共享和知识分配。可见，虚拟组织是建立在"双赢互存"基础上的价值网络与知识联盟，成员企业通过合作创造价值，通过竞争分配价值，在合作竞争中培育自己的价值创造能力，共同建立可持续发展的创新价值体系，通过获取互补的资源与能力实现虚拟合作的绩效价值，其本质特征即为互动互助、合作共赢。虚拟组织企业池的资源调节与企业选择功能催生了组织内部"淘汰赛"式的竞争模式。首先，成员企业为了赢得核心企业的青睐，迫使自己增加研发投入，优化创新资源配置并强化知识学习，构建企业内部知识库，积极从虚拟组织信息平台获取外部知识，加速技术创新升级与知识更新改造，快速实现创新知识的经济化，以增强自身较同质企业伙伴更具差异化的知识存量和创新能力，进而提高企业创新的可见度，获得创新者的领先效应与示范效应，提升企业的网络位势。其次，外部环境与组织结构属性为成员企业竞争提供了便利条件。随着外部环境与市场机遇需求的变化，虚拟组织成员企业资源的互补程度也会发生相应改变，由于成员企业加入或退出组织不涉及产权变动，并且网络边界的变动成本较低，因此推动了虚拟组织内部成员企业更新迭代，迅速集成重组组织内互补企业资源要素，尤其是知识技能等创新资源，不断创造出满足市场机遇需求的产品与服务。最后，成员企业之间竞争可以使知识流（显性知识与隐性知识）通过 SECI 即社会化（Socialization）、外部化（Externalization）、结合化（Combination）、内部化（Internalization）四种方式循环往复的交互作用产生知识增量与存量，并形成创新流。其中：①社会化是隐性知识之间的转化，是共享经历获取隐性知识的过程，转化的关键是观察、模仿与实践。成员企业通过市场搜索发现市场机会，根据自身经验知识确定竞争意图，初步形成创意或概念产品。②外部化是隐性知识向显性知识的转化，表现在创新过程中将隐性知识用显性概念与语言表述出来。在竞争意图驱动下，成员企业依据创意概念及知识结构需求，对内部知识进行整理，搜索并获取虚拟组织信息平台的互补性知识加以学习、转化与更新，结合内外可支配的知识资源、现有技术水平进行评估，经内部讨论后明确要解决的问题。③组合化是显性知识之间的重组，通过各种媒介产生编码语言和数字信息，将显性知识概念化与系统化。运用知识精准定义问题后，企业组织知识、技术资源进行类比、推导与演化，找出最终解决方案。④内部化是显性知识到隐性知识的转化，是将显性知识形象化与具体化。通过归纳总汇总生产出新的显性知识，参与创新人员经过吸收转化为自己的隐性知识，产生知识溢化，增加了知识流量。与此同时，在竞争过程中积累经验促使知识创新的持续性，最终知识通过内化于产品产生交换价值进而实现知识经济化（见图 6.6）。

合作作为快速整合创新资源与能力的互动机制关系着组织知识的创新效率。成员企业基于自身知识资源的短缺必然与核心企业、互补企业之间展开合作进行"融智融资"，以实现创新资源的互补以及能力模块知识元素的共享与融合。虚拟组织竞合互动机制的形成，在充分共享信息流量、畅通信息渠道的同时，加快了知识与技术的生产与传播，增加了知识存量

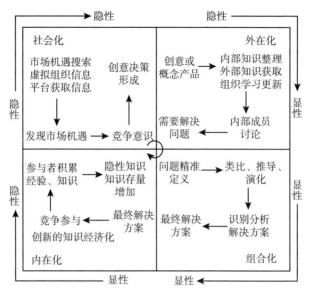

图 6.6 竞争对知识获取的演化过程

与增量，并获得合作创新的速度经济与集聚经济。此外，成员企业间合作创新生产及使用的知识流量也经历了 SECI 转换与增值过程：①核心企业或成员企业通过市场搜索发现市场机会或者收到其他企业邀约时，企业会根据自身知识能力加以评估，将自己非核心业务剥离到能力专长的成员企业，使得企业间彼此聚焦各自最具优势的资源模块，通过能力共享、优势互补，实现合作创新并分享市场机会；②拟订战略环节分布，确实合作意向，通过企业资源池及信息技术平台搜索选择知识互补企业，共同对创意产品或概念产品进行决策；③明确规定知识合作契约，为知识创新搭建交互合作平台；④通过对成员企业间知识资源集成、重组与整合，形成产品方案并产出新产品，并对创新实现过程与创新成果进行总结、学习、优化、整合，创造新的知识，从而增加虚拟组织知识存量、增量与质量。因此，基于合作创新的速度性与核心能力联合创新叠加协同效应，创新产品的价值功能与创新周期超额满足客户需求与客户感知价值。在此基础上，能够发现或提炼客户新的价值需求，经过进一步合作，实现了知识的持续创新及隐性知识的持续增加，相应地也提升了虚拟组织持续创新能力（见图 6.7）。

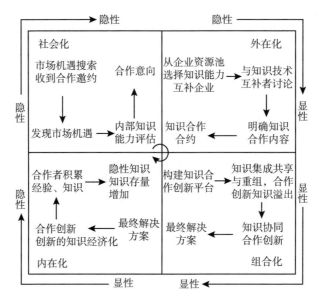

图6.7　合作对知识集成的演化过程

由此可见，虚拟组织成员企业之间不仅存在着背靠背竞争，同时也包含着面对面的合作。竞合互动路径加速了产品创新，释放了成员企业显性知识与隐性知识，并加强知识的转化速度与转化质量，为虚拟组织连接市场能力、捕捉新的市场机遇、敏捷组织知识资源、加速协同创新带来生机，在增加知识流量与流速实现知识经济化的同时，提升了虚拟组织的持续创新能力。

6.4.2　知识对流路径

根据知识理论的观点，知识是指有价值的信息，是一种包含了结构化的经验、价值观、关联信息及专家的见解等流动性要素的混合物，具有重复利用、不会枯竭、能够共享的价值属性，企业的竞争优势来源于企业的知识、经验、惯例、技能等存量知识资产的集成与整合，知识的获取、集成、共享及转移是企业持续创新的必备能力。把知识资源视为流量资源意味着虚拟组织中企业间彼此进行知识交流与分享，才能产生虚拟组织知识增量以提升创新能力进而实现知识价值。虚拟组织是企业间基于信任彼此实现的能力共享，为获取长期合作、能力投资回报及实现各自战略的同时，企业愿意和其他合作伙伴进行知识分享，降低自身技术和知识的保留程度，促使组织间知识高度内化与透明化，促进虚拟组织知识存量增加及知识获取质量的提升。

虚拟组织在持续创新过程中，其持续创新能力的提升来源于成员企业基于战略机遇共识下的知识存量的增长，而知识存量的增长离不开企业间显性知识与隐性知识的学习与理解。虽然知识存量是提升持续创新能力的重要支撑，但是知识的应用与创新成为组织开展技术创新的强大推动力之一。因此虚拟组织持续创新能力的提升必然表现为知识存量的增减变化。首先，知识资源嵌入并应用于核心技术、管理经验、制度惯例、创新流程、市场机遇搜索、营销渠道与客户关系的开发与维护等战略环节，以基础知识与专业知识关联协同、显性知识与隐性知识转化并存；其次，企业当前的知识存量和知识结构决定了企业发现未来的市场机会、资源配置的方法以及资源效能的发挥程度；最后，知识的获取、共享、更新、转移与传播反过来又决定了知识存量的提升速度和程度，知识总量与结构的差异导致了企业拥有的持续性竞争优势。由此可见，虚拟组织持续创新能力来源于成员企业贡献的异质性与互补性知识资源，是成员企业通过探索、识别联盟网络价值与发展机会以集成共享与创新相关的知识信息来优化资源、流程与职能的动态能力，其本质就是对集成知识的生产及应用以实现机遇价值的知识整合过程。

虚拟组织持续创新的过程在组织流程上体现为价值链与知识链的解构、集成、重组与整合，这是成员企业合作创新实现价值释放效应与知识创新效应的双重表现。知识只有通过交换并物化在产品与服务上实现产品的市场交换价值才能实现其经济价值功能。因此，知识作为虚拟组织持续创新的价值基因流动在核心企业、成员企业及成员企业间，价值释放效应与知识创新效应使得价值模块与知识模块在整条价值链与知识链中分散开来，实现节点之间知识共享，促使知识对流模式的形成（见图 6.8）。具体表现在价值流与知识流作为核心企业的输出要素与成员企业的输入要素，经过成员企业的再次转换，输出同质性中间产品，再经核心企业转换，实现虚拟组织以知识为创新资源的报酬递增。

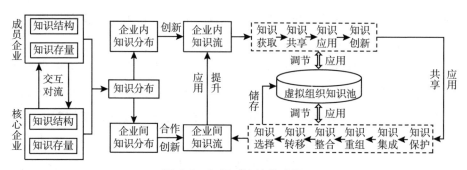

图6.8　知识对流演化路径

虚拟组织创新能力在于对知识机会的获取，知识经过交互对流、学习转化产生知识溢出效应并加以获取应用，促使知识流量增长与创新能力提升。另外知识溢出效应可以增强合作创新意愿，从而正向影响创新能力的提升。可见，成员企业创新知识流量及流速度越大，分布在机遇搜索、创意决策、创新实现（包括产品化及商业化过程）、界面管理等职能模块的知识也就越多，从而使得职能模块获取的知识机会也就越多，创新过程中吸收能力、转化能力与创新能力需求的知识流量自然就高，导致知识模块选择自由度就越大。虚拟组织外部替代企业可能会凭借其知识创新优势替代内部成员企业，因此，优化了虚拟组织知识结构与知识分布，更新了虚拟组织知识存量。在核心企业主导下的虚拟组织网络中，核心企业控制、分配与协调成员企业的创新活动，根据市场机遇需求设计创新系统规则，参照核心能力分布向成员企业下达指令，将虚拟知识流及客户需求信息传递给成员企业。成员企业接到指令信息后，盘点并梳理自有知识、技术、流程等创新资源，并组织研发生产，依据指令及时更新产品和服务信息，生成的产品或服务转交核心企业进行集成、重组与整合，换言之，成员企业将信息流与知识流转化为物质流后反馈到核心企业中去。从而实现了实物价值流与虚拟知识流在核心企业、成员企业及成员企业间循环对接，强化了虚拟组织快速市场搜索与市场连接引发的市场机遇捕捉能力以及持续创新的活力。虚拟组织作为一个知识网络联盟，其自适应、自我调节与自组织能力的基本属性延长了组织生命周期，在持续合作及重复交易频率的基础上，强化了企业间信任关系使得联盟关系强度与关系质量稳固，有利于促进持续创新能力的提升。核心企业与成员企业的关系互动中蕴含竞合关系，核心企业占据网络中心，紧靠市场信息窗口，因信息技术优势与结构优势拥有一定的话语权、资源支配权，主导着网络中知识和资源的流动。网络中的其他成员企业为了获得更多的知识资源和生存发展机会，积极围绕在核心企业周围，服从核心企业的指挥，从而整体网络的秩序性和执行力都相对较高，导致虚拟组织持续创新效率及持续创新能力的提升。

6.4.3 知识协同路径

知识协同是近年来知识管理研究的热点，是企业通过整合组织内外部知识资源，使组织学习、利用和创造知识的整体绩效大于独立部分绩效的总和效应。在微观层面，知识协同是一个知识请求者首先认知自身能力无法解决某个问题，另一个知识提供者恰好有这方面的能力，如果达成共识，则可以整合双方知识以达到解决问题的目的。在微观层面，知识协同强调知识转移的时效性和准确性，以及知识协同的高效性；在宏观层面，知识协同强调"1+1>2"的创新协同效应与资产增值效应。从知识协同内涵的理解可知，知识协同存在四个创新特征：一是知识要素综合性，即知识主体、知识客体、时间、环境综合于一体；二是知识要素精准性，即知识传递的时间、空间的恰当准确；三是知识要素的动态性，即协同过程与时间密切相关；四是知识资产增值性，即协同创新的目标是创造更具价值的新知识以实现企业社会资本与知识资本的增值。

虚拟组织持续创新是成员企业间基于市场机会与市场空间共享、能力租金与合作绩效分配、专用投资成本与创新风险分担等因素条件下展开的合作创新，而虚拟组织持续创新能力则是依据职能分工与创新流程对参与企业共享知识资源的重新排列组合，尤其是成员企业隐性知识或专业技术知识不易编码、不易传递、高知识位势的属性，隐性知识的共享是以专业知识内化并嵌入在产品模块形成的专业模块为载体加以呈现共享的，凭借其精湛的知识技能能够快速提供高品质、高性能、高附加值的专业模块，后与其他企业形成的专业模块进行知识集成，形成协同创新。协同创新过程中，嵌入分布在个体、组织、组织间的知识通过互动学习界面实现知识获取、转化、更新及应用，在知识对流及知识互动过程中实现知识集成与重组、整合与激励，进而产生潜在知识与新知识，提升知识附加值。由此可见，通过各个层次主体的学习转化，能够精准定义情境或问题并将知识加以应用于创新活动实现机遇经济价值，提高知识获取效率的同时促进知识集成的效能进而提升持续创新能力。

虚拟组织是集时间、空间、知识三位于一体，具有开放、松散、耦合的知识协同动态系统，不同成员企业知识主体在不同时间内利用自身可支配知识进行知识创造，并与其他成员企业进行协同交互，促使知识在不同知识主体间进行知识流动，基于信息网络技术的支撑，在空间上如同一张虚拟的网将联盟企业知识资源连接起来进行知识协同创新。知识协同是创新管理的高级阶段，要求组织的能力将恰当的信息在恰当的时间传递给恰当的人。

创新主体、创新要素及协同层次较多且受外部动态环境影响较大，因此，战略协同要实现四个方面的协同：一是统筹规划利益相关者的利益；二是面向市场机遇与客户知识需求的价值链协同与价值网络重构；三是实现高效运营的部门间、企业间资源与能力协同；四是面向持续创新的学习成长层面的协同。也就是说，战略协同要全局把握核心企业与成员企业间不同的创新要素，使虚拟组织内部创新要素实现耦合协同赢得整体放大效应；尤其是来自不同企业的文化协同管理直接影响着持续创新的氛围及知识共享、传递、转移及扩散的效率与效果，所以将跨组织文化统一到组织战略机遇、创新目标与合作绩效分配等创新要素以创造企业间知识合作创新氛围及知识交互流动机制，实现知识协同与知识溢出效应；虚拟组织创新实现过程中存在着要素界面与关系界面，这些界面直接影响着协同创新的效率与产出，调节着知识的流量与流速，所以关联界面协同能够促进知识的交易流量与传递信度；虚拟组织创新的本源来自成员企业间异性与互补的知识资源,协同创新就是对虚拟组织内参与创新的个体知识、企业知识及企业间知识资源进行集成、重组、整合及转移,让参与主体充分选择、获取、吸收、应用知识资源,实现知识创新的经济价值。在创新协同过程中,基于知识资源与信息资源的重复交流与高效对流,依次集成整合了知识存量与存量结构,重组互补了知识增量,创新优化了知识质量,进而协同放大了知识能量,后经知识分布、配置与转化,相应提升了创新发起能力、创新实现能力、界面管理能力与持续学习能力,最终提升了虚拟组织的持续创新能力(见图6.9)。

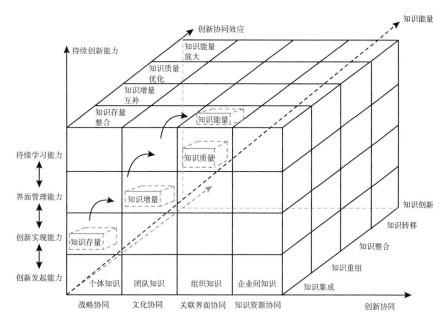

图 6.9 知识协同演化路径

由此可见,创新协同路径孕育着对虚拟组织内共享创新资源尤其是知识资源的优化配置效应、协同创新效应、转化扩散效应,创新协同过程中伴随知识搜索、知识转移与知识创新等多重知识协同过程。创新协同有利于增强企业间知识交易频率与交互关系质量,特别是隐性知识的生产、转化与应用,极大促进了虚拟组织持续创新能力的提升。

6.4.4　三种路径创新要素比较

虚拟组织价值创新本质上遵循基于市场机遇的价值创新战略。在协同创新过程中，虚拟组织价值创新的实现，依赖于战略层面的合理规划、企业间协同创新的框架设计与模块化业务的流程惯例的可实现性，以及企业间的关系信任与互动学习。具体而言，虚拟组织持续创新能力的提升基于"竞合互动、知识对流、知识协同"三种路径。三种路径持续创新要素比较见表6.1。

表6.1　　　　　　　　　　　　三种路径持续创新要素比较

持续创新要素	竞合互动路径	知识对流路径	知识协同路径
持续创新载体	产品/服务/技术创新	品牌/核心技术创新	标准/流程创新
持续创新基础	业务整合	能力整合	知识/能力高度扩散与融合
持续创新核心	产品整合	价值链整合	价值网络整合
持续创新目的	生产者剩余	生产者剩余为主，消费者剩余为辅	消费者剩余与生产者剩余最优结合

三种持续创新路径在虚拟组织创新系统中扮演着不同的角色，研究发现，路径之间存在演化现象。虚拟组织持续创新路径的演化，是伴随着虚拟组织持续创新系统的演进以及组织协同创新路径的动态调整过程。路径演化现象的存在表明，组织的成长方式、战略方案和实施途径选择匹配的集合是随虚拟组织创新系统变化的。路径演化意味着虚拟组织创新系统与所选择路径之间映射关系改变，而演化是基于这种映射关系产生的，故映射关系的改变导致路径的定位发生显著变化。需要特别指出，路径演化并不是路径间的彼此替代，而是虚拟组织创新系统主导的价值创新路径的升级。在路径演化中，路径从知识资源共享开始，逐步移动到成员企业之间显性知识获取与知识集成状态，而后基于企业信任与互动学习的调节，再移动隐性知识资源获取与知识集成状态，整个过程遵循着"竞合互动路

径→知识对流路径→知识协同路径"的方向演化。路径演化是联结虚拟组织组织不同创新状态的媒介和桥梁。通过路径演化，路径之间实现从低层次到高层次、从简单到复杂的转移，从而保证虚拟组织持续创新能力得以承接和传播。

6.5 本章小结

本章基于虚拟组织持续创新能力形成机理的理论研究与实证研究成果，剖析了虚拟组织持续创新能力提升的推动因素，在此基础上，探究了虚拟组织持续创新能力的提升机理，最后提出了虚拟组织持续创新能力的提升路径。

首先，基于虚拟组织持续创新能力的影响因素，分析了显性知识资源获取与隐性知识资源获取、知识集成整合以及关系信任与学习转化三个方面五个要素作用并推动虚拟组织持续创新能力的提升过程。其中知识资源获取来源于企业间共享的知识存量与知识质量，而知识存量与知识质量又来源于两个方面：一是合作创新过程中通过互动学习生产创造的新知识；二是取决于虚拟组织网络规模与网络结构。而知识的集成整合主要来自三种能力；一是系统化能力；二是社会化能力；三是合作化能力。关系信任与学习转化，主要是基于成员企业间的关系治理与界面管理，信任可以降低企业间交易成本，提升知识交易效率与知识共享质量，关系学习主要用于知识交换、生产、转化与传递，促进虚拟组织知识资源的流动、流量与流速，进而提升虚拟组织持续创新所需要的知识资源。同时，从理论上探索了知识资源获取的质量与效率，与虚拟组织网络规模与网络结构的作用关系（实证研究见第8章）。

其次，基于知识的流动性与增值性原理，探讨了虚拟组织持续创新能力的提升机理。虚拟组织持续创新能力的本质就是不断生产、获取、应用新知识并将之与创新资源交互作用转化为机遇产品以实现市场价值的能力。其形成过程是通过知识积累、知识获取与应用、知识创新三种途径相应增加知识存量、强化知识获取质量与知识获取效率、提升知识集成效能，进而提升持续创新能力。在此基础上，通过两种渠道提升虚拟组织持续创新能力，一是通过成员企业间知识流进行共享、获取、整合与集成，提升组织知识流量与质量从而提升形成持续创新能力的能量；二是通过持续创新能力的提升，增强了知识池的储存与调节功能，进而优化了知识结构、知识分布与知识流速。两者存在相互作用、相互影响、相互促进的循环迭代关系。

最后，从显性知识资源获取、隐性知识资源获取、学习能力、信任与知识集成五个因子演化虚拟组织持续创新能力提升的三种基本路径：一是基于"知识共享→知识获取→知识转化"的竞合互动路径；二是基于"显性知识资源获取→知识集成→持续创新能力"的知识对流路径；三是基于"隐性知识资源获取→知识集成→持续创新能力"的知识协同路径。三种路径基于"虚拟组织知识共享→知识获取→知识集成"的价值创新过程逻辑，整个过程遵循"竞合互动路径→知识对流路径→知识协同路径"的方向演化，以推动虚拟组织持续创新能力的承接、提升与传播。

第7章 虚拟组织持续创新能力提升机理的实证研究

虚拟组织作为核心能力联盟体为其成员企业提供了一个无限连接、利用或共享跨界资源的持续创新平台。通过信息平台对网络企业间的知识与信息进行交互、整合、配置与重组形成创新能力，在相互学习的过程中获取持续竞争优势。劳动分工及知识分工制度下，知识积累沿着专业化方向发展，形成不同类别异质性专业知识。随着社会发展，劳动分工越来越细，知识分工也就越来越细，经历长期的积累，产生了纷繁复杂的专业知识。由知识互补性可知，异质性专业知识之间存在强烈的互补性，知识主体联合起来进行知识共享与知识集成所获取的收益较独自运用知识获取的收益要大，知识互补性是知识流动性、知识增值性与知识收益性的本质。知识收益递增产生于知识的联合创新应用，进而激励拥有知识主体的成员企业从孤立走向联合。当知识主体意识到这种潜在收益时，就通过虚拟组织这种合作结盟的创新模式，通过价值链节点模块分工，联合运用自身知识与网络知识来创造与分享潜在收益。随着企业时间或组织的依赖关系关注度日益提高，通过向伙伴学习获得知识或资源成为组织间学习和知识创造关注的焦点。相应地，关系学习也就成为企业在知识网络关系中创造差异化优势并获取超额利润的重要途径。

第6章理论上探析了虚拟组织持续创新能力的提升机理及提升路径，研究发现，企业间能力协同与资源互补关系是虚拟组织重要的战略资产，具有异质性与互补性的知识资源的存量、增量与质量是虚拟组织持续创新的基础，一定程度上促进了合作创新的产品或服务品质。虚拟组织协同创新过程中，无论企业间知识共享、知识获取、知识集成等知识创新环节，都是围绕知识的生产、积累及应用展开。而企业间的互动学习与关系信任也是促进彼此知识资源的共享数量与质量，知识资源的流量与流速加快了知识的周转速度、创造速度及应用速度，促进了虚拟组织协同创新的效率。

虚拟组织持续创新能力提升的推动要素中，成员企业间依赖关系强度与密度的日益提升，通过交互学习以获取、理解伙伴企业共享的显性知识和隐性知识，进而创造差异化知识优势以增强企业在虚拟组织中的网络位势与依赖度。虚拟组织合作创新存在两类要素：一是生产与创造新知识，如学习能力；二是促进知识的流转及应用，如信任、知识获取与知识集成。可见，企业间关系学习是知识生产创造、更新积累与转化应用以提升持续创新能力的动力源与前置基因。因此，本章基于关系学习的视角，实证研究虚拟组织持续创新能力的提升机理，探索知识增长与能力提升的基本原理。

7.1 研究进展与研究视角

随着企业与企业之间互补性资源依赖关系的日益紧密，通过向合作伙伴学习获取知识资源就成为组织间学习和知识创造的关注焦点。学界关于关系学习的概念认知与解释主要基于以下三个视角：①基于能力与价值视角，认为关系学习是一种关系建立的能力，贯穿于知识获取、知识积累与知识转化的知识管理过程，是企业在关系中创造差异化优势并获取超额利润的重要途径，关系能力能够创造价值（Hallen & Nazeem，1991）；②基于知识与绩效视角，强调关系学习是企业与企业之间通过相互合作和彼此信任来共享信息与知识，彼此获取与整合知识资源进而提高他们的经济效益（Heide & John，1988）；③基于学习过程视角，认为关系学习是企业与供应商和客户等合作伙伴间共同学习的联合活动，通过双方彼此间良好的合作关系与经营活动参与，相互分享信息、理解信息、释义信息，并将信息整合到关系领域专属的记忆中，进而改变潜在关系的特别行为，增加彼此的利益（Selnes & Sallis，2003）。后续研究大多围绕这三种视角进行发展与完善，总体上仍然沿用关系的研究传统。本书研究是借助关系学习的三个过程，基于"关系学习—知识存量—持续创新能力"研究框架与基本思路展开探讨。

7.1.1 研究进展

在知识高度分化与开放式创新环境下，企业间通过交互学习和知识创造为虚拟组织持续创新提供知识存量、知识增量与知识流量（Lee et al.，2010）。关系学习是企业间为实现战略机遇或共同目标而采取联合学习的一致性行动，在行动中共享客户需求知识、系统设计规则、知识模块间接口等信息，而后对共享信息进行共同理解与释义，并将解释信息整合到企业间关系记忆知识库中，进而影响和改变企业间潜在知识沟通与知识交换的关系行为，以知识需求促使知识资源的分布流动进而推动企业间持续合作创新（Bart，2018）。可见，学习能力是虚拟组织持续创新的生命力，是知识生产、创造、吸收、转化的载体并贯穿于持续创新系统。虚拟组织在持续创新过程中，持续创新能力的提升来源于成员企业基于战略机遇共识下的知识存量的增长，而知识存量的增长离不开企业间显性知识与隐性知识的学习与理解。尽管知识存量是提升持续创新能力的重要支撑，但知识的应用与创新已成为技术创新动力的主要源泉（余光胜，2013）。因此，虚拟组织持续创新能力的提升必然表现为知识存量的增减变化。从知识存量来说，由知识获取、知识整合和知识应用三个递进层面形成的知识积累过程对持续创新能力的提升产生着重要影响并起着促进作用（李贞和杨洪涛，2012）；从创新过程来说，成员企业间通过知识与信息共享，能够交互吸收新的知识，并把新知识与原来知识有机融合，增加知识存量，从而促进知识的应用与创新，降低企业获取、消化各种技术知识的难度（Heloise，2018），满足虚拟组织持续创新的知识需求。为此，基于关系学习的视角探索与实证虚拟组织持续创新能力的提升机理对深度研究虚拟组织的结构属性与成员企业合作创新的持续性至关重要。

现有研究中，学者们基于不同的研究视角探析了创新能力的提升机理。杜静和魏江（2004）基于知识位势的视角研究了企业知识存量的增长机理，认为知识势差形成了知识流动的动力，通过向高位势主体学习进而引起知识存量的增长；韩子天和谢洪明等（2008）从关系学习、知识能量与核心能力的角度，实证研究了关系学习对知识能量、核心能力的正向作用效应；陈勇和蔡宁（2011）实证研究了关系学习对企业技术创新的正向作用效应；裴旭东和李随成等（2014）基于新创企业的视角研究了突破性创新能力的提升机理；张保仓和任浩（2017）基于探索性研究提出了虚拟组织在持续创新过程中通过交互学习界面实现知识共享、知识获取与知识集成的同时，加速了成员企业间存量知识的更新迭代与扩散转移。

上述文献研究中均探讨了关系学习与知识存量、关系学习与知识增量的交互效应，述及了虚拟组织知识存量、知识增量与知识能量对持续创新的影响机理，但是未能进一步剖析企业间关系学习与知识存量更新、转化与扩散的作用关系，尤其缺乏从关系学习的知识成长过程探索实证其对持续创新能力的作用机理研究。

7.1.2 研究视角

本书从成员企业间关系学习的研究视角，遵循"知识共享→知识理解→知识存储"的知识成长逻辑将虚拟组织关系学习定义为三个过程，即信息共享、共同理解与关系记忆。信息共享是成员企业间在共同设计规则的指导下多大程度上公开或贡献自身信息以帮助合作伙伴开展模块创新，信息共享充分有助于知识的高效率、高质量获取与转移，并被有效吸收、利用、整合与存储，实现双方知识获取最大化的同时进而增加知识存量（Mcevily & Marcus，2005）；共同理解是成员企业间在共同规则前提下以职能模块为中心通过交互沟通共同解决合作创新过程中出现的知识模块接口问题；而关系记忆是成员企业间互动过程中对相关见解、方法、惯例、程序与政策的储存积累，或者对自身相关知识体系予以匹配更新进而形成新的知识库或知识体系，再通过企业间共享互动性知识存量信息和功能性知识存量信息（Chang & Donald，2008）。因此，信息共享是共同理解与关系记忆的前提条件，为企业间合作创新提供客户知识需求更新、产品模块接口与系统设计规则变更等新信息与新知识，促进企业间共同思考与理解产品模块的集成品质与效率，作出有利于实现共同机遇或共同目标的战略决策，在信息共享与共同理解的基础上，成员企业也会将彼此认可的价值信息吸收嵌入关系记忆中进行知识识别、分析与储存形成存量知识。可见，虚拟组织企业间知识只有不断的"共享—理解—储存"才能持续性"获取—集成—应用"，进而提升持续创新能力。

7.2 理论模型与研究假设

7.2.1 信息共享与持续创新能力

基于组织视角，信息共享是指企业能为每一位员工提供尽可能公开的信息和知识，而且员工能有权运用企业知识。实质上，对员工而言，知识往往意味着工作安全和个人竞争优势，而知识共享则可能失去这种优势，所以员工一般不愿意将自身知识与他人分享，除非共享带来的收益超过其共享知识时付出的成本。根据经济交换理论，个体只有在预期某种行为将获得等值或超值回报时才会采取行为。基于组织间视角，虚拟组织是显性知识共享尤其是隐性知识共享的先决条件。首先，隐性知识通常是通过交谈、师徒关系、团队合作等社会化活动进行分享与传播。隐性知识学习的过程越复杂、越模糊，越需要企业之间进行相互交流、相互沟通与相互理解。通过交互过程，组织成员可以通过观察、模仿和交流等形式获取隐性知识。其次，虚拟组织的另一维度是根植于企业间的关系资产——信任，建立在信任基础上的人际关系有助于增强组织之间信息与知识的分享意愿。信任是增进组织与组织之间相互依赖和沟通交流的基础，进而促进显性知识与隐性知识共享。信任可以减少认知风险、环境不确定性，进而形成良好的学习氛围，提高组织之间分享隐性知识的意愿。组织间相互信任程度越高，知识共享的意愿就越强，彼此间就越能避免可能出现的误解，进而用更多的机会来交流无障碍的观点或想法，促进知识的高效转移。实质上，组织间知识共享行为的发生也遵循社会交换理论，互惠互利是促进知识共享的重要基础，而虚拟组织则为成员企业搭建了合作创新、互利共赢的创新平台，激励着企业间知识信息共享行为的发生。

虚拟组织持续创新过程中，成员企业基于自身的核心能力或技术知识专长参与合作创新，而能力是以知识为基础的积累性学识，通过持续学习与长期积累历史事件、实践经验、知识技能等知识创新过程中形成的（Laursen & Salter，2006）。实际上，无论是单个企业，还是基于市场机遇与战略共识联合在一起协同创新的虚拟组织，其持续创新能力提升过程中最大的障碍是缺乏知识、信息与经验，信息共享在持续创新过程中十分重要，其可以减少学习过程中的障碍。信息共享可以通过不同的渠道、不同的发送者转移并存储到企业技术创新团队中，增加企业知识的存量。虚拟组织创新过程中，企业间通过讲创新案例、举办论坛、线下茶座、社群直播等形式共享知识，进而提升持续创新能力。参与合作创新的企业通常是以个体或团队的形式在一起探讨解决任务模块中遇到的各种问题，虽然参与企业承担的职能模块任务及职责不同，但是企业之间需要相互帮助与团队协作，需要知识共享。知识共享可以减少技术创新过程中的各种失误，增加组织知识创新过程中的知识存量，进而提升创新能力。

在虚拟组织网络中，核心企业与合作伙伴之间的创新行为通过彼此之间的信息共享按照既定的价值环节、目标共识与常规秩序完成创新任务，在合作双方发生意见分歧时依据已有模式解决问题。企业间信息共享有利于增强核心企业与企业合作伙伴对市场机遇、客户痛点需求及潜在需求、产品升级改良等显性知识资源的洞察性与预见性，当然也有利于增进成员企业间对共同目标、设计规则、创新流程达成共识。信息共享与认知过程是企业在合作创新中吸收新知识、整合现存知识，并修改以往的思维模式和存储新知识的过程。

合作伙伴运用专业知识实现价值链节点模块创新的前提是互动信息的充分共享及能力模块的集成（骆品亮和刘明宇，2009），成员企业通过知识信息共享，促进双方充分理解客户知识需求与相互知识结构需求，并加深彼此信任以推动双方在系统设计规则框架内紧密合作创新产品或服务，以市场机遇信息为入口，围绕产品创意与概念衍生更多的创新观念与想法，再通过传递扩散至其他合作伙伴，如此循环往复、交互迭代增强了企业间彼此的共同语言以及从对方获取新观念与新想法的习惯与惯例，并运用信息与知识共享解决市场机遇与客户需求所提出的问题，减少合作创新过程中的各种失误与知识存量消耗。同时，通过知识与信息共享促进知识碰撞和新思想产生的机会频率，也为企业间相互交流和新知识再生创造条件（商淑秀和张再生，2013）。企业间通过信息共享彼此获取的新知识与自身原系统知识有机匹配融合，增加并更新知识存量的同时产生了知识增量，提升了知识质量，对持续创新能力的提升具有重要的促进作用。因此，提出以下假设。

H1 信息共享对持续创新能力有显著正向影响。

7.2.2 共同理解与持续创新能力

隐性知识由于其默会性，难以用语言、文字等形式明确表达，致使其转移和创造非常困难。而虚拟组织为成员企业共同解决问题提供了相互学习的机会及理解隐性知识的平台。对于成员企业而言，吸收转化来自其他合作伙伴的隐性知识往往需要多次互动，尤其是需要双向或多向频繁地互动交流，才能逐步理解吸收专业知识模块之间的接口信息及完善专业知识模块所需要的方法、技能与诀窍。同时，虚拟组织创新平台还为成员企业提供观察、体验和论证隐性知识的交互机会与应用场景并得到彼此直接的信息反馈。通过共同理解与解决问题的方案讨论，可以探索出关系专用性的问题解决方法、技巧与路径，并把它们存储在关系专用性记忆中。

共同理解是建立在企业间信息共享的基础上，是成员企业间面向客户需求或系统设计规则自我组织知识信息、自我协调创新资源与自我配置核心能力以适应环境变迁的行为（Gulati，1995），是企业间知识与责任的共享（Heide & Miner，1992）。首先，成员企业间通过共同理解能够增进对客户痛点知识需求、潜在知识需求与系统设计规则的共识，信息与知识在传递与交互过程中形成合作创新标准化式的共性语言，从而减少合作障碍和协调成本，提高了企业间交互频率、互动次数与信息交互质量，增进了企业双方或多方显性知识和隐性知识的交叠融合效率（Hedberg & Holmqvist，2001）。其次，通过信息重组产生更多创意思想以及提升改善产品性能、产品语义、产品品质、产品工艺、产品流程以及产品附加值等方法和技能，使虚拟组织成员企业更好地理解客户知识需求、需求偏好、购买决策及系统设计路径，并针对共同的目标客户需求精准应用与共识匹配融合的专业知识开发新产品模块，而后对产品模块进行集成形成新产品，进而提升虚拟组织持续创新的能力。最后，通过知识与信息在不同专业学科领域的相互交流，成员企业能够了解各自领域在突变或动态创新中的作用，在不断增进相互交流和学习中提高知识的集成度和利用效率（Szulanski，1996），进而提升虚拟组织持续创新能力。因此，提出以下假设。

H2 共同理解对持续创新能力有显著正向影响。

7.2.3 关系记忆的中介作用

信息共享能够促使虚拟组织成员企业间彼此了解对方存量知识的类别、结构与属性（Molina，2003），包括两个方面：一是信息传递、信息对接、信息交互、冲突管理及合作创新过程中形成的互动性知识存量；二是产品研发、品质管理、成本降低、性能提升等形成的功能性知识存量。首先，信息共享能让参与企业精准理解客户需求及客户知识结构，熟悉合作创新规则及自身分解到的创新模块具体任务，明确共同的创新目标及企业间知识衔接流程；其次，通过信息共享，减少了冗余信息的重复性交易，降低了企业间因信息不对称出现的冲突管理概率及获取知识信息的成本，提高了知识信息的获取质量及应用效率；最后，成员企业间通过持续不断的信息与知识共享，一方面积累了关系协调和管理冲突的经验知识，另一方面促进了企业间获取所需要的互动性知识和功能性知识的总量与结构，并将之存储于关系专用性记忆中，进而显著提高了企业互动性知识存量和功能性知识存量（Yang & Lai，2011）。

虚拟组织合作创新过程中，隐性知识由于其具有默会性、不易编码性与不易传递性等特征难以转移和创造，而共同理解则给成员企业间提供了交互学习、深入交流、知识匹配融合的机会及更新、吸收与转移隐性知识尤其是知识模块间接口知识的平台。通过共同理解，可以促使成员企业专利、技能、经验与诀窍等专业知识或内核知识的吸收转移（龙勇和穆胜，2013），内核知识与企业间共享的客户需求信息、系统设计规则与产品模块接口信息等显性知识构成了成员企业的专业模块知识（Shari，2010）。因此，核心企业或集成商需要理解成员企业提供的各个知识模块的性能、功能及集成需要注意的相关事项，并和成员企业就隐性知识模块的转移与集成进行双向频繁地交流互动，实现隐性知识的转移与集成。同时，将隐性知识转移与集成过程中出现的规则问题、知识模块性能问题及产品改变信息等共同解决的问题及方法存储在关系专用性记忆中，以提升关系记忆与知识存量。

虚拟组织成员企业间在合作创新过程中就市场情报信息、行业技术信息及产品需求或产品改良信息进行信息对接与交流互动时，依照惯例彼此会通过先验知识积累的关系记忆优先选择最易接受的行为方式（Amburgey & Miner，1992）。随着成员企业间信息共享与知识共同理解的推进，彼此间的解题思路、共同语言、标准程序与行为方式越发深刻，所积累的关系记忆自然也越多，信息交流与问题解决就越有效率，彼此间协同创新产品或服务品质与效率的认同度与满意度就越高。正是基于持续创新形成的知识存量与知识增量，企业间才能更好地通过知识共享、吸收与融合促进知识集成与应用，从而在系统规则的共识下极大地提升创意产品及服务的价值属性和使用价值性能与品质的知识含量，知识共享产生知识的溢出效应（Garicano & Wu，2012），从而促使企业间彼此进行更好的信息互动，互动性知识存量又可以深化企业间的关系与关系组合，使彼此间挖掘并发现不同的知识与信息，而这些新知识与新市场信息来自成员企业在互动过程及创新过程中双方积累的专用性知识和经验，在增进产品功能、改进产品质量与提高创新效率的同时持续不断地推出新产品或关联产品，从而开拓新市场空间进而提升持续创新能力。因此，提出以下假设。

H3 信息共享能够正向作用关系记忆。

H4 共同理解能够正向作用关系记忆。

H5 关系记忆能够提升持续创新能力，且关系记忆在信息共享、共同理解与持续创新能力之间起中介作用。

7.2.4 吸收能力的调节作用

国外学者科恩和莱文塔尔（Cohen & Levinthal，1990）首次提出了吸收能力概念，将吸收能力定义为企业在实践中识别、消化和利用外部新知识的能力。扎赫拉和乔治（Zahra & Bogner，2002）将吸收能力定义为组织的一系列惯例和规范，企业通过这些惯例和规范实现知识获取、消化、转化与利用，这四种能力相互作用共同形成一种动态能力。从动态过程视角出发，将企业吸收能力划分为识别与评估能力、理解与消化能力、转化与应用能力三个维度。其中，识别与评估能力是指企业识别、评估与企业运营紧密相关的外部新知识的能力；理解与消化能力是对获取的新知识进行分析及解释的能力；转化与应用能力是将获取知识与现有知识整合，实现商业化产出的能力。而吸收外来的知识资源是提高企业显性知识与隐性知识存量与增量的过程，同时，可以使企业更加准确地预测技术知识的本质及商业化潜力。知识资源获取是识别、评估、匹配、融合从而获得企业间知识的一种能力，对合作创新至关重要。从外部获取知识只是知识创新的前端，获取的知识需要经过消化、转换、吸收与应用并将这些知识通过内化过程嵌入在产品或服务中，以知识模块的形式出现才能实现价值创造。而吸收能力实质上就是一套组织程序，通过这套组织程序获取、消化、整合及利用知识产生一种动态创新能力（魏江和徐蕾，2014），或是企业对知识进行评估、消化与应用的一系列的组织惯例（钱锡红等，2009）。

虚拟组织持续创新过程中，基于成员企业资源与能力的有限性，不可能对网络中获取的所有信息资源加以应用，而是从大量外部知识中甄别出对创新模块有价值的信息进行获取。获取过来的知识与信息资源，还需要进行理解与解释、消化与吸收，在现有的认知框架内对这些新信息进行理解与整合，并与自身知识进行匹配、融合，进而转化到现有知识结构中。面对外部获取、消化而得到的新知识，知识转化能力可以通过独特新颖的方式对信息进行组合从而实现创新，也可以通过从不同的角度对相同的知识作出解释来实现创新。显性知识与隐性知识获取的基础来源就是企业间交流共享所产生的互动性知识存量与功能性知识存量，知识存量的更新应用伴随着知识流量与知识流速是一个渐进式积累过程，在该过程中，知识可能被增加、删除、修改、整合或简单地重新诠释（Lin，2007）。企业从虚拟网络中获取的所有知识与信息资源，最终都必须通过转变新产品、新流程、新知识或新技能的形式才能在合作创新绩效中加以体现，而这一转变过程依赖于成员企业知识提炼、扩展、平衡或创新能力的支持，即通过虚拟组织获取的信息需要通过消化吸收及应用能力加工才能最终形成合作绩效。成员企业在合作创新过程中实现的信息共享、共同理解互动过程基于信息知识的溢出效应生产了很多关系记忆或知识存量，而这些知识存量如何能够被积极应用于创新过程以提升或改善变异感知能力、信息获取数量质量、产品模块性能与品质、工艺流程效率、知识集成效率等取决于知识吸收能力的大小。较强的吸收能力能够高效率地管理调节知识流量，调节信息共享、共同理解与关系记忆间的知识流量与知识存量（Chang & Jackson，2016），进而提升持续创新能力。因此，提出以下假设。

H6 吸收能力对信息共享与关系记忆之间的关系具有正向调节作用，即吸收能力越强，信息共享对关系记忆的正向作用就越强。

H7 吸收能力对共同理解与关系记忆之间的关系具有正向调节作用，即吸收能力越强，共同理解对关系记忆的正向作用就越强。

综上所述，提出的理论模型与研究假设如图 7.1 所示。

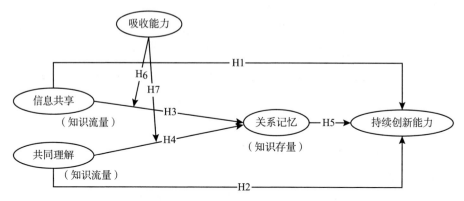

图 7.1 理论模型与研究假设

7.3 研 究 设 计

7.3.1 问 卷 设 计

基于虚拟组织是通过网络信息技术平台共享企业核心能力的动态联盟组织，具有创新模块化、平台虚拟化等特征，因此样本选取同样聚焦在运营虚拟组织合作创新的科技型中小企业。同时考虑虚拟组织创新的本质属性，样本选取仍须符合以下条件：①企业近三年在产品研发、制造、销售或服务等价值链环节具有清晰的合作伙伴，通过在线网络技术与合作伙伴共同合作创新；②企业在产品或项目研发、制造、营销等创新环节存在外协或外包业务；③企业在产品或项目研发、制造、营销等创新环节存在承接或承包业务。问卷发放目标对象主要锁定在熟悉企业虚拟组织运营、企业间研发联盟、协同制造、销售联盟、服务联盟等数字运营的高层管理人员，以确保调查问卷的填答水平与质量，保证问卷指标题项填答的完整性、准确性与正确性。调查问卷发放渠道及问卷形式主要采取两种方式：一是选取企业实地以纸质问卷形式发放；二是以问卷星、E-mail 等电子问卷形式发

放。企业发放纸质问卷 150 份，通过问卷星调研网站共发放 100 份，通过
E-mail 渠道发放的问卷有 55 份，共计发放 305 份，回收 296 份，剔除基本
信息填写不全或样本选取要求不符的问卷有 19 份，以及指标题项填答不完
整的问卷有 16 份，最终获取有效问卷 261 份，有效卷回收率为 85.57%。

7.3.2 变量测度

本研究仍采用 Likert-5 量表法设计问卷，测量变量题项数量是在不影
响检验结果的前提下至少保留两个。而后对各变量的测量指标题项进行信度
与效度检验，在获取调查问卷样本数据分析的基础上，运用 SPSS 19.0 和
Amos 17.0 进行探索性和验证性分析。

1. 持续创新能力

持续创新能力是基于虚拟组织循环往复迭代的持续创新系统而言的，
依据虚拟组织柔性引发对市场机遇响应的敏捷性、能力协同创新的速度性
及知识集成的效能形成的差异性创新能力，是对企业间共享知识资源的集
成能力。因此，对持续创新能力的测量，借鉴创新能力的测量方法及测量
指标题项。从目前的测量方法来看，现有文献中国外学者通常采用专利数
单一维度作为测量指标，但并非所有的创新用专利进行统计，并且既然涉
及创新能力，应尽量使之更具操作性，采用两两比较的概念。为此，本研
究结合虚拟组织持续创新的本质属性，参照宋志红等（2010）开发的量
表，采用五个题项测量虚拟组织持续创新能力见表 7.1。

表 7.1　　　　　　　　　持续创新能力构念及测量题项

因变量	测量题项	题项来源
持续创新能力	①与竞争对手相比，组织能够更快地推出新产品或服务	宋志红、陈澍和范黎波，2010
	②与竞争对手相比，组织能够更快地开辟新市场	
	③与竞争对手相比，组织能够抢先进入新市场	
	④与竞争对手相比，组织能够控制上游原材料或外协品的供给来源与渠道	
	⑤与竞争对手相比，组织更加重视合作创新或研发投入	

2. 信息共享

本研究对信息共享构念的测量题项主要引用塞尔内斯和萨利斯（Selnes & Sallis，2003）、麦克维利和马库斯（Mcevily & Marcus，2005）、常和唐纳德（Chang & Donald，2008）、海德和米纳（Heide & Miner，1992）、陈（Chen，2009）开发的比较成熟有效的指标题项，并结合实际调研情况共用三个题项进行测量见表7.2。

表7.2 信息共享构念及测量题项

自变量	测量题项	题项来源
信息共享	①伙伴企业与本企业会互相交流产品开发和经营方面的各种经验	Heide & Miner（1992）；Selnes & Sallis（2003）；Mcevily & Marcus（2005）；Chang & Donald（2008）；Chen（2009）
	②当市场需求、消费者偏好和行为方式发生变化，伙伴企业与本企业会相互交流信息	
	③伙伴企业经常就行业技术、未来计划与本企业分享一些专用性和敏感性信息	

3. 共同理解

本研究对共同理解的测量题项主要借鉴塞尔内斯和萨利斯（Selnes & Sallis，2003）、麦克维利和马库斯（Mcevily & Marcus，2005）、海德和米纳（Heide & Miner，1992）、陈（Chen，2009）、古拉蒂和赛奇（Gulati & Sytch，2007）、蒋青云（2007）、贝伦特和安娜丽斯（Berendt & Annalise，1998）等量表，并结合实际调研情况共用三个题项进行测量见表7.3。

表7.3 共同理解构念及测量题项

自变量	测量题项	题项来源
共同理解	①双方经常共同商讨并解决合作创新过程中出现的问题	Selnes & Sallis，2003；蒋青云，2007；Mcevily & Marcus，2005；Gulati & Sytch，2007；Chen，2009；Berendt & Annalise，1998
	②双方会经常共同分析讨论并一起解决彼此的技术难题	
	③双方会经常会定期进行深层次交流	

4. 关系记忆

本研究对关系记忆的测量题项借鉴塞尔内斯和萨利斯（Selnes & Sallis，2003）、麦克维利和马库斯（Mcevily & Marcus，2005）、陈（Chen，2009）、约翰逊和苏希（Johnson & Sohi，2004）等量表，并结合实际调研情况共用四个题项进行测量见表7.4。

表7.4   **关系记忆构念及测量题项**

中介变量	测量题项	题项来源
关系记忆	①企业有许多与合作伙伴商谈的知识	Selnes & Sallis，2003；Chen，2009；Mcevily & Marcus，2005；Johnson & Sohi，2004
	②企业有许多制定和执行合作项目的知识	
	③企业有许多和伙伴企业研究产品的知识	
	④企业有许多对伙伴企业品质管理方面的知识	

5. 吸收能力

本研究对吸收能力的测量借参照科恩和莱文塔尔（Cohen & Levinthal，1990）、罗森（Rosen，2007）的量表，并结合调研情况用三个题项进行测量见表7.5。

表7.5   **吸收能力构念及测量题项**

调节变量	测量题项	题项来源
吸收能力	①企业能够使得外部新知识内化并创造出新的产品	Cohen & Levinthal，1990；Rosen，2007
	②企业能够理解和分析来自外部的新知识	
	③企业能够整合现有知识和来自外部的新知识	

6. 控制变量

由于本研究是基于虚拟组织持续创新能力的相关研究，为保证变量关系研究的有效性与完整性，选取了企业规模、企业年龄、所属行业三个控制变量。

（1）企业年龄：企业年龄在一定程度上反映了企业创新的持续性、经验知识积累与管理水平，其测量一般就是指从企业成立之时到调查时点的年份数。本研究采用 2017 减去企业创立年份的值来度量企业年龄，为了便于计量分析，定义"1"代表"低于 2 年"，"2"代表"3～5 年"，"3"代表"6～10 年"，"4"代表"11～15 年"，"5"代表"高于 15 年"。

（2）企业规模：企业规模关系着知识存量的规模与结构，也意味着企业能够提供不同的财力和人力处理不确定性环境和进行产品开发的能力，是影响企业创新行为和创新能力的重要组织特征。目前主要用两种指标来测量：员工人数和销售额。由于销售额是一个客观变量，涉及商业数据，要获得其准确的数值也不容易，因此采用企业员工数进行测量，其中"1"代表"小于 100 人"，"2"代表"100～500 人"，"3"代表"501～1 000 人"，"4"代表"1 001～5 000 人"，"5"代表"大于 5 000 人"。

（3）所属行业：行业的知识规模与知识结构同样可以影响企业的创新能力。由于样本中 44% 左右的企业均为电子信息行业，占据样本总量接近于 1/2，因此在实际操作中将所属行业设置为虚拟变量，同时为便于计量分析，将电子信息行业赋值设为 1，其余赋值设为 0。

7.4　数据分析与结果讨论

7.4.1　信度与效度检验

信度主要用于对量表稳定性与可靠性的评价，评价标准采用学界均认可的 Cronbach's α 和总相关系数（CITC）来衡量。通过信度检验，发现各变量的 Cronbach's α 均大于 0.7（在 0.833～0.874），这说明变量测量结果具有较高的内部一致性，稳定性与可靠性较高，信度检验结果见表7.6 ~ 表7.10。

表 7.6　　　　　持续创新能力探索性因子测量、信度与效度检验

概念与测量条目	因子	信度与效度系数
持续创新能力（$\alpha = 0.874$；CR $= 0.909$；AVE $= 0.666$）		
①与竞争对手相比，组织能够更快地推出新产品或服务	0.85	$\chi^2 = 20.004$；Df $= 7$；$p < 0.05$；CFI $= 0.975$；TLI $= 0.951$；IFI $= 0.976$；RMSEA $= 0.051$
②与竞争对手相比，组织能够更快地开辟新市场	0.79	
③与竞争对手相比，组织能够抢先进入新市场	0.82	
④与竞争对手相比，组织能够控制上游原材料或外协品的供给来源与渠道	0.80	
⑤与竞争对手相比，组织更加重视合作创新或研发投入	0.82	

表 7.7　　　　　信息共享探索性因子测量、信度与效度检验

概念与测量条目	因子	信度与效度系数
信息共享（$\alpha = 0.874$；CR $= 0.922$；AVE $= 0.798$）		
①伙伴企业与本企业会互相交流产品开发和经营方面的各种经验	0.90	$\chi^2 = 18.79$；Df $= 9$；$p < 0.05$；CFI $= 0.926$；TLI $= 0.944$；IFI $= 0.943$；RMSEA $= 0.061$
②当市场需求或消费者偏好变化时，伙伴企业与本企业会相互交流信息	0.89	
③伙伴企业经常就行业技术、未来计划与本企业分享一些专用性和敏感性信息	0.89	

表 7.8　　　　　共同理解探索性因子测量、信度与效度检验

概念与测量条目	因子	信度与效度系数
共同理解（$\alpha = 0.851$ CR $= 0.909$；AVE $= 0.771$）		
①双方会经常共同商讨并解决合作创新过程中出现的问题	0.90	$\chi^2 = 23.51$；Df $= 11$；$p < 0.05$；CFI $= 0.928$；TLI $= 0.937$；IFI $= 0.931$；RMSEA $= 0.057$
②双方会经常共同分析讨论并一起解决彼此的技术难题	0.86	
③双方会经常定期进行深层次交流	0.88	

表7.9　　　　　　　关系记忆探索性因子测量、信度与效度检验

概念与测量条目	因子	信度与效度系数
关系记忆（$\alpha=0.836$；$CR=0.891$；$AVE=0.670$）		$\chi^2=4.80$；$Df=2$； $p<0.05$；$CFI=0.993$； $TLI=0.978$；$IFI=0.993$； $RMSEA=0.073$
①企业有许多与合作伙伴商谈的知识	0.78	
②企业有许多制定和执行合作项目的知识	0.83	
③企业有许多和伙伴企业研究产品的知识	0.82	
④企业有许多对伙伴企业品质管理方面的知识	0.84	

表7.10　　　　　　吸收能力探索性因子测量、信度与效度检验

概念与测量条目	因子	信度与效度系数
吸收能力（$\alpha=0.833$　$CR=0.900$；$AVE=0.751$）		$\chi^2=11.91$；$Df=9$； $p<0.05$；$CFI=0.992$； $TLI=0.986$；$IFI=0.992$； $RMSEA=0.035$
①双方会经常共同商讨并解决合作创新过程中出现的问题	0.83	
②双方会经常共同分析讨论并一起解决彼此的技术难题	0.87	
③双方会经常定期进行深层次交流	0.90	

效度主要用于衡量测量工具结果与真实情况的符合程度以及测量的正确性。通过效度检验，检验结果见表7.6、表7.7～表7.10，发现各指标题项的因子载荷值均在0.5以上，表明各指标题项均有较高的可靠性；各变量因子的组合信度值（CR）均高于0.6，且平均方差（AVE）抽取量又均大于0.5，这表明各变量因子的效度具有一定的收敛性；通过对变量因子的验证性分析，结果发现各变量因子的拟合指数 CFI、TLI、IFI 值均大于0.9，而且各变量因子近似误差均方根 RMSEA 值又均小于0.08，表明各变量因子拥有较好的效度。为检验各变量的区分效度，本研究采用五因子模型分析法，分别与四因子、三因子、二因子与单因子模型逐一对比分析，通过检验发现五因子模型的检验值（$\chi^2=289.632$，$Df=191$，$p<0.01$，$TLI=0.965$，$CFI=0.972$，$RMSEA=0.041$）较其他因子模型拟合较好，表明本研究假设的模型有较好的区分效度。

7.4.2 同源方法方差检验

本研究依据测量自变量与因变量的指标题项而设计发放的每一份调查问卷均由同一人填答,在填答过程中可能会受到填答者本身某种因素的影响造成对两种变量量表同源性偏差。因此,运用 Amos 17.0 工具软件进行初步分析,即将信息共享、共同理解、吸收能力、关系记忆、持续创新能力等变量因子对应的全部测量题项合并成一个单因子进行测量分析,结果显示单因子模型的检验值为 $\chi^2 = 1\ 783.989$,Df = 208,$p < 0.01$,TLI = 0.512,CFI = 0.554,RMSEA = 0.0169,说明单因子模型的拟合度或匹配效果不理想,见表 7.11。为此,又采用 Harman 单因子检验分析法,进一步对各变量测量题项进行探索性因子分析,结果发现最大的因子解释了 28.461% 的方差变异量,说明调查问卷不存在显著的同源性偏差问题。

表 7.11 变量的区分效度检验结果

模型	χ^2	Df	TLI	CFI	RMSEA
五因子模型	289.632	191	0.965	0.972	0.041
四因子模型1:信息共享 + 共同理解	567.723	201	0.869	0.891	0.077
四因子模型2:信息共享 + 吸收能力	534.016	205	0.894	0.907	0.089
四因子模型3:共同理解 + 吸收能力	742.431	205	0.821	0.839	0.103
三因子模型4:信息共享 + 共同理解 + 吸收能力	791.265	206	0.807	0.828	0.107
三因子模型5:信息共享 + 共同理解 + 关系记忆	1 012.392	206	0.734	0.761	0.123
二因子模型6:信息共享 + 共同理解 + 关系记忆 + 吸收能力	1 194.534	207	0.667	0.731	0.135
单因子模型:信息共享 + 共同题解 + 吸收能力 + 关系记忆 + 持续创新能力	1 783.989	208	0.512	0.554	0.169

7.4.3 描述性统计

运用 SPSS 19.0 对变量的均值、标准差及相关系数统计见表 7.12。从

表 7. 12 可以看出，各变量之间的相关系数均小于 0.7，各变量的均值（AVE）均大于因子之间的相关系数，且方差膨胀因子（VIF）又均小于 10，因此，排除了变量之间多重共线性的可能。另外，从表 7. 12 中还可以发现信息共享与关系记忆（$r = 0.31$，$p < 0.01$）、信息共享与持续创新能力（$r = 0.21$，$p < 0.01$）均呈显著正相关关系；共同理解与关系记忆（$r = 0.35$，$p < 0.01$）、共同理解与持续创新能力（$r = 0.22$，$p < 0.01$）均呈显著正相关关系；关系记忆与持续创新能力（$r = 0.20$，$p < 0.01$）呈显著正相关关系；信息共享与共同理解（$r = 0.37$，$p < 0.01$）呈显著正相关关系，说明共同理解是建立在企业间信息共享的基础上，对客户知识需求与系统规则的共识。此外，企业规模与信息共享（$r = -0.02$）、所属行业与信息共享（$r = -0.14$）没有显著的相关关系，企业规模与共同理解（$r = -0.06$）、所属行业与共同理解（$r = -0.16$）也没有显著的相关关系，表明虚拟组织企业间信息共享、共同理解与企业规模及企业所属行业差异不大。而企业年龄与信息共享（$r = 0.16$，$p < 0.01$）、企业年龄与共同理解（$r = 0.15$，$p < 0.01$）、企业年龄与关系记忆（$r = 0.22$，$p < 0.01$）均有显著正相关关系，说明随着企业年龄的增长，企业积累的经验与信息越多，可供分享与理解的信息量就越大，吸收存储于关系记忆中的存量知识就越多。可见，知识存量的增长过程实质就是企业在持续发展过程中不断积累的过程。

表 7. 12　　　　　　　　　变量的平均值、标准差与相关系数

变量	1	2	3	4	5	6	7	8	9
企业年龄	1								
企业规模	0.22 **	1							
所属行业	− 0.16 **	0.17 **	1						
信息共享	0.16 **	− 0.02	− 0.14 *	1					
共同理解	0.15 **	− 0.06	− 0.16 **	0.37 **	1				
吸收能力	− 0.02	0.02	0.03	0.22 **	0.47 **	1			
关系记忆	0.22 **	0.10	0.07	0.31 **	0.32 **	0.25 **	1		

变量	1	2	3	4	5	6	7	8	9
持续创新能力	0.38 **	− 0.02	− 0.33 **	0.21 **	0.22 **	0.28 **	0.20 **	1	
均值	4.29	2.52	2.28	5.56	5.65	5.17	5.64	5.68	5.36
标准差	0.98	1.11	1.72	1.08	0.96	0.90	0.75	0.7	0.91

注：$n = 261$；** 表示 $p < 0.01$，* 表示 $p < 0.05$。

7.4.4 假设检验

本研究主要采用 SPSS 19.0 统计软件层级回归的方法进行假设检验，并在构造自变量与调节变量交互项与平方项之前先对相应变量进行标准化处理以降低多重共线性可能的影响，假设检验结果见表7.13。

1. 主效应检验

H1 和 H2 提出信息共享和共同理解对持续创新能力有显著正向影响。为了验证这两个假设，首先设定持续创新能力为因变量，依次将企业年龄、企业规模和所属行业三个控制变量代入回归方程，回归结果从表7.13 模型 7 可以看出，控制变量中企业年龄（$\beta = 0.04$）、企业规模（$\beta = 0.01$）、所属行业（$\beta = -0.09$）分别对持续创新能力作用不显著；其次将持续创新能力设为因变量，向回归方程中依次加入控制变量、信息共享与共同理解，层级回归结果见模型 8 和模型 9，模型 8 中信息共享对持续创新能力（$\beta = 0.19$，$p < 0.01$）影响显著，模型 9 共同理解对持续创新能力（$\beta = 0.27$，$p < 0.01$）正向作用显著；再次将持续创新能力设为因变量，并将控制变量、两个自变量（信息共享与共同理解）依次代入回归方程，回归结果见模型 10，发现信息共享对持续创新能力（$\beta = 0.17$，$p < 0.01$）的正向作用与共同理解对持续创新能力（$\beta = 0.24$，$p < 0.01$）的正向作用均为显著。因此，H1 和 H2 得到了支持。

2. 中介效应检验

根据泊松和肯尼（Baron & Kenny，1986）提出的中介效应检验标准

表 7.13

假设检验结果

变量	关系记忆（M1 ~ M6）						持续创新能力（M7 ~ M12）					
	模型 1	模型 2	模型 3	模型 4	模型 5	模型 6	模型 7	模型 8	模型 9	模型 10	模型 11	模型 12
控制变量												
企业年龄	0.05	0.08	0.06	0.05	0.04	0.04	0.04	0.03	0.03	0.04	0.02	0.05
企业规模	-0.05	-0.02	-0.04	0.03	0.03	-0.01	0.01	0.02	0.01	-0.02	-0.08	-0.04
所属行业	-0.26	-0.24	-0.21	-0.19	-0.17	-0.18	-0.09	-0.07	-0.06	-0.01	0.03	0.04
自变量												
信息共享		0.29**		0.26**	0.23**	0.21**		0.19**		0.17**		0.15*
共同理解			0.41**	0.35**	0.33**	0.32**			0.27**	0.24**		0.14
中介变量												
关系记忆											0.47**	0.37**
调节变量												
吸收能力					0.20**	0.28**						
交互项												
信息共享 × 吸收能力						0.19**						
共同理解 × 吸收能力						0.17**						
R^2	0.24	0.25	0.26	0.28	0.27	0.28	0.16	0.18	0.19	0.31	0.33	0.35
调整后 R^2	0.23	0.24	0.25	0.27	0.26	0.27	0.15	0.17	0.18	0.3	0.31	0.34
F 值	25.22**	26.18**	20.54**	20.36**	25.23**	19.71**	15.94**	15.77**	15.43**	15.31**	29.34**	22.07**

注：$n = 261$；** $p < 0.01$，* $p < 0.05$。

与步骤，即首先检验自变量 X 对因变量 Y 回归方程 $Y = cX + \varepsilon_1$ 中系数 c 的显著性；其次检验自变量 X 对中介变量 M 回归方程 $M = aX + \varepsilon_2$ 中回归系数 a 的显著性；再次检验自变量 X 和中介变量 M 对因变量 Y 回归方程 $Y = c'X + bM + \varepsilon_3$ 中回归系数 c' 和 b 的显著性。若检验结果发现回归系数 c，a 和 b 均显著，则表示中介变量 M 在自变量 X 与因变量 Y 之间存在中介效应；若检验结果发现系数 c' 不显著，则表明中介变量 M 在自变量 X 与因变量 Y 之间发挥完全中介效应；若检验结果发现回归系数 c' 显著，且 $c' < c$，则表明中介变量 M 在自变量 X 与因变量 Y 之间发挥部分中介效应。本研究运用 SPSS 19.0 层级回归方法验证中介变量关系记忆在自变量信息共享、共同理解与因变量持续创新能力之间的中介作用效应。首先将持续创新能力设为因变量，依次代入控制变量与关系记忆，回归结果见表 7.13 模型 11，发现关系记忆对持续创新能力（$\beta = 0.47$，$p < 0.01$）作用非常显著，控制变量对持续创新能力不显著；其次将关系记忆设为因变量，先将控制变量代入回归方程，回归结果见模型 1，发现控制变量对关系记忆影响不显著，而后将自变量信息共享和共同理解先后代入回归方程，回归结果分别见模型 2 和模型 3，模型 2 显示信息共享对关系记忆（$\beta = 0.29$，$p < 0.01$）影响非常显著，模型 3 显示共同理解对关系记忆（$\beta = 0.41$，$p < 0.01$）影响非常显著；再次将关系记忆设为因变量，将控制变量、自变量同时代入回归方程，回归结果见模型 4，发现信息共享对关系记忆（$\beta = 0.26$，$p < 0.01$）、共同理解对关系记忆（$\beta = 0.35$，$p < 0.01$）影响均非常显著；最后将持续创新能力设为因变量，依次将控制变量、自变量和中介变量（关系记忆）同时代入回归方程，回归结果见模型 12，发现信息共享对持续创新能力（$\beta = 0.15$，$p < 0.05$）的作用效应显著，共同理解对持续创新能力（$\beta = 0.14$）的作用效应不显著，关系记忆对持续创新能力（$\beta = 0.37$，$p < 0.01$）的作用效应则非常显著。由此可以得出：关系记忆在自变量（信息共享、共同理解）对因变量（持续创新能力）之间起着中介作用效应。

本研究尽管运用泊松和肯尼（Baron & Kenny，1986）提出的中介效应的检验标准与检验方法验证了关系记忆的中介效应，但没有检验出关系记忆的中介效应是否显著。因此，本研究进一步运用 Sobel 检验方法验证关系记忆在自变量（信息共享、共同理解）与因变量（持续创新能力）之间中介效应的显著性。根据 Sobel 检验方法与步骤即检验 ab 乘积项的系数是否显著，统计量 $Z = ab/S_{ab}$，$S_{ab} = \sqrt{a^2 s_b^2 + b^2 s_a^2}$，其中 s_a 和 s_b 分别为 a 和 b 的标准差。首先借用 SPSS 19.0 将自变量信息共享与持续创新能力进行回归，得到非标准化系数 $a = 0.321$ 和 $s_a = 0.051$；其次在解释变量中代入中介变量关系记忆，得到中介变量相关系数 $b = 0.295$ 和 $s_b = 0.063$，根据 Sobel 检验计算公式得到 $Z = 3.15$，$p < 0.01$。同样方法，首先将自变量共同理解与持续创新能力进行回归，得到非标准化系数 $a = 0.301$ 和 $s_a = 0.042$；其次在解释变量中代入中介变量关系记忆，得到中介变量相关系数 $b = 0.229$ 和 $s_b = 0.047$，根据 Sobel 检验计算公式得到 $Z = 2.91$，$p < 0.01$。结果表明，关系记忆在信息共享与持续创新能力之间（$Z = 3.15$，$p < 0.01$）起着显著的中介作用，关系记忆在共同理解与持续创新能力之间（$Z = 2.91$，$p < 0.01$）也起着显著的中介作用，H3、H4 和 H5 经检验通过。

3. 调节效应检验

H6 和 H7 提出了吸收能力分别对信息共享、共同理解与关系记忆之间的关系具有正向调节作用，且吸收能力越强，信息共享和共同理解对关系记忆之间的正向作用就越强。为验证 H6 和 H7，将关系记忆设为因变量，依次向回归方程中代入控制变量、自变量和调节变量（吸收能力），回归结果见表 7.13 模型 5，发现控制变量对关系记忆影响不显著，信息共享对关系记忆（$\beta = 0.23$，$p < 0.01$）影响非常显著，共同理解对关系记忆（$\beta = 0.33$，$p < 0.01$）影响非常显著，吸收能力对关系记忆（$\beta = 0.20$，$p < 0.01$）影响显著；而后将关系记忆作为因变量，依次将控制变量、自变量、吸收能力、吸收能力与信息共享的交互项、吸收能力与共同理解的交互项代入回归方程进行层级回归，回归结果见模型 6，发现信息共享对关系记忆（$\beta = 0.21$，$p < 0.01$）影响非常显著，共同理解对关系记忆（$\beta = 0.32$，$p < 0.01$）影响非常显著，吸收能力对关系记忆（$\beta = 0.28$，$p <$

0.01）影响非常显著，并且信息共享与吸收能力的交互项对关系记忆（$\beta = 0.19$，$p < 0.01$）影响非常显著；共同理解与吸收能力的交互项对关系记忆（$\beta = 0.17$，$p < 0.01$）影响非常显著。这表明吸收能力越强，信息共享、共同理解对关系记忆的正向作用效应就越强。

为了更清晰直观地显示吸收能力与信息共享交互项、吸收能力与共同理解交互项的调节效应，将高于均值一个标准差和低于均值一个标准差作为基准，进一步描绘吸收能力的强弱对信息共享与关系记忆、共同理解与关系记忆之间的调节作用如图 7.2 和图 7.3 所示。图 7.2 表示随着吸收能力的增强，信息共享对关系记忆的正向作用效应更强。图 7.3 表示随着吸收能力的增强，共同理解对关系记忆的正向作用效应更强。

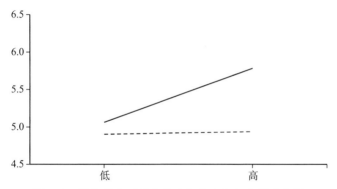

图 7.2　吸收能力对信息共享与关系记忆的调节作用

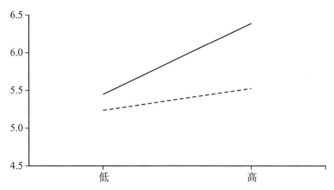

图 7.3　吸收能力对共同理解与关系记忆的调节作用

此外，从图 7.2 和图 7.3 对比分析来看，吸收能力对共同理解与关系记忆的调节效应要大于信息共享与关系记忆的调节效应，说明企业间共享的关联信息在相互交互后多数可以直接转化为知识存量，而对于一些技术难题尤其是合作过程中需要共同解决的问题，需要双方彼此交互吸收才能转化知识存量，也就是说共同理解伴随着吸收能力的调节作用过程。

7.4.5　结果讨论

本书在虚拟组织持续创新能力形成的基础上，从关系学习与知识存量的视角切入，提出了提升虚拟组织持续创新能力的理论模型及七条假设，检验结果见表 7.14。

表 7.14　　　　　　　　　　研究假设检验结果一览表

研究问题		研究假设	实证结果
信息共享与共同理解对提升持续创新能力的作用影响	H1	信息共享对持续创新能力有显著正影响	支持
	H2	共同理解对持续创新能力有显著正影响	支持
关系记忆在信息共享、共同理解与持续创新能力之间起着中介作用效应	H3	信息共享能够正向作用关系记忆	支持
	H4	共同理解能够正向作用关系记忆	支持
	H5	关系记忆能够提升持续创新能力，且关系记忆在信息共享、共同理解与持续创新能力之间起中介作用	支持
吸收能力是否在信息共享、共同理解与关系记忆之间起调节作用效应	H6	吸收能力对信息共享与关系记忆之间的关系具有正向调节作用，即吸收能力越强，信息共享对关系记忆的正向作用就越强	支持
	H7	吸收能力对共同理解与关系记忆之间的关系具有正向调节作用，即吸收能力越强，共同理解对关系记忆的正向作用就越强	支持

从表 7.14 中发现，信息共享与共同理解在吸收能力的调节作用下通过关系记忆能够提升持续创新能力。H1 和 H2 得到验证通过，这表明主

效应信息共享是利用企业间显性信息的互补效应实现交互、融合、重组、扩展信息体量，从而提升信息的可见范围及可见度进而提升持续创新能力；而共同理解是在企业间合作创新过程中，对专业知识或技术知识等隐性知识的共同探讨、理解与解决，积累隐性知识的同时提升持续创新能力。H3、H4 和 H5 得到验证，这表明关系记忆作为知识存量的基础能够直接引发创新能力的提升，信息共享能够提升成员企业对外部信息与企业信息的交互次数与融合频率，引起信息联想与信息记忆，从而提升企业间合作创新所需要的知识存量；共同理解主要是就隐性知识而言，基于模块分解与知识分工，成员企业合作创新过程中接收的专业模块，因为对规则、接口知识、客户需求、性能等理解，共同解决创新过程中涉及的专业知识接口问题，这些问题的解决方案与对策就存储在关系记忆中形成并扩展知识存量。H6 和 H7 通过验证，这表明企业间在合作创新过程中信息共享与共同理解伴随着知识吸收功能，因为共享的显性信息通过识别、比对、吸收并融合后才能让信息发挥创新功能；同样，对于在创新过程中发现的技术知识难题在共同理解解决过程中也需要吸收转化形成共同解决方案，并存储在关系记忆中以提升知识存量。企业间通过信息共享，能够使企业在自身信息的基础上对获取的关联信息予以识别、筛选、重组与吸收形成知识存量积累，进而提升持续创新能力；对于企业间共同面临的技术难题或专业知识模块的衔接等隐性知识，其本身难以编码和用语言文字等形式明确表达与传递，致使隐性知识的获取、转化与创造相对困难，因此通过企业间双向频繁互动共同理解解决问题能够使成员企业观察、体验和论证隐性知识，探索出关系专用性的问题解决方案与办法并将之存储在关系记忆中，以提升知识存量进而提升持续创新能力。

综上所述，虚拟组织成员企业间通过信息共享促进知识传递，增进相互信任，从而加大合作创新范围与深度，同时为虚拟组织提供更多机遇信息，有利于虚拟组织持续创新的实现；同时，企业间对隐性知识的共同理解能够减少合作障碍和成本，有效聚焦各方资源进行深化合作，产生知识融合与整合效应，从而提升持续创新能力；关系记忆能够增进成员企业间的战略、文化、界面规则的理解与认同，有利于形成高度信任的战略伙伴关系，促进虚拟组织持续创新。

7.5 本章小结

本章基于关系学习的视角，创新性探索了信息共享、共同理解、关系记忆与持续创新能力提升的关系机制。采用 261 家创新型企业作为研究样本，提出并实证了虚拟组织持续创新能力的提升机理，得出以下研究结论。

（1）持续创新能力虚拟组织持续创新能力的提升机理就是成员企业间信息共享与共同理解在吸收能力的调节作用下通过关系记忆对持续创新能力的正向作用效应。信息共享与共同理解对持续创新能力均有显著的正向作用效应；关系记忆在信息共享、共同理解与持续创新能力之间起中介作用；吸收能力越强，信息共享与共同理解对关系记忆的正向作用就越强。虚拟组织持续创新能力的提升过程实质上是成员企业间信息共享、共同理解通过关系记忆不断更新积累知识存量的过程。

（2）虚拟组织作为知识的集合体，知识共享与共同理解是关系记忆的前提。从研究结果看，信息共享与共同理解对关系记忆均有显著正向影响。企业间通过信息共享，增强了彼此对客户知识需求与系统设计规则的理解与共识，信息交流与知识理解在传递过程中形成了标准化共性语言与行为惯例，有利于实现共同目标的战略决策，并将彼此认可的价值信息吸收储存于关系记忆中形成存量知识资源。

（3）吸收能力是虚拟组织持续创新获取增量知识资源的关键。从研究结果来看，吸收能力对共同理解与关系记忆的调节强度（$\beta = 0.32$，$p < 0.01$）高于对信息共享与关系记忆的调节强度（$\beta = 0.21$，$p < 0.01$），这表明吸收能力对共同理解调节的作用弹性较大，也就是说吸收能力在知识资源结构与知识集成之间虽均具有正向调节，但调节作用效应是有差异的，印证了共同理解与关系记忆在持续创新过程中的关键作用。因此，在虚拟组织知识创新过程中，通过强化信息共享与知识交流密度，能够加大

对客户需求及潜在需求知识、设计规则及隐性知识的获取、转化及传播，从而加大知识创新流与价值流的记忆与储存能力。

（4）虚拟组织持续创新能力是成员企业间知识生产、知识积累、知识集成与知识应用的集合。共同理解通过关系记忆对持续创新能力的影响程度（$\beta = 0.21$，$p < 0.01$）相比信息共享通过关系记忆对持续创新能力的影响影响程度（$\beta = 0.12$，$p < 0.05$）显著，说明共同理解获取的知识存量与知识增量对持续创新能力具有较强的作用力，而且吸收能力越强，关系记忆在信息共享与共同理解对持续创新能力作用的中介效应也就越强。因此，对虚拟组织而言，信息作为公共产品共享传播于企业间合作创新始末，与企业间共享集成的知识资源尤其是探索性知识资源重组整合，能够加速知识与信息更新迭代的速度，形成并提升外部环境变异感知能力、市场机遇搜索能力、创意决策能力、创新实现能力与关联界面协调能力，从而提升虚拟组织对市场机遇的反应敏捷性、资源组织柔性及合作创新的速度性，快速满足客户需求的同时能够洞察预见新需求或潜在需求，发现关联项目或升级产品，通过更新微调合作企业实现持续创新过程，知识的创造及使用过程即为虚拟组织持续创新能力的形成与提升过程。

基于实证研究结果，本章的研究结论对创新型企业尤其是科技型中小企业在构建或运营虚拟组织持续创新及培育持续创新能力方面具有重要的管理启示。

（1）关系学习是扩大虚拟组织知识资源基础的重要途径。关系学习依据其作用过程被解构为信息共享、共同理解与关系记忆三个过程要素。其中，信息共享能够增强成员企业间知识获取与知识应用的频率、效率与质量，降低知识资源的获取成本；共同理解通过统一问题的认知与探讨能够加速隐性知识的周转速度与获取效率；关系记忆是在信息共享与共同理解的基础上，通过知识转化与存储功能扩大知识资源的存量与增量。

（2）虚拟组织创新是在市场机遇与共同目标统一的框架下成员企业间共享各自核心能力并行作业的交互过程，某种意义上也是核心能力的寻租过程，持续创新能力的培育与提升离不开共享知识的交互吸收与创新积累。首先，构建企业间信任与承诺的文化机制，以扩大彼此共享交流的信息量及知识理解的广度与深度。一方面，通过知识共享与知识交互吸收更新了知识存量、知识增量与知识质量，加快了知识创新与知识周转速度；另一方面，通过强化企业间知识产权自我保护机制，可以激发参与企业扩大共享持续创新需求知识流量的意愿。其次，建立互利互惠、合作共赢与自我公平感知的绩效分配机制。信息共享不仅受社会资本的影响，而且受其外在激励的影响。成员企业信息共享的外在激励因素主要包括成员企业感知虚拟组织为知识共享提供的经济报酬，以及因分享知识而预期未来自己需要知识时可从其他成员那里获得帮助的互惠互利；最后，构建虚拟组织关联界面治理机制。重点协调成员企业间知识模块集成规则、系统设计规则及合作创新流程的对接与合作，使共享的创新资源高度聚焦，减少企业间因信息与承诺沉没、文化冲突给并行交互创新带来的迟滞，从而提升探索性知识的获取、吸收、转化与传播品质与效率。

（3）虚拟组织持续创新能力的提升来源于成员企业贡献与共享的知识资源的有机组合与协同配置。首先，合作伙伴的知识资源来自价值链节点的战略环节，而这些战略环节的知识属性与知识结构因为行业细分与市场定位的不同而存在差异。当企业为了完成分配布置的价值链环节的任务时，势必会增加知识模块之间的协同性，这就需要从外部获取知识资源时先要衡量企业自身富余资源与识别瓶颈资源，并进行适度取舍。其次，由于企业间知识资源动性及其因果关系的模糊性，使得难以明确区分某些资源对业绩提升的贡献程度，企业可以不断尝试知识资源组合，通过试错方式发掘资源之间是否具有共享性与互补性协同效应，以寻求产生协同效应的机会。最后，虚拟组织持续创新能力是成员企业显性知识资源与隐性知识资源的协同集成，即知识资源的匹配作用与互补作用形成了持续创新能力系统的有序结构。由于知识资源之间具有流动性、嵌入性与关联性作用，且它们具有复杂的非线性关系，使得知识资源要素之间形成特定的排列组合关系，进而形成了特定的知识资源结构进而实现了虚拟组织持续创新能力的提升。

（4）虚拟组织创新的持续性在于核心企业能够持续不断地捕捉获取市场机遇信息、洞察客户潜在需求或关联产品的隐性需求，在机遇目标及产业想象空间形成的市场拉动效应、知识信息技能形成的技术推动效应及能力租金、能力剩余产生的机会成本形成的能动效应下共同发力催促合作创新。合作创新过程中，随着外部环境变迁，虚拟组织能够根据市场机遇特性及组织目标打破结点、资源和活动三者原有的平衡，通过信息、知识及独特创新资源需求更新合作企业或企业组合，应用自组织及自我调节能力推动虚拟组织持续创新。因此，通过设计一系列激励机制加强企业间知识信息共享的频率、数量与质量，增进企业间对客户需求与解决方案的共同认知，以及合作创新过程中出现的专业问题的共同探讨与交流。同时，加强企业间对专业任务知识模块的接口知识与专业知识进行线上互动与理解，不断地创造知识存量与增量，通过关系记忆形成虚拟组织持续创新系统的资源池与知识库，以提升虚拟组织持续创新能力。

第8章 虚拟组织网络规模与网络结构对合作创新绩效的作用机制研究

    企业是一个开放式创新系统，必须通过与外界环境不断进行沟通和交互才能维持其生存和发展。企业与企业之间、企业与其他利益相关者之间因资源交换、资源流动、资源增值等广泛的社会和经济关系而相互联系。每一种关系都可以看作是一个社会网络，每一种知识主体联结都被界定为知识网络，任何主体之间的关系都会对主体的行为产生影响。社会资源通过关系和网络而进行流动，不对称联系和复杂网络分布在不同的稀缺资源中，但资源并非均匀或随机地在具有不对称关系和受限制的网络群体的社会系统中流动。网络产生了以获取稀缺资源为目的的集体行为和竞争行为，有组织地竞争稀缺资源是一个社会系统所固有的，在一个具有不同对称关系的非随机的等级网络中，成员必须运用协作或补充联系去获取资源。企业的网络观点建立在企业经济行动受其嵌入于其中的社会情境的影响，受其在社会网络中的地位的影响。知识更新与在线信息技术进步的速度加快与普通应用，企业的经营范围、能力连接与成长空间不断扩大和延伸。企业为提升创新效率与降低投资风险，积极寻找外部合作创新机会，借助企业外部资源与能力补齐产业链与价值链短板，充分整合网络资源与拓展合作领域，深入加强合作关系并推进合作创新协同化与网络化发展。合作网络已成为企业间联合创新的重要载体，企业在合作网络中的位置也成为企业获取关键创新资源的重要桥接与联结。

    创新型企业尤其是科技中小企业基于"互联网＋信息技术"载体选择

与供应商、互补品商、顾客等形成价值网络,并依托虚拟组织在线开展合作创新以应对产品复杂性与环境不确定性。目前对网络的研究主要包括过度强调网络结构特征的结构主义学派和过度注重关系内容的连接主义学派。而虚拟组织是一种由多企业主体构成、多目标结合、多种核心能力协同的知识集成联盟,不仅要测度企业连接的节点数量,同时也要考察网络结构中心度。通过虚拟组织网络规模与合作创新绩效的研究以明确与界定虚拟组织成员企业知识资源整体存量与可贡献及共享的知识资源数量与质量,反映虚拟组织合作创新的持续性、稳定性与机遇捕捉的敏捷性;通过虚拟组织网络结构与合作创新绩效的研究,重点剖析虚拟组织网络结构中心性是否可显著影响对显性知识资源与隐性知识资源获取的质量与效率,进而彰显虚拟组织合作创新形成的高品质、高效率、高附加值、高体验价值产品的优越性与持续性。

虚拟组织作为社会网络与知识网络交互赋能创新的知识集合体,成员企业既是虚拟组织社会网络的参与者,又是知识网络节点知识资源的提供者。至于虚拟组织网络规模与网络结构如何影响合作创新绩效,是本章重点研究内容。在研究之前,首先需要明确界定社会网络、知识网络的概念,同时还要明晰虚拟组织社会网络与知识网络交互赋能企业创新的基本原理。同时,定义清楚网络规模与网络结构的内涵与外延。明晰网络规模、网络结构的知识资源连接获取机制与合作创新绩效之间的互动关系,有助于推动科技型中小企业在运营与参与虚拟组织合作创新实现"多元、融合、动态、持续"的发展。

8.1 研究视角与研究进展

8.1.1 概念界定

1. 社会网络赋能创新

社会网络的研究起源于 20 世纪 90 年代,其概念是由那哈皮特和戈沙尔（Nahapiet & Ghoshal，1998）提出的，他们认为社会网络是由某种特殊类型的社会关系及其联系起来的节点组成的，组织节点间通过搜寻与获取知识、信息资源为创新赋能的关系总和，是信息、规范、流程等显性知识与技术、经验、诀窍等隐性知识的空间载体与传播渠道（龙静，2015），为企业带来价值增加和价值创造（罗群等，2013）。对社会网络的研究主要集中在四个角度：不平等、嵌入、传染与情境。不平等是指网络关系如何使不同的个体、群体和组织获取资源的能力与差异影响；嵌入描述了网络制度和地位及其如何促进复杂困难的交易，形成了成员之间联系的惯例和稳定，是获取信息以减少不确定性的需要；传染表明了网络如何通过提供组织活动的信息（包括技术和社会的信息）通道而促进网络成员行为的一致性；情境解释了网络如何影响和促进组织创新活动过程与绩效。四个研究角度的核心观点表明网络嵌入性的社会和经济后果。社会网络的影响使得创新主体获取的资源不同，让难以形成的创新交易成为可能，通过提供有关创新活动的知识和信息而促进成员企业行动的一致性与创新的适应性。社会网络赋能创新的研究有两种视角：一是基于网络规模带来的不同信息优势；二是强调了成员企业在网络中的不同地位而获取不同的控制利益。这两种视角的共同的核心逻辑是通过网络规模与网络结构的中心性获取知识资源。

2. 知识网络赋能创新

知识网络的研究起源于20世纪90年代中期，其概念首次由贝克曼（Beckmann，1995）提出，认为知识网络是以知识要素（知识元）为节点连接形成的关系网络，具有流动性和小世界特征。知识网络可以为成员企业提供两种基本优势：高质量的信息和隐性知识的交换。成员企业之间通过持续创新与学习互动可以渐进提升和促进彼此之间的信任、形成对市场机遇合作绩效的共同看法和树立长期的互惠利益。如此一来，成员企业会摒弃短期利益，通过参与合作创新，创造出共同解决问题的资源安排。通过知识网络交易载体与互动平台，不断学习积累各种经验，并且根据学习得到的经验知识和行为绩效修改自身的知识体系与行为规则、知识结构与行为方式。隐性知识资源与创新流程标准在企业之间迅速流动，形成知识资源获取、吸收内化与知识创新应用的系列行为方式。知识网络赋能创新的研究主要基于知识网络关系嵌入和结构嵌入对创新的影响。结构嵌入聚焦于知识要素中心度与结构洞两个视角，知识网络中心度反映知识元节点的重要程度与连接潜能，受知识属性及对知识元认知程度的影响（李丹，2002），知识网络结构洞基于学习渐进性提供了知识元连接潜能及新知识创造机会（廖开际等，2011）。知识网络中成员企业相互联系与作用发挥的整体创新效能大于各个企业创新效能的累计相加，其可以充分发挥知识资源与能力的互补效应、协同效应、扩散效应、制衡协应和杠杆效应的作用。

3. 社会网络与知识网络交互赋能创新

交互作用的原理为各要素之间相互作用产生的效果优于单个要素作用的效果，创新网络中信息、知识要素间的相互作用促进了创新能力的提升（江旭，2017）。社会网络与知识网络由于创新主体之间的知识联系必然交互关联，组织间连接模式与知识要素间连接模式具有同形异质与交互嵌入性（Yayavaram，2008），知识网络通过知识整合为社会网络带来高质量差异化知识资源，进而扩大社会网络知识搜索范围，社会网络通过知识探索获取为知识网络提供了互补信息资源，进而实现知识网络知识创新。

4. 网络规模与网络结构

网络规模指网络中所有节点的个数，对虚拟组织而言，即合作创新的成员企业数量，记为 N。

网络结构指企业在一个社会网络或知识网络中的位置，一般用网络中心性来表示。网络中心性反映网络中节点对于其他节点的影响力，节点处于网络中心位置说明该节点了解并处于所在行业的主流市场，拥有较高的位置中心性意味着该企业具有良好的知识资源及知识基础。从度量上来看，网络中心性是网络在多大程度上围绕一个核心点建立起来的，即

$$C_D(G) = \frac{\sum_{i=1}^{N}\left[\,C_{\mathrm{RDmax}} - C_{\mathrm{RD}}(v_i)\,\right]}{\max\left[\,\sum_{i=1}^{N}\left(C_{\mathrm{RDmax}} - C_{\mathrm{RD}}(v_i)\right)\,\right]}$$

式中，C_{RDmax} 为网络 G 的所有节点中的最大中心度，$C_{\mathrm{RD}}(v_i)$ 为节点 v_i 的相对中心度。

8.1.2 研究进展

现有相关成果基本沿着两条主线展开：一是基于"社会网络结构与关系嵌入→知识获取→创新能力"的分析框架；二是基于"知识网络结构与关系嵌入→知识整合→创新能力"研究框架。

1. 社会网络的研究进展

学界关于社会网络赋能创新的研究主要基于关系嵌入与结构嵌入两种视角：一是关系嵌入研究视角，主要聚焦于关系强度、关系质量对创新绩效的正向作用（Reagans et al.，2001；詹勇飞等，2009；吴俊杰等，2014），反映组织间信任机制的双边关系（张秀娥等，2012）；二是结构嵌入研究视角，主要集中于网络中心度、结构洞、网络规模、网络密度对创新的影响，研究发现网络中心度与结构洞通过增强知识信息获取质量、效率与机会进而影响创新绩效（张艳辉等，2012；Brian，2015；冯军政等，2015；党兴华等，2016），付雅宁等（2018）实证研究了社会网络中心度、结构洞分别与探索式创新呈倒 U 型关系与正相关关系，侯仁勇等（2019）实证研究了创新绩效与网络中心度呈正相关系而与结构洞关系不显著。现有研究局限于网络的社会属性，忽略了网络的知识属性。

2. 知识网络的研究进展

知识网络中心度是网络中的知识围绕某个知识元素组建的程度，表现为某类知识元素相比其他元素有更多的直接联结，知识网络中心度越高，处于知识网络中心位置的该类元素在知识组合与吸收中会被频繁地使用，说明组织整个元素组合较为紧密，使得组织能够更深入了解这些重点知识元素以及它们的组合成功经验，提高知识组合的实用性并降低开发过程中的不确定性风险，组织更容易。判断获得的知识组合是否在技术与成本上更具有优势。王春雷和罗丹（Wang Chunlei & Rodan，2014）实证研究了知识网络中心度和结构洞对探索式创新有显著影响；管建成和刘娜（Guan Jian cheng & Liu Na，2016）证实了知识网络关系强弱与探索式创新的相关关系；阿尔沙罗（Alsharo，2017）从知识要素矩阵结构实证研究了知识网络中心度和密度高于均值时具有最优创新产出；芮正云等（2017）和孔晓丹等（2019）从"知识网络嵌入→知识整合→创新能力框架"实证研究了三者之间作用关系；侯仁勇等（2019）实证了创新绩效与知识网络中心度呈倒 U 型关系，与结构洞呈正相关关系。现有研究中，"知识网络关系与结构嵌入—知识整合—创新能力"研究框架基本达成共识，但忽略了创新主体作为知识网络知识要素的承载者与社会网络节点关系的连接者的双重身份，缺乏社会网络关系与结构嵌入下知识网络通过知识资源获取对合作创新绩效的研究。

3. 社会网络与知识网络交互的研究进展

关于社会网络与知识网络交互赋能创新机制的研究较少。廖开际等（2011）基于知识网络与社会网络理论上探索了知识共享网络模型；王海花等（2015）基于网络结构、知识属性、吸收能力变量实证研究了对创新能力的影响机制；付雅宁等（2018）基于知识网络调节视角探索了社会网络对探索式创新的机制研究，发现知识网络结构洞弱化了社会网络中心度与探索式创新之间的倒 U 型关系，知识网络中心性弱化了社会网络结构洞对探索式创新的正向影响。现有研究仅从网络结构嵌入视角探索了知识网络在社会网络对创新能力作用机制的调节效应，缺乏知识资源获取的中介传导机制研究。

8.1.3 研究视角

网络规模并不是越大越有利于资源获取，对网络关系的合理管理与有效利用可能才是使网络规模充分发挥优势的条件，企业间合作经验对于虚拟组织的界面管理与知识利用有所帮助。合作经验有助于形成企业之间创新目标、创新行为、创新语言的认同与共识，通过合作经验的交流与分享能够积累丰富的知识与技术，这些隐性资源促使企业间联合展开创新活动，一方面，基于现有的市场机遇与分工的产品模块，将隐性知识内化于产品模块中去；另一方面，持续不断地发现新机会与新需求，循环往复地通过合作创新生产新知识、新需求与新方案，逐步形成虚拟组织持续创新绩效及竞争优势来源。

研究虚拟组织合作创新绩效产生的前端影响因素可以从前端了解创新绩效产生的根源，而显性知识与隐性知识资源获取构成了前端作用的主要形式。从知识资源获取的前端因素看，知识资源获取的基础在于成员企业存量知识及增量知识的积累，而这些存量知识与增量知识的积累来源于虚拟组织的结构特征即网络规模与网络中心性。据此，本书将基于显性知识资源获取与隐性知识资源获取的中介效应，探讨网络规模与网络结构对虚拟组织合作创新绩效的作用机制，有利于进一步剖析虚拟组织知识资源获取质量与效率的前置变量因子，同时明晰网络规模与网络结构如何通过知识资源获取中介对合作创新绩效的作用效应。

8.2　理论模型与研究假设

8.2.1　网络规模与合作创新绩效

虚拟组织网络规模是参与创新的成员企业节点数量，虚拟组织网络中拥有互补性与异质性资源的企业数量越多，其中蕴藏的有利于创作创新的资源就越丰富。网络规模越大，与企业拥有的网络联结越多，越有利于企业理解什么是重要的知识，越有利于合作双方或多方共享网络知识平台，减少机会主要行为。通过网络与较多的合作伙伴直接合作，能有效降低成本与风险，而且直接的合作关系能够促进跨组织界面技术诀窍的转移。根据资源基础理论，企业是一个资源的集合体。由于企业的资源与能力是有限的，企业单靠其自身内部资源与能力整合已经难以满足快速变化的市场需求问题，唯有通过价值网络重构实现企业间联盟创新以弥补自身能力不足的约束。尤其是以配置供给端资源为核心的虚拟组织价值网络平台模式的快速发展，促使企业创新的实现路径从内部封闭式创新转向积极从外部获取创新资源的开放式创新，以及更加强调企业间互补资源合作的协同创新，重新定义创新资源组织与连接功能，思考如何快速获取、整合、集成连接对企业资源以获取竞争优势。大规模与多样化的联结是有价值的，因为它们创造大量的信息来源。同样，异质性与互补性资源的连接是有效能的，主要是由于协同创新增强了企业的创新速度、效率与品质，以及客户的感知价值与体验价值。

虚拟组织参与创新的成员企业数量决定了网络规模的大小与网络结构层次的高低，成员企业自身携带大量的价值信息与专业知识。网络规模越大，意味着参与合作创新的企业数量越多，且嵌入在参与企业知识资源存量就越多，可供企业间相互获取、匹配与更新的存量知识资源就越丰富，企业相应的创新产出就越多。企业间通过高频交流互动增强了彼此间信任、承诺与知识分享意愿，越容易理解吸收客户需求信息、统一设计规则及模块接口知识并将高质量知识和复杂知识应用于产品模块创新与技术创新（Greve & Rowley et al.，2005），从而提升客户对产品的使用价值、感知价值与体验价值，增强产品的市场竞争能力与市场份额，盘活成员企业闲置创新资源与核心能力的同时分享共同创造的绩效价值。企业建立外部联系伙伴数量越多，就越可能从外部获取知识资源进行创新，从而提高产品的竞争力与市场份额，实现快速增长。因此，提出以下假设。

H1a 网络规模与合作创新绩效存在正相关关系。

8.2.2 网络结构与合作创新绩效

基于资源依赖理论的观点，任何企业在其内部都不可能拥有自身所需要的一切知识和资源，必须不断地从外部获取新知识以提升组织绩效。知识获取需要借助与其他组织间的社会联结才能进行，而网络作为企业间社会联结的集合，为企业的知识获取提供了良好的平台，网络位置中心度提高了企业信息的多元性。处于网络中心位置的企业，可以获得大量丰富可靠的信息，了解并获取网络中其他组织的技术、管理技能等相关知识，并利用这些知识精炼自身已有的知识，来应对行业技术、市场的变化。

虚拟组织作为社会网络理论在企业创新发展领域的成功应用，无疑对企业间合作创新是具有显著正向影响的。但是如何设计虚拟组织网络结构使其产生最大效用，还需要进一步分析研究。网络中心性反映网络中心节点对其他节点的影响力，节点处于网络中心位置说明该节点企业了解并处于所在行业的主流市场，掌握行业领先的核心技术及市场先入的结构优势，拥有良好的知识资源与知识基础。无论是基于市场机遇的利用式学习与探索式学习，都需要成员企业拥有一定的知识基础，然后在此基础上进行知识资源共享与获取，进而实现企业协同创新。节点位置中心性越高，越容易促进颠覆性创新的行为发生（张金福，2020）。

根据社会资本理论的观点，企业对外部知识数量与质量的获取取决于社会资本关系，即企业间的社会关系联结水平（谭云清，2013）。社会资本由结构性、关系性和认知性三个维度构成，这三个维度与知识资源及知识组合资源的交换机会密切关联（Yli-Renko et al.，2002）。网络中心性是网络结构的基本特征，是影响网络性能关键作用的节点或节点群，反映了企业在虚拟组织网络中所处结构优势及权力影响（吴晓波等，2007）。虚拟组织中占据网络中心位置的企业具有明显信息优势，能够从其他成员企业获取更多客户需求信息、技术最新变化及产业更新趋势，因其明显的结构优势从而在网络空间掌握相关创新信息用以组织、指导其他成员企业在统一设计规则下应用各自的核心能力、优势资源及专业知识设计专业知识模块以实现产品模块集成创新，进而增强产品的创新能力、市场竞争力及市场份额，提升合作创新绩效的同时实现共同成长。可见，网络中心性越强，其声望及位势就越高，影响并联结成员企业间的关系强度就越紧密，企业间用以创新需求所共享的知识信息就越多，合作创新绩效自然提升就越高。因此，提出以下假设。

H1b 网络中心性与合作创新绩效存在正相关关系。

8.2.3 网络规模与知识资源获取

虚拟组织网络规模是成员企业之间跨越组织边界、组织制度、组织文化、组织流程等知识资源多元化联系，一定程度上影响着跨边界的知识与技术诀窍获取与转移。网络规模越大，企业间的关系资源与知识资源就越多，企业获取外部知识的渠道越多，对获取知识资源的理解力、想象力及表达的不同观点就越丰富，越有可能实现创新的规模效应。当然，如果企业拥有的网络关系是异质性的，那么网络蕴含的知识资源就十分丰富，企业学习能力也就越强，大规模的网络更容易获取知识流和信息流。与外部网络较多的企业进行联系时，将越容易建立较多的弱联结，企业就有可能从多种渠道来获取异质性信息（Ahuja，2000）。一方面，成员数量多意味着企业间重复交互的次数越多，可以让更多企业获取有用的知识，也可以让更多的组织有一致共识的知识诠释，从而增强知识资源的深度与广度；另一方面，从不同的观点来考虑一个问题是网络规模主体合作创新的常识，可以深度理解、多点认知与精准转化客户需求，企业之间每个节点资源的关系联结都可能通过一种共性语言进行沟通交流。

基于社会资本理论，通过社会网络关系，能够获得所需的知识、情感支持以及相关资源等，而网络成员数量的增加能够促进企业知识资源获取。网络规模越大，网络范围越广，网络主体越多，嵌入在网络中的信息越丰富，这些信息就越能够帮助新企业识别潜在资源所有者，并以优惠条件或合作协议获得所需资源。新创企业可以利用与多个主体，如顾客、供应商、竞争者、研究机构、各类服务机构形成的广泛社会关系，获取金融资本、关键技术、人力资本和管理经验。这极大地促进了新创企业成长，并为企业带来效益。从网络规模来看，企业知识创造存在于一个开放的系统中，通常需要通过交换知识而与外部环境进行交互作用，这些知识可能是创新能力的一种形式。在其他条件相同的情况下，企业获取知识的能力与其所拥有的联系数目成正比。从网络强度来看，网络内双方紧密的关系可作为有效机制促进跨组织界面技术诀窍的转移和学习。企业成功的学习取决于企业与外部网络伙伴之间重复的交互过程以及这种交互的强度和频度，从而促进企业之间的知识和技术诀窍的交换和转移。外部知识源接触的广度和深度将正向影响企业利用国际化相关知识的倾向（Sharma，2003）。

网络规模反映虚拟组织拥有企业数量与知识资源的充裕程度。虚拟组织参与合作创新的企业数量越多，企业知识资源聚合规模就越大，对各参与企业而言，识别评估外部信息的机会及获取知识资源的渠道来源就越多（Ritter & Gemunden，2003）。具体而言，网络规模越大意味着参与创新的成员企业间链接的网络节点数量就越多，企业间彼此可以通过丰富的关系网络洞察、挖掘并获取新的市场机遇信息、产业政策信息、技术发展信息、客户潜在需求、需求更新信息等显性知识资源，用于寻求拓展新的合作创新机会；同时企业间通过网络关系有利于增强彼此交流互动的共性语言，共同理解统一设计规则、模块接口信息、业务传递流程等显性知识资源，用于高效、高质集成客户解决方案。

此外，虚拟组织网络规模越大，成员企业基于知识的溢出效应通过关系网络获取互补性知识资源就越丰富，越有利于企业自身将获取原本储存的经验、技能、诀窍、程序等隐性知识积累进行匹配叠加、更新整合形成新的有机知识体系，增加隐性知识存量的同时促使凝结在产品模块的技能、隐性知识量就会增加，产品模块的性能、品质与附加价值相应地就会提高，合作创新成功率与合作绩效价值就会提升。这在一定程度上反映了虚拟组织网络规模越大，成员企业彼此获取对方关键显性知识资源与隐性知识资源的准确性就越高，通过知识匹配、理解与转化为自身增量知识资源。因此，提出以下假设。

H2a　网络规模对显性知识资源获取有正向作用效应。

H2b　网络规模对隐性知识资源获取有正向作用效应。

8.2.4 网络中心性与知识资源获取

根据社会资本理论的观点，企业对外部知识数量与质量的获取取决于社会资本关系，即企业间的社会关系联结水平。社会资本由结构资本、关系资本与认知资本三个维度构成，这三个维度与知识资源及知识组合资源的交换机会密切关联。网络中心性是网络结构的基本特征，是影响网络性能关键作用的节点或节点群，反映了企业在虚拟组织网络中所处结构优势及权力影响。虚拟组织中处于网络结构中心位置的成员企业通常具有较高的可见度与资源吸引力，可以从网络中连接许多互补信息流用以分享与交流，利用自身掌握的信息优势及技术优势获取虚拟组织中其他成员企业的认可、尊重与信任，有利于企业间合作关系的建立与延续。同时，由于较高的网络位置或企业位势，从而控制着价值链中关键节点核心技术和知识资源，尤其是掌握着价值链节点中研发、生产、渠道或服务网络最为关键的核心技术及管理经验等隐性知识，主导着网络的创新资源与发展方向。虚拟组织中其他成员企业为了获取更多的合作创新与生存发展机会，一方面积极分享自身专业知识资源的同时积极获取企业间知识与信息，夯实并专注企业自身的核心能力，以核心能力和优势资源参与创新并逐步向网络中心靠近，以逐步提升企业在网络内的话语权和影响力，以获得参与虚拟组织持续创的机会；另一方面处于网络中心位置的成员企业为了维护其网络核心地位，也会促使其与其他成员企业积极分享知识与信息（Burt，2004），因为成员企业网络位置和声誉越高，其联结的网络关系渠道与网络资源就越多，拥有的社会资本就越多，相应的预期带来的收益也就越高（任胜刚，2010）。因此，虚拟组织成员企业处于网络的中心位置或者说距离网络中心位置越近，其具有的网络位置优越感知就越强，为了维护拥有社会资本这种优越感，更专注在产品模块中内化知识并愿意与网络中其他成员进行知识信息共享进而提升知识资源获取的数量与质量。

虚拟组织网络中心性越强的成员企业在虚拟组织网络中可见度就越高，能够主导网络合作创新战略的定位与方向，从战略的高度认识、识别、评估与选择合作伙伴所拥有的核心技术、核心能力与管理技能等隐性知识资源，从而发起和调整网络关系，联结企业间知识资源获取的主要渠道（钱锡红等，2010）。并且，网络中心性也能够强化虚拟组织成员企业的联结强度，促使核心企业通过搜索和挖掘外部潜在合作伙伴，发现新的外部网络机会，明确学习目标、创新对象及创新流程，识别出对实现战略机遇所需要的市场与客户需求的显性知识资源，迅速聚集组织所需要的知识清单与知识资源明细，减少不必要和边际低效率的创新资源投资成本，从而提高企业识别关键知识的效率与质量。因此，提出以下假设。

H3a　网络中心性对显性知识资源获取有正向作用效应。

H3b　网络中心性对隐性知识资源获取有正向作用效应。

8.2.5　知识资源获取与合作创新绩效

知识资源作为智力劳动的产物及价值创造的战略资源，已成为虚拟组织持续创新的关键要素。知识资源获取是成员企业为了在复杂环境下借助虚拟组织网络发现新机会与新思想而进行的知识与信息的搜集、吸收与转化过程。虚拟组织在合作创新过程中，一方面，成员企业不断地通过网络关系分享对接产业政策、行业发展、客户需求、设计规则、流程文件等显性知识资源以精准理解定义客户需求知识、潜在需求信息与市场发展方向以及精确传递并获取关联创新信息，清晰把握行业趋势与客户后续知识需求，减少客户需求理解的交互成本与信息偏差，增强产品模块设计的准确度与成功率；另一方面，通过成员企业间经验心得、设计理念、技能诀窍等隐性知识在线互动交流、领悟与练习，更能理解嵌入内化于产品模块所需要的专业知识清单及知识序列，从而促使有意愿性的隐性知识转化和非意愿性的隐性知识溢出。在统一规则框架下设计出高品质的产品模块，与其他合作创新的成员企业设计的产品模块通过集成重组为满足客户需求的产品或服务，进而提升合作创新绩效。

李海林等（2020）研究发现从外部网络中有效获取创新所需要的知识资源会对合作创新绩效产生正向影响，且知识资源的获取及应用对企业盈利能力有正向作用效应。可见，知识资源获取有助于成员企业精准理解客户需求，把握市场环境动态变化及产业发展方向并作出敏捷性响应，在无序的商业环境中进行有序的合作创新，以共同拓展存量市场及增量市场，实现合作创新绩效的快速增长与发展。因此，提出以下假设。

H4a 显性知识资源获取与合作创新绩效正相关。

H4b 隐性知识资源获取与合作创新绩效正相关。

8.2.6 网络规模、知识资源获取与合作创新绩效

虚拟组织作为连接成员企业核心能力与互补资源的创新联盟体，网络规模越大意味着参与合作创新的成员企业数量越大，由于成员企业彼此拥有多种信息、知识与技术，企业间在共同目标与统一规则框架下通过互动交流建立联系，高频互动能够增强成员企业之间战略行动的默契及绩效目标的共识，使成员企业彼此获取与自身知识技能匹配的价值信息并吸收更新，实现技术诀窍及知识信息的深度交换及有效转移（胡汉辉和潘安成，2016）。同时，较多网络成员通过异质能力与互补资源合作降低专用性投资成本与投资风险，使得企业间资源与能力达到扬长补短及协同创新效应。此外，网络规模越大，企业间联结形成的结构洞自然就多，一定程度上保证了合作创新的成员企业能够获取不同的信息流、知识流与技术流（李晓冬，2016），尤其是建立在"互联网＋信息技术"载体下的资源与能力虚拟连接使得成员企业间建立有效的网络联结路径缩短，可供成员企业获取的知识资源的时效性就越强，相应的共享可供参与企业获取的知识质量相对就越高，用以合作创新的产品在市场上竞争力与生命力就越强，合作创新的绩效就越高。因此，提出以下假设。

H5a 显性知识资源获取在网络规模对合作创新绩效影响机制中起中介作用。

H5b 隐性知识资源获取在网络规模对合作创新绩效影响机制中起中介作用。

8.2.7　网络结构、知识资源获取与合作创新绩效

虚拟组织中位居网络中心位置的企业往往与其他企业存在多种关联并享有这种关联带来的资源和优势，而居于边缘位置的企业要想在创新网络中有自己的话语权与影响力，就需要经历从边缘向网络中心位置变迁的一个过程。由于大量异质性、互补性与新颖性信息是协同创新的重要基础与有效方法，因此，在变迁过程中，边缘企业通过企业间关系信任与学习互动来实现该目标。网络结构中心度高表明网络中核心知识资源与其他知识要素资源的组合潜力强，进行知识资源获取时，拥有更密集知识链接的核心知识会搜索到更多相关知识元素，进而提高组合机会。同时成员企业联系更紧密，更熟悉这些核心知识元素的特性与相关知识元素所在领域，进而更容易从虚拟组织网络中获取最优知识组合，促进跨组织边界知识搜索的成功率。

网络结构中心性越强的企业更容易吸引、获取并控制宽领域、多样化、非冗余等与创新相关的知识与信息资源（王亚娟和张钰等，2014），也就是说虚拟组织网络结构越紧密、中心度越聚焦，核心企业越能够更好地协调和管理其他成员企业的行为，当然成员企业间比较紧密的关系网络促进了合作伙伴之间的资源承诺，彼此间获取有效价值信息和创新资源的直接与间接路径就越多，知识资源获取的质量相对就越高。成员企业通过并行作业与协同创新，核心企业在共同设计框架下对成员企业知识模块进行集成整合，缩短了产品从研发到商业化应用的运营周期，盘活并提升企业之间资源能力的利用率及产品创新效率与品质，从而提升合作创新绩效。因此，提出以下假设。

H5c　显性知识获取在网络中心性对合作创新绩效影响机制中起中介作用。

H5d　隐性知识获取在网络中心性对合作创新绩效影响机制中起中介作用。

根据上述研究假设，得出虚拟组织网络规模、网络中心性、知识资源

获取与合作创新绩效的作用机制理论模型，如图 8.1 所示。

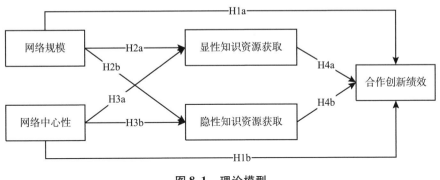

图 8.1 理论模型

8.3 研 究 设 计

8.3.1 样 本 选 取 与 数 据 收 集

本章研究数据发放与收集通过实地调研与问卷调查相结合的方式展开，关于网络规模、网络结构、知识资源获取与合作创新绩效的测量题项、问卷结构征询了四位虚拟组织创新绩效研究专家及相关业内五位创新管理的企业高管。问卷发放以个人及组织的关系网络进行，被调研对象选取为具有创新合作的科技型中小企业，问卷填写对象为样本企业的中高层人员及 CEO 指定人员。基于虚拟组织是以"互联网＋信息技术"应用载体实现成员企业能力与资源联结的本质属性，样本企业的选取主要聚焦以下三个方面：①企业近三年在价值链重组过程中在产品研发、设计、生产、渠道、服务等节点有清晰的合作伙伴；②在价值链战略环节存在外协、外包或承包等业务；③从行业及区域选择上关注虚拟组织应用较多的先进制造、通信电子等行业以及电子商务与经济发展较为发达的河南、浙江、上海等区域。问卷发放 320 份，回收 295 份，剔除填答不全及不符合标准要求的问卷，有效问卷231份，有效问卷回收率78.31%，样本特征结构见表8.1。

表8.1 样本特征结构

项目		样本/份	百分比/(%)	项目		样本/份	百分比/(%)
行业分布	机械制造	121	52.38	员工规模	≤200人	22	9.52
	通讯电子	63	27.27		201~500人	105	45.45
	能源环保	32	13.85		501~1 000人	73	31.60
	生物医药	15	6.49		≥1 000人	31	13.42
	合计	231	100.00		合计	231	100.00
所属区域	河南	125	54.11	企业年龄	≤2年	5	2.16
	上海	54	23.38		3~5年	12	5.19
	浙江	32	13.85		6~10年	53	22.94
	北京	20	8.66		≥10年	161	69.70
	合计	231	100.00		合计	231	100.00

8.3.2 变量测量

本书设计的变量测量题项均采用Likert-5分量表（1=非常符合，5=非常不符合）为测度。为保证各变量测量题项的信度与效度，量表题项均借鉴于国内外现有文献开发的成熟量表，并结合实际调研作了适当修正。在数据处理前，先对变量的测量题项进行信度与效度检验，而后对变量间关系进行相关性分析，在此基础上，采用SPSS 19.0和Amos 17.0进行探索性和验证性分析。

1. 合作创新绩效

合作创新绩效作为虚拟组织成员企业间协同创新成果商业化应用的最终体现，是持续合作创新水平的重要指标（李玲，2011），主要通过虚拟组织网络的稳定性、成员企业合作创新满意度及成员企业创新能力提升加以体现。首先，持续稳定的合作创新关系能够规避机会主义行为，降低机会成本与交易成本，维持虚拟组织高效运行；其次，由于成员企业的复杂性与个体资源能力差异，各自合作的出发点或目标不尽相同，仅用单一的财务绩效等客观指标难以衡量合作创新的实际成果，而通过调研发现企业间合作满意度则是考量合作创新关系的可靠指标（徐二明和徐凯，2012）；最后，成员企业参与虚拟组织进行协同创新的动力来源于自身技术创新能力的匮乏，可见，自身创新能力的提升程度也是衡量合作创新绩效的关键测量指标。因此，对于虚拟组织合作创新绩效的测量，结合实际调研，借鉴李玲（2011）、任胜刚（2010）量表三个测量题项进行测量（见表8.2）。

表8.2 合作创新新绩效构念及测量题项

因变量	测量题项	题项来源
合作创新绩效	①通过合作与伙伴的合作持续时间较长	李玲，2011；任胜刚，2010
	②通过合作获得了较满意的结果	
	③通过合作现有技术能力得到改进，研发速度较快	

2. 网络规模与网络结构

对网络规模的测量采用节点度的大小来衡量，节点度表示企业相邻连接的数目。借用李纲等（2017）、窦红宾和王正斌（2012）、李志刚和汤书昆等（2007）、巴特扎尔嘎勒（Batjargal，2007）开发的比较成熟的量表，并结合实际调研情况引用三个指标题项进行测量。

对网络中心性构念的测量主要借鉴帕帕斯和伍尔德里奇（Pappas & Wooldridge，2007）、窦红宾和王正斌（2012）、商淑秀和张再生（2013）开发的比较成熟有效的指标题项，并结合实际调研情况共用三个题项进行测量，见表8.3。

表 8.3 网络规模、网络结构构念及测量题项

自变量	测量题项	题项来源
网络规模	①与同行业企业相比，与本企业正式和非正式联系合作交流的供应商更多	李纲等，2017；窦红宾和王正斌，2012；李志刚和汤书昆，2007，Batjargal，2007
	②与同行业企业相比，与本企业正式和非正式联系合作交流的客户更多	
	③与同行业企业相比，与本企业正式和非正式联系合作交流的其他企业更多	
网络中心性	①大多数项目组成员对公司都比较了解	Pappas & Wooldridge，2007；窦红宾和王正斌，2012；商淑秀和张再生，2013
	②大多数项目组成员易与公司建立交流技术或经验的联系	
	③其他项目组成员通常希望公司提供技术支持和管理建议	

3. 知识资源获取

显性知识资源获取与隐性知识资源获取：分别借鉴引用曾鄂文（Tsang，2004）、窦红宾和王正斌（2012）、马柯航（2015）的研究量表，各用三个指标题项进行测量，见表 8.4。

表 8.4 知识资源获取构念及测量题项

中介变量	测量题项	题项来源
显性知识资源获取	①通过网络能够敏锐洞察并获取市场机遇需求信息	Tasng，2004；窦红宾和王正斌，2012；马柯航，2015
	②通过网络能够把握并获取技术发展信息	
	③通过网络能够获取产业政策等信息	
隐性知识资源获取	①通过合作网络能够获取技术研发知识	
	②通过合作网络能够获取创新管理知识	
	③通过合作网络能够获取市场开发知识	

4. 控制变量

基于企业年龄可能与知识存量关联，企业规模及行业属性可能影响知

识存量规模与结构，为获取较为准确的研究结果，选取企业规模、企业年龄、所属行业作为控制变量，以识别可能对知识资源获取产生的影响，其中企业年龄 = 2017 年 – 创立年份，"2 年以内"设定为"1"，"10 年以上"设定为"4"；企业规模以员工数量作为测量指标，"200 人以内"设定为"1"，"1 000 人以上"设定为 4；基于机械制造业构建和参与虚拟组织创新情形较多且样本比重占 52.38%，故将行业属性设置为虚拟变量，机械制造业赋值为"1"，其他行业设置为"0"。

8.4 实证分析与结果

8.4.1 信度与效度检验

信度分析用于对量表稳定性与可靠性的评价，评价标准采用学界公认的 Cronbach's α 和因子载荷值（CTTC）。本研究发现 Cronbach's α 值均大于 0.7，且最小值为 0.768，说明变量量表数据具有稳定性；各题项 CTTC 值均大于 0.5，且最小值为 0.82，组合信度（CR）值均大于 0.6，且最小值为 0.872，均值方差（AVE）均大于 0.5，最小值为 0.661，表明变量数据具有较高的内部一致性。

效度分析用于衡量测量工具结果与真实情况的符合程度以及测量的正确性，本研究问卷所有题项设计在借鉴前人研究成熟量表的基础上征询专家意见后对个别题项进行了微调与修正，因此问卷题项具有较高的内容效度；通过验证性因子分析发现，各变量对应的 CFI、TLI、IFI 值均大于 0.9，最小值为 0.959，而 RMSEA 值均小于 0.08，最大值为 0.061，最小值为 0.037，表明效度检验通过。此外，χ^2 指数与自由度 Df 的比值为 $1 < \chi^2/Df < 3$，且 χ^2/Df 最小值为 1.443，最大值为 2.371，说明因子之间有较好的区分效度，各变量信度与效度检验结果见表 8.5。

表8.5 各变量探索性因子测量、信度与效度检验（N=231）

变量及测项	因子1	因子2	信度与效度系数
合作创新绩效（$\alpha = 0.913$；CR$=0.941$；AVE$=0.661$）			$\chi^2 = 18.971$；Df$=8$；$p < 0.05$；CFI$=0.959$；TLI$=0.961$；IFI$=0.973$；RMSEA$=0.045$
①通过合作与伙伴的合作持续时间较长	0.871		
②通过合作获得了较满意的结果	0.884		
③通过合作现有技术能力得到改进，研发速度较快	0.840		
网络规模与网络结构			
网络规模（$\alpha = 0.744$；CR$=0.868$；AVE$=0.697$）			
①与同行业企业相比，与本企业正式和非正式联系合作交流的供应商更多	0.798		
②与同行业企业相比，与本企业正式和非正式联系合作交流的客户更多	0.832		$\chi^2 = 15.897$；Df$=7$；$p < 0.05$；CFI$=0.977$；TLI$=0.963$；IFI$=0.981$；RMSEA$=0.061$
③与同行业企业相比，与本企业正式和非正式联系合作交流的其他企业更多	0.859		
网络中心性（$\alpha = 0.768$；CR$=0.895$；AVE$=0.711$）			
①大多数项目组成员对公司都比较了解		0.881	
②大多数项目组成员易与公司建立交流技术或经验的联系		0.798	
③其他项目组成员通常希望公司提供技术支持和管理建议		0.893	
知识资源获取			
显性知识资源获取（$\alpha = 0.812$；CR$=0840$；AVE$=0.694$）			
①通过网络能够敏锐洞察并获取市场机遇需求信息	0.859		
②通过网络能够把握并获取技术发展信息	0.862		$\chi^2 = 10.106$；Df$=7$；$p < 0.05$；CFI$=0.992$；TLI$=0.988$；IFI$=0.999$；RMSEA$=0.037$
③通过网络能够获取产业政策等信息	0.837		
隐性知识资源获取（$\alpha = 0.936$；CR$=0.952$；AVE$=0.877$）			
①通过合作网络能够获取技术研发知识		0.941	
②通过合作网络能够获取创新管理知识		0.933	
③通过合作网络能够获取市场开发知识		0.951	

8.4.2 验证性因子分析

为了进一步检验调查问卷在填写过程中可能会出现同源方法方差问题，本研究借助 Amos 17.0 统计软件进行单因子验证性分析，即将所有测量题项合并成一个单因子进行测度，并依次与其他不同组合因子测量值进行比较，验证结果发现单因子模型测量题项的匹配效果不够理想（见表 8.6），而五因子模型较其他组合因子模型拟合较好（$\chi^2 = 289.632$，$Df = 231$，$p < 0.01$，$TLI = 0.965$，$CFI = 0.972$，$RMSEA = 0.041$）。

表 8.6 变量的区分效度检验结果

模型	χ^2	Df	TLI	CFI	RMSEA
五因子模型	289.632	231	0.965	0.972	0.041
四因子模型1：网络规模 + 网络中心性	567.723	201	0.869	0.892	0.077
四因子模型2：网络规模 + 显性知识获取	523.205	203	0.901	0.933	0.083
四因子模型3：网络中心性 + 隐性知识获取	791.265	205	0.817	0.829	0.104
三因子模型4：网络规模 + 显性知识获取 + 隐性知识获取	835.213	206	0.830	0.827	0.113
三因子模型5：网络中心性 + 显性知识获取 + 隐性知识获取	899.591	207	0.778	0.781	0.127
二因子模型6：网络规模 + 网络中心性 + 显性知识获取 + 隐性知识获取	1 194.534	207	0.667	0.731	0.135
单因子模型：网络规模 + 网络中心性 + 显性知识获取 + 隐性知识获取 + 创新绩效	1 783.989	208	0.512	0.564	0.169

注：** 表示 $p < 0.01$，* 表示 $p < 0.05$。

8.4.3 描述性统计分析

描述性统计主要用于解释变量间可能存在的相关关系，在对本研究各变量关系假设验证之前，首先对各变量的均值、标准差及相关系数进行描述性统计分析（见表8.7），从表8.7可以看出，各变量之间的相关系数均小于0.5，且变量均值（AVE）均大于因子之间的相关系数，而方差膨胀因子（VIF）又均小于10，因此，排除了变量之间多重共线性的可能。网络规模与合作创新绩效（$r=0.31$，$p<0.01$）、网络中心性与合作创新绩效（$r=0.35$，$p<0.01$）有显著正相关关系；网络规模与显性知识资源获取（$r=0.26$，$p<0.01$）、隐性知识资源获取（$r=0.33$，$p<0.01$）呈显著正相关关系，网络中心性与显性知识资源获取（$r=0.38$，$p<0.01$）、与隐性知识资源获取（$r=0.32$，$p<0.01$）均呈显著正相关关系；显性知识资源获取与合作创新绩效（$r=0.46$，$p<0.01$）、隐性知识资源获取与合作创新绩效（$r=0.50$，$p<0.01$）均具有显著正相关关系。此外，企业年龄（$r=0.05$）、所属行业（$r=-0.17$）与网络规模没有显著的相关关系；企业年龄（$r=-0.04$）、所属行业（$r=-0.14$）与网络中心性也没有显著的相关关系，这表明网络结构与网络规模不受企业年龄与行业类别的影响。而企业规模与网络中心性（$r=0.18$，$p<0.05$）呈正相关关系，与网络规模（$r=0.09$）不相关，这表明企业网络结构位置与自身规模优势相关，企业规模越大，拥有的知识资源相对越多；而网络规模与参与企业的数量及联结节点企业知识资源有关。从变量相关性统计分析表明模型和假设具有一定的合理性，适合进一步检验各变量之间的作用机理。

表8.7　　　　　　变量的平均值、标准差与相关系数（$N=231$）

变量	平均值	标准差	1	2	3	4	5	6	7	8
1. 企业年龄	3.51	0.94	1.00							
2. 企业规模	2.66	1.03	0.21 **	1.00						
3. 所属行业	1.97	1.65	−0.14	0.15	1.00					
4. 网络规模	3.67	0.71	0.05	0.09	−0.17 **	1.00				
5. 网络中心性	2.91	1.15	−0.04	0.18 **	−0.14	0.25 **	1.00			
6. 显性知识资源获取	3.59	0.79	0.28 **	−0.09	−0.23 **	0.26 **	0.38 **	1.00		

变量	平均值	标准差	1	2	3	4	5	6	7	8
7. 隐性知识资源获取	3.62	0.74	0.36**	-0.11	-0.34**	0.33**	0.32**	0.43**	1.00	
8. 合作创新绩效	3.46	0.92	0.35**	-0.04	-0.15	0.31**	0.35**	0.46**	0.50**	1.00

注：** 表示 $p < 0.01$，* 表示 $p < 0.05$。

8.4.4 假设检验

本研究采用层级回归方法，通过控制样本的部分变量进而明确变量间的因果关系与作用机理。

1. 主效应检验

主效应用以检验网络规模、网络中心性对合作创新绩效、知识资源获取的影响，多元回归分析检验结果见表 8.8。根据层级回归法步骤，首先将显性知识资源获取设定为因变量，并依次将控制变量（企业年龄、企业规模、所属行业）、网络规模、网络中心性代入回归方程进行分析，从表 8.8 模型 1 和模型 2 可以发现，控制变量对显性知识资源获取作用不显著，而网络规模（$\beta = 0.23$，$p < 0.01$）、网络中心性（$\beta = 0.29$，$p < 0.01$）对显性知识资源获取正向作用非常显著，并且网络中心性比网络规模对显性知识资源获取的影响较大，说明网络规模的大小决定了可供获取的知识资源存量，而获取知识的数量与质量更取决于企业在网络的中心位置，H2a 和 H3a 通过检验；其次将隐性知识资源获取设定为因变量，将控制变量、网络规模、网络中心性依次代入回归方程进行分析，从模型 3 和模型 4 可以看出，网络规模（$\beta = 0.12$）对隐性知识资源获取作用不显著，H2b 未通过检验，表明隐性知识高度嵌入性、黏着性、难易会性的基本属性使得其难以在成员企业间吸收转移，需要在高频互动交流、私人情感关系联结、创新体验中去理解与搜寻，通过面对面接触交往并进行干中

学、学中干方能进行知识获取。而网络中心性（$\beta = 0.25$，$p < 0.01$）对隐性知识资源获取影响非常显著，H3b 通过检验；再次将合作创新绩效设定为因变量，将控制变量、网络规模、网络中心性依次代入回归方程进行回归分析，从模型 5 和模型 6 可以看出，控制变量对合作创新绩效影响不显著，而网络规模（$\beta = 0.19$，$p < 0.01$）、网络中心性（$\beta = 0.21$，$p < 0.01$）对合作创新绩效作用非常显著，H1a、H1b 通过检验，从两者对合作创新绩效作用的关系强度来看，网络中心性要强于网络规模，这表明参与企业的网络中心性越强，其核心技术优势或市场资源结构优势就越明显，嵌入在产品模块中的专业知识及客户需求知识就越多，产品价值创新就越充分，进而增强产品价值的创造效率与价值获取效率。

表 8.8　　　　　　　网络规模、网络中心性与知识资源获取、
合作创新绩效的多元回归分析

变量	显性知识资源获取		隐性知识资源获取		合作创新绩效	
	模型 1	模型 2	模型 3	模型 4	模型 5	模型 6
控制变量						
企业年龄	0.07	0.11	0.06	0.04	0.23	0.16
企业规模	− 0.05	0.03	− 0.04	− 0.02	− 0.09	− 0.04
所属行业	− 0.23	− 0.19	− 0.21	− 0.01	0.02	0.05
自变量						
网络规模		0.23 **		0.12		0.19 **
网络中心性		0.29 **		0.25 **		0.21 **
R^2	0.24	0.25	0.26	0.28	0.31	0.33
Adj – R^2	0.23	0.24	0.25	0.27	0.30	0.32
F 值	24.12 **	20.07 **	20.54 **	15.94 **	24.91 **	19.87 **

注：$n = 231$；** 表示 $p < 0.01$，* 表示 $p < 0.05$。

2. 中介效应检验

中介效应主要是检验知识资源获取在网络规模、网络中心性与合作创新绩效之间的中介作用（检验结果见表 8.9）。首先将合作创新绩效设定为因变量，将显性知识资源获取、隐性知识资源获取设定为自变量依次代入回归方程进行多元回归，回归结果见模型 7、模型 8 与模型 9，从三个模型分析可以看出，显性知识资源获取（$\beta = 0.29$，$p < 0.01$）、隐性知识资源获取（$\beta = 0.30$，$p < 0.01$）对合作创新绩效均具有显著的正相关关系，这表明 H4a 和 H4b 检验通过。从作用关系的强弱程度看，隐性知识资源获取较显性知识资源获取对合作创新绩效的作用关系更显著。其次将合作创新绩效作为因变量，将网络规模、网络中心性依次代入回归方程进行分析，从模型 10、模型 12 回归结果看，发现网络规模（$\beta = 0.22$，$p < 0.01$）网络中心性（$\beta = 0.23$，$p < 0.01$）对合作创新绩效作用效应均呈显著正相关，而后加入显性知识资源获取变量后再分别进行多元回归，回归结果见模型 11 和模型 13，发现加入显性知识资源获取变量后，网络规模（$\beta = 0.13$）、网络中心性（$\beta = 0.15$）对合作创新绩效显著性影响消失，而显性知识资源获取依然对合作创新绩效作用仍具有显著正相关关系，这表明显性知识资源获取在网络规模、网络中心性对合作创新绩效影响中有完全中介作用，H5a 和 H5c 检验通过。最后由于虚拟组织网络规模对隐性知识资源获取作用不显著（H2b 未通过检验），就无法谈及隐性知识资获取在网络规模对合作创新绩效作用的中介效应，因此 H5b 检验不通过。基于此，仍将合作创新绩效设置为因变量，将网络中心性、隐性知识资源获取依次代入回归方程进行分析，回归结果见模型 12 和模型 14，模型 12 在未放隐性知识资源获取之前，网络中心性（$\beta = 0.23$，$p < 0.01$）对合作创新绩效作用呈显著正相关，模型 14 在放入隐性知识资源获取之后，网络中心性（$\beta = 0.17$）对合作创新绩效的显著性作用就消失了，这表明隐性知识资源获取在网络中心性对合作创新绩效影响起完全中介作用效应，H5d 检验通过。

表 8.9 知识资源获取与合作创新绩效回归结果及中介效应检验

变量	合作创新绩效							
	模型 7	模型 8	模型 9	模型 10	模型 11	模型 12	模型 13	模型 14
控制变量								
企业年龄	0.03	0.05	0.06	0.04	0.09	0.06	0.04	0.15
企业规模	-0.02	0.03	-0.04	-0.05	0.03	-0.04	-0.02	-0.09
所属行业	-0.13	-0.12	-0.15	-0.21	-0.19	-0.17	-0.01	0.02
自变量								
网络规模				0.22**	0.13			
网络中心性						0.23**	0.15	0.17
中介变量								
显性知识资源获取	0.31**		0.29**		0.21**		0.24**	
隐性知识资源获取		0.33**	0.30**					0.29**
R^2	0.19	0.21	0.22	0.24	0.26	0.27	0.29	0.35
$Adj - R^2$	0.18	0.20	0.21	0.23	0.25	0.26	0.28	0.34
F 值	12.13**	13.77**	15.24**	18.76**	21.55**	23.32**	30.94**	32.71**

注：$n=231$；** 表示 $p<0.01$，* 表示 $p<0.05$。

8.4.5 结果讨论

为探索研究虚拟组织网络规模、网络结构、知识资源获取与合作创新绩效的作用关系，将合作创新绩效设置为因变量，网络规模与网络结构中心作为自变量，显性知识资源获取与隐性知识资源获取分别为中介变量，验证了 12 项研究假设，实证检验结果见表 8.10。

表 8.10 　　　　　　　　　　　实证检验结果

研究问题	研究假设		实证结果
网络规模、网络结构对合作创新绩效的影响	H1a	网络规模与合作创新绩效存在正相关关系	支持
	H1b	网络中心性与合作创新绩效存在正相关关系	支持
网络规模、网络结构对知识资源获取的影响	H2a	网络规模对显性知识资源获取有正向作用效应	支持
	H2b	网络规模对隐性知识资源获取有正向作用效应	不支持
	H3a	网络中心性对显性知识资源获取有正向作用效应	支持
	H3b	网络中心性对隐性知识资源获取有正向作用效应	支持
知识资源获取对合作创新绩效的影响	H4a	显性知识资源获取与合作创新绩效正相关	支持
	H4b	隐性知识资源获取与合作创新绩效正相关	支持
知识资源获取在网络规模、网络中心性对合作创新绩效的中介作用	H5a	显性知识资源获取在网络规模对合作创新绩效影响机制中起中介作用	支持
	H5b	隐性知识资源获取在网络规模对合作创新绩效影响机制中起中介作用	不支持
	H5c	显性知识资源获取在网络中心性对合作创新绩效影响机制中起中介作用	支持
	H5d	隐性知识资源获取在网络中心性对合作创新绩效影响机制中起中介作用	支持

（1）网络规模对显性知识资源获取影响显著，即 H2a 检验通过。表明虚拟组织参与企业越多、合作范围越广，成员企业能够接触并获取不同领域、不同视角新知识相对就越多，且节点企业无论是供应商、分销商、互补品商、研究机构还是客户等均是知识与信息的载体，节点企业多，互补性信息源点数就越多，企业间获取的显性知识信息及网络机会就越多。

（2）网络规模对隐性知识资源获取影响不显著，即 H2b 未检验通过。隐性知识一般储存于参与创新个体的大脑中，其缄默性、黏着性与高嵌入性特征使得知识转移往往需要参与个体之间经过多次交互作用和密切联系，尤其是双方能够产生私人情感因素和关系联结，通过面对面接触、交往并进行干中学、学中干方能进行知识交互转移。网络规模越大意味着企业知识库不断地向不同领域延伸与扩散，相应的企业间知识地图的路径相对就长且多头分散，成员企业在进行新知识搜寻时要耗费大量的时间和精力识别处理多元化信息，而用于获取、吸收与整合新知识的时间和精力不够，从而影响企业对现有知识资源的获取与利用。此外，以耗费大量时间与精力为代价去辨别获取有用知识，可能会导致企业间交流机会与交互频率减少，企业间联系紧密反过来还会影响彼此间的信任程度，因此，企业不愿意支付较多的精力来传递复杂知识与隐性知识，主要以易编码、易传递吸收的显性知识为主。

（3）网络中心性对显性知识资源获取与隐性知识资源获取均存在显著的正向作用效应，即 H3a 和 H3b 检验通过。H3a 验证通过，表明虚拟组织中核心企业或核心层企业越聚焦，网络组织结构相对就越紧密，核心企业在网络内的可见度就越高，可以从网络中连接许多异质信息流并利用信息优势获得网络成员的认可、尊重与信任以利于合作关系的建立。这就意味着成员企业要么是拥有核心技术的专业知识优势，要么是拥有创新信息资源的结构优势，均对虚拟组织知识资源具有较强的获取能力；H3b 验证通过，表明处在网络中心位置的核心企业（核心层企业）与其他成员企业基于战略共识与系统设计规则频繁交流互动强化了企业间关系联结，一方面，与虚拟组织成员企业分享更多共同关联的信息与知识，使得交互双方彼此更容易理解对方的语言信息，使得彼此间的知识产生重叠迭代，从而利于双方隐性知识的转移与扩散；另一方面，增强了个体间关系强度，使得合作伙伴能够降低知识的保护意识，愿意分享一些私人经验、信息和隐性知识，促进了隐性知识的共享与转移。

（4）隐性知识资源获取在网络规模对合作创新绩效的中介作用效应不显著，即 H5b 检验未通过。这表明网络规模越大，成员企业在进行新知识、新技术搜寻时要耗费大量的时间和精力识别处理多元化信息，从而影响成员企业对隐性知识资源的获取与利用，参与创新的成员企业不愿意支付较多的精力来传递复杂知识与隐性知识，而是将隐性知识依据虚拟组织系统设计规则，嵌入产品知识模块中用以产品模块集成。

（5）H1a、H1b、H4a、H4b 检验通过，表明虚拟组织的网络规模与网络结构决定了合作创新对所需知识资源的获取质量与获取效率，通过影响产品从创意到商业化应用的创新周期进而提升产品或服务在市场上的竞争力以提升合作创新绩效；同样，H5a、H5c、H5d 检验通过，表明参与合作创新的成员企业均是通过获取客户需求信息、系统设计规则等显性知识资源及专业知识、经验技能等隐性知识嵌入知识模块以快速集成产品与服务组合，快速给客户提供解决方案，彰显虚拟组织合作创新的高效率与高品质进而赢得客户与市场先机。

综上所述，通过对虚拟组织知识资源获取影响因素的实证分析，发现虚拟组织的网络结构与网络规模是影响知识资源获取质量的关键因素，其中网络中心性对显性知识及隐性知识资源获取质量均有显著的正向作用效应；网络规模仅对显性知识资源获取有显著作用效应。知识资源获取质量与知识资源获取效率共同影响知识集成的效能，进而作用并提升持续创新能力。虚拟组织持续创新相比传统联盟组织具有较强的生命力或创新优势在于合作创新速度性与合作创新品质，以高度柔性、敏捷性、速度性与品质赢得客户并抢占市场先机。

8.5 本章小结

本章聚焦于虚拟组织的研究视角，创新性探索了虚拟组织网络规模、网络中心性对合作创新绩效的作用机制，并引入知识资源获取中介效应，构建了网络规模、网络结构、显性知识资源获取、隐性知识资源获取与合作创新绩效的关系模型，借助 231 份样本数据通过理论假设、数据分析、实证检验与结果讨论，得出以下研究结论。

（1）虚拟组织网络规模、网络中心性对合作创新绩效均有显著的正向作用效应，但网络中心性对合作创新绩效的作用强度要大于网络规模对合作创新绩效的作用强度，这表明虚拟组织在合作创新过程中，要保持适度的网络规模及成员企业数量，选择核心能力与优势资源互补明显的成员企业以优化网络结构，提高网络结构中心度，通过企业间在线高效交互以获取合作创新所需的知识资源质量与效率，在快速创造高品质客户解决方案的同时提高合作绩效。

（2）虚拟组织网络规模、网络结构对显性知识资源获取、隐性知识资源获取的作用强度不一致。具体而言，网络规模对显性知识资源获取有显著的正向作用效应，但对隐性知识资源获取作用效应不显著；网络中心性对显性知识资源获取与隐性知识资源获取均有显著的正向作用效应；比较而言，网络中心性比网络规模对显性知识资源获取的作用影响较大。这表明网络结构中心性对成员知识资源获取非常重要，成员企业间在合作创新过程中彼此间应充分建立信任，以高质、高效、快速挖掘获取彼此间的知识资源，以促进企业间知识的交互吸取及应用。

（3）虚拟组织显性知识资源获取、隐性知识资源获取对合作创新绩效均有显著的正向作用效应，但从作用关系的强弱程度看，隐性知识资源获取较显性知识资源获取对合作创新绩效的作用关系更显著，虚拟组织显性知识资源获取在网络规模、网络中心性对合作创新绩效的影响中起完全中介作用效应；隐性知识资源获取在网络中心性对合作创新绩效的影响中起完全中介作用效应。这表明虚拟组织在合作创新过程中，合作创新绩效主要来源于成员企业对隐性知识资源的获取及应用，在精准获取显性知识的前提下，提高隐性知识资源的利用效率与创新资源管理效率，进而缩短产品从研发设计到商业化应用的运营周期以提升产品合作创新的速度、品质与绩效。

基于实证研究结果，本章的研究结论对企业尤其是科技型中小企业在构建或运营虚拟组织持续创新以提升合作创新绩效具有重要的管理启示。

（1）基于价值链分工与"业务归核化"法则，推动传统组织自主创新向虚拟组织合作创新模式转型。虚拟组织基于其独特的组织柔性、资源与能力连接的效率性以及市场反应的敏捷性对于正处于产业"互联网＋新经济"而言，无疑是企业间协同创新极为优越的组织创新模式。构建与运营虚拟组织不仅降低企业风险和缩减运营成本，更是为企业间进行有效的知识交流与知识资源获取提供了资源连接平台，通过引入模块化运作机制与设计规则体系，以用户价值需求为中心整合价值链上下游企业（供应商、渠道商、客户）、竞争对手乃至有关科研院所、投融资机构等相关参与方资源与能力，通过参与模块化研发、生产与职能外包及渠道联盟，形成有效的 OEM、ODM 乃至 OBM 创新能力，并制度化地组织或参与虚拟组织信息共享、知识交互、规则共识、流程优化、技术合作等各类在线交互活动形成良好的互动合作关系，促进虚拟企业间知识获取的质量与效率的同时增强了虚拟组织联盟企业合作创新的竞争力和生命力。

（2）保持适度的网络规模和中心化的网络结构是提升虚拟组织成员企业间互补知识资源的获取效率与获取质量进而提升合作创新绩效的关键。首先，虚拟组织成员企业自身携带知识流量及互补创新资源，自知自身创新发展瓶颈及闲置可利用的技术资源，在适度网络规模范围内同其他成员企业分享知识与技术，同时精准获取并内化互补性知识资源。其次，开放式创新背景下隐性知识资源的获取已成为提升合作创新绩效的关键，而获取隐性知识资源不仅需要企业有较强的学习能力、理解意会与吸收转化能力，更需要将获取知识与自身知识匹配与知识重叠的能力，这就促使成员企业要以自身的技术优势或结构优势尽量占据网络的中心位置，形成网络位势以增强企业获取其他成员企业显性知识和隐性知识的机会与频度，并加强与其他成员企业就共同目标、设计规则及专业模块任务等方面展开技术交流与知识合作，努力提升自身专业知识与专项技能水平，逐步建立自身在虚拟组织中的中心地位并持续参与合作创新以获取专业知识投资绩效。最后，基于虚拟组织共同战略使命、创新目标及框架规则，建立在线合作交易信息平台，及时发现、评估、选择、更新创新伙伴以优化网络规模与网络结构，确保虚拟组织持续创新所需的知识存量及专业知识增量，促使企业间精准、高效、高质获取知识资源以提升合作创新绩效。

（3）营造成员企业间高度信任的信用环境及互利共赢的创新氛围是实现虚拟组织知识资源尤其是隐性知识资源高效获取的保障。首先，充分利用虚拟组织网络中的创新机会，与合作伙伴建立高度信任的信用环境进而制定清晰的网络行动准则，一方面可降低企业间知识保护行为及机会主义倾向，减少沟通成本及认知风险，进而形成良好的学习氛围及知识分享意愿；另一方面有助于合作伙伴间形成稳定的行为模式、规范共识及网络惯例，减少分歧与不确定性因素，缓解局部目标冲突以及短期不平衡等所带来的摩擦，增强企业间知识分享的默契程度及共同语言的交流频率，提升知识获取的数量与质量。其次，营造互利共赢的创新氛围，强化成员企业间基于共同战略使命的认同与共识。虚拟组织合作创新离不开企业间显性知识的共享获取与隐性知识的集成整合，更离不开合作创新风险情景下的合规性认知，这就需要丰富现有和潜在的创新伙伴关系，通过互动学习交流与沟通以增强企业间信任，培育彼此更多的共性语言、共有知识、共同价值观及行为准则，促使合作创新各方积极提供有价值的知识与信息，从而提高隐性知识的获取效率与质量，促进隐性知识获取进而提高虚拟组织合作创新绩效。

参 考 文 献

[1] 包国宪，贾旭东. 虚拟企业的组织结构研究 [J]. 中国工业经济，2005（10）：96 - 103.

[2] 包国宪，王学军，柴国荣. 虚拟企业的利益分配与协调研究[J]. 科技进步与对策，2012，29（24）：123 - 126.

[3] [美] 彼得·德鲁克. 创新与企业家精神 [M]. 世界经济科技周刊编辑室，译. 北京：清华大学出版社，1998.

[4] 蔡莉，尹苗苗. 新创企业资源构建与动态能力相互影响研究[J]. 吉林大学社会科学学报，2008（6）：139 - 144.

[5] 蔡西阳，张文杰. 企业位势理论研究 [J]. 中国流通经济，2008（8）：53 - 55.

[6] 曹洪军，赵翔，黄少坚. 企业自主创新能力评价体系研究[J]. 中国工业经济，2009（9）：105 - 114.

[7] 曹霞，刘国巍，付向梅，李博. 基于网络视角的知识整合过程机理及仿真 [J]. 科学学研究，2012（6）：886 - 894.

[8] 曹兴，刘芳，邬陈锋. 知识共享理论的研究述评 [J]. 软科学，2010（9）：133 - 137.

[9] 陈福添. 知识集成研究：一种基于资源与能力的动态分析框架[J]. 财贸研究，2006（4）：90 - 95.

[10] 陈建，冯蔚东. 虚拟企业构建与管理 [M]. 北京：清华大学出版社，2002.

[11] 陈菊红，汪应洛，孙林岩. 虚拟企业——跨世纪企业的崭新组织形式 [J]. 管理工程学报，2000（2）：62 - 64.

[12] 陈力，鲁若愚．企业知识整合研究 [J]．科研管理，2003（3）：32－38．

[13] 陈力．后发企业的知识整合能力提升研究 [J]．情报科学，2005，23（12）：1892－1898．

[14] 陈力田，赵晓庆，魏致善．企业创新能力的内涵及其演变：一个系统化的文献综述 [J]．科技进步与对策，2012（7）：154－160．

[15] 陈莉平，石嘉婧．联盟企业间关系治理行为对合作绩效影响的实证研究——以信任为中介变量 [J]．软科学，2013（4）：54－60．

[16] 陈林，徐伟宣，刘同鑫．试论虚拟企业的经济本质 [J]．中国管理科学，2000（11）：755－760．

[17] 陈明，周健明．企业文化、知识整合机制对企业间知识转移绩效的影响研究 [J]．科学学研究，2009（4）：580－587．

[18] 陈胜军，杨松华．从价值链理论到虚拟企业 [J]．山西财经大学学报，2000，22（2）：53－57．

[19] 陈伟，杨早立，张永超．网络结构与企业核心能力关系实证研究：基于知识共享与知识整合中介效应视角 [J]．管理评论，2014（6）：74－82．

[20] 陈衍泰．企业利用外部知识能力与企业绩效的关系研究 [D]．上海：复旦大学，2007．

[21] 陈勇，蔡宁．关系学习与企业技术创新的实证研究 [J]．管理工程学报，2011，25（4）：222－226．

[22] 陈战波，朱喜安．科技型中小企业持续创新能力评价体系研究 [J]．技术经济与管理研究，2015（3）：32－36．

[23] 崔相宝，苗建军．对创新理论的再认识 [J]．科技管理研究，2005，25（2）：59－61．

[24] 崔总合，杨梅．企业技术创新能力评价指标体系构建研究 [J]．科技进步与对策，2012（7）：139－141．

[25] ［美］戴布拉·艾米顿．知识经济的创新战略——智慧的觉醒 [M]．金周英，译．北京：新华出版社，1998．

［26］党兴华，魏龙，闫海．技术创新网络惯性对双元创新的影响研究［J］．科学学研究，2016，34（9）：1432－1440.

［27］邓小健，赵艳萍．基于自组织理论的虚拟企业组织模式研究［J］．商业研究，2006（6）：136－138.

［28］董小英，蒋贵凰，刘倩倩．知识管理提升企业创新能力的实证研究［J］．清华大学学报（自然科学版），2006，46（S1）：956－963.

［29］窦红宾，王正斌．网络结构、知识资源获取对企业成长绩效的影响——以西安光电子产业集群为例［J］．研究与发展管理，2012，24（1）：44－51.

［30］杜静，魏江．知识存量的增长机理分析［J］．天津：科学学与科学技术管理，2004（1）：24－27.

［31］段云龙，向刚，赵明元．企业持续创新的制度结构作用机理研究［J］．科学学与科学技术管理，2008（2）：66－70.

［32］方刚．网络能力结构及对企业创新绩效作用机制研究［J］．科学学研究，2011，29（3）：461－470.

［33］方金城，朱斌．中小企业技术创新路径选择及案例分析［J］．山东理工大学报，2010（11）：9－11.

［34］冯军政，刘洋，金露．企业社会网络对突破性创新的影响研究［J］．研究与发展管理，2015，27（2）：89－100.

［35］冯涛，鲁政委．虚拟企业的契约特征及其治理［J］．财经理论与实践，2003，24（9）：81－84.

［36］傅家骥，姜彦福，雷家骕．技术创新——中国企业发展之路［M］．北京：企业管理出版社，1992.

［37］付雅宁，刘凤朝，马荣康．发明人合作网络影响企业探索式创新的机制研究——知识网络的调节作用［J］．研究与发展管理，2018，30（2）：21：32.

［38］高展明，郭东强．澳门中小企业知识管理模式构建及仿真研究——基于组织生态视角［J］．经济管理，2015（4）：189－199.

［39］龚立群，朱庆华，方洁．虚拟团队知识共享行为影响因素实证

研究［J］. 图书情报工作，2012（16）：48 - 54，19.

［40］顾舒雯，陈磊，王茗祥. 基于知识生产的企业双元知识创新路径［J］. 科技管理研究，2016（13）：145 - 149.

［41］韩智勇，高玲玲. 基于交易费用理论的虚拟企业动力机制及效率边界分析［J］. 科研管理，2004，25（1）：102 - 108.

［42］韩子天，谢洪明，王成，罗惠玲. 学习、知识能量、核心能力如何提升绩效——华南地区企业的实证研究［J］. 科学学与科学技术管理，2008（5）：122 - 127.

［43］何悦桐. 战略柔性和选择能力对企业创新能力的影响研究［J］. 科技进步与对策，2012（9）：91 - 95.

［44］和延立，杨海成，何卫平，等. 信息集成与知识集成［J］. 计算机工程与应用，2003（4）：38 - 41.

［45］侯仁勇，严庆，孙骞. 双重网络嵌入与企业创新绩效——结构视角的实证研究［J］. 科技进步与对策，2019，36（12）：98 - 104.

［46］胡海青，张宝建，张道宏. 网络能力、网络位置与创业绩效［J］. 管理工程学报，2011，25（4）：67 - 74.

［47］胡汉辉，潘安成. 组织知识转移与学习能力的系统研究［J］. 管理科学学报，2006，9（6）：81 - 87.

［48］胡立君. 虚拟企业的竞争战略初探［J］. 数量经济技术经济研究，2000（8）：77 - 81.

［49］黄中伟，王宇露. 位置嵌入、社会资本与海外子公司的东道国网络学习［J］. 中国工业经济，2008（12）：144 - 154.

［50］计国君，于文鹏. 供应链企业间知识共享的动力研究［J］. 科学学与科学技术管理，2010（11）：66 - 74.

［51］贾生华，吴波，王承哲. 资源依赖、关系质量对联盟绩效影响的实证研究［J］. 科学学研究，2007，25（2）：334 - 339.

［52］贾旭东，郝刚，岳汉萍. 虚拟企业战略管理基础问题研究——范式与主体［J］. 华东经济管理，2013，17（7）：102 - 107.

［53］简兆权，吴隆增，黄静. 吸收能力、知识整合对组织创新和组

织绩效的影响研究［J］．科研管理，2008（1）：80-86．

［54］姜文．虚拟企业中组织间知识共享的动力机制新探［J］．科技管理研究，2011（15）：140-143

［55］蒋青云．营销渠道理论的"学习范式"研究［D］．上海：复旦大学，2007．

［56］解学梅，隋映辉．科技产业集群持续创新的周期演化机理研究［J］．科研管理，2008（1）：107-114．

［57］孔晓丹，张丹．创新网络知识流动对企业创新绩效的影响研究——网络嵌入视角［J］．预测，2019，38（2）：45-51．

［58］李奉书，黄婧涵．联盟创新网络嵌入性与企业技术创新绩效研究［J］．中国软科学，2018（6）：119-127．

［59］李刚，程国平．基于界面管理的虚拟企业协调机制研究［J］．科技进步与对策，2006（7）：141-143．

［60］李纲，陈静静，杨雪．网络能力、知识获取与企业服务合作创新绩效的关系研究——网络规模的调节作用［J］．管理评论，2017，29（2）：59-68．

［61］李海舰，李燕．企业组织形态演进研究——从工业经济时代到智慧经济时代［J］．经济管理，2019（10）：22-36．

［62］李海林，徐建宾，林春培，等．合作网络结构特征对创新绩效影响研究［J］．科学学研究，2020，38（8）：1498-1508．

［63］李宏贵，熊胜绪，谢峰．社会资本与企业创新能力关系研究——一个理论分析框架［J］．科学进步与对策，2011（12）：108-113．

［64］李金明．企业创新能力的分析模型［J］．东华大学学报（自然科学版），2001（4）：27-30．

［65］李敬波，汪波．虚拟企业形成的背景、动因及机理研究综述［J］．管理现代化，2007（6）：36-38．

［66］李玲．技术创新网络中企业间依赖、企业开放度对合作绩效的影响［J］．南开管理评论，2011，14（4）：16-24．

［67］李默妮，吴秋明．基于知识集成提升企业集成创新能力初探［J］．

现代管理科学，2007（2）：16 - 18.

[68] 李晓冬，王龙伟. 基于联盟知识获取影响的信任与契约治理的关系研究 [J]. 管理学报，2016，13（6）：821 - 828.

[69] 李宇，林菁菁. 产业升级的内生驱动及其企业持续创新本质挖掘 [J]. 改革，2013（6）：118 - 127.

[70] 李长玲. 知识供应链及其管理 [J]. 情报杂志，2004（11）：9 - 11.

[71] 李贞，杨洪涛. 吸收能力、关系学习及知识整合对企业创新绩效的影响研究——来自科技型中小企业的实证研究 [J]. 科研管理，2012（1）：79 - 89.

[72] 李支东，黄颖. 持续创新的持续模式研究 [J]. 技术经济与管理研究，2009（6）：56 - 58.

[73] 李志刚，汤书昆，梁晓艳，赵林捷. 产业集群网络结构与企业创新绩效关系研究 [J]. 科学学研究，2007，25（4）：777 - 782.

[74] 廖开际，叶东海，吴敏. 组织知识共享网络模型研究——基于知识网络和社会网络 [J]. 科学学研究，2011，29（9）：1356 - 1364.

[75] 廖云贵. 基于价值创新的服务企业持续竞争优势研究 [J]. 科学学与科学技术管理，2004（1）：111 - 114.

[76] 刘春玉. 网络视角的集群企业二元式创新研究 [M]. 济南：山东大学出版社，2009.

[77] 刘海运，游达明. 基于知识管理的企业突破性技术创新能力机制研究 [J]. 科技进步与对策，2011，28（12）：92 - 95.

[78] 刘劲杨. 知识创新、技术创新与制度创新概念的再界定 [J]. 科学学与科学技术管理，2002（5）：5 - 8.

[79] 刘平. 企业竞争力的影响因素与决定因素 [J]. 科学学与科学技术管理，2007（5）：134 - 139.

[80] 刘石兰，任浩. 论企业能力顾客价值的作用及其匹配 [J]. 外国经济与管理，2007（6）：42 - 48.

[81] 刘书庆，董雅文. 生产型虚拟企业制造合作伙伴选择模型研

究［J］. 中国管理科学, 2006, 14（6）: 77 - 85.

［82］刘婷, 薛佳奇. 企业网络能力: 研究回顾与未来展望［J］. 科技进步与对策, 2012, 29（10）: 150 - 154.

［83］刘慧. 科技型中小企业持续创新能力的评价［J］. 统计与决策, 2014（5）: 185 - 188.

［84］刘伟, 向刚. 企业持续创新过程: 从知识累积到持续学习的新视角［J］. 经济问题探索, 2003（8）: 44 - 47.

［85］刘雪梅. 联盟组合: 价值创造与治理机制［J］. 中国工业经济, 2012（6）: 70 - 82.

［86］刘晔. 企业能力本质及其演化机制［J］. 西北农林科技大学学报（社会科学）, 2012（5）: 74 - 78.

［87］龙静. 创业团队内、外社会网络对创新的交互效应［J］. 科学学与科学技术管理, 2015, 36（5）: 148 - 159.

［88］龙勇, 穆胜. 模块化生产网络治理模式选择动因及演化趋势研究［J］. 南开经济研究, 2013（5）: 130 - 153.

［89］卢纪华, 潘德惠. 基于技术开发项目的虚拟企业利益分配机制研究［J］. 北京: 中国管理科学, 2003, 11（5）: 60 - 63.

［90］罗鄂湘, 吴睿智. 基于系统理论的企业创新能力实证研究［J］. 工业技术经济, 2012（7）: 154 - 160.

［91］罗青军. 基于价值网络节点的顾客价值创新研究［J］. 软科学, 2009（7）: 89 - 91.

［92］骆品亮, 刘明宇. 模块化创新的网络化知识集成模式［J］. 科学学与科学技术管理, 2009（3）: 132 - 138.

［93］吕一博, 苏敬勤. 创新过程视角的中小企业创新能力结构化评价研究［J］. 科学学与科学技术管理, 2011, 32（8）: 58 - 64.

［94］马柯航. 虚拟整合网络能力对创新绩效的作用机制研究——知识资源获取的中介作用［J］. 科研管理, 2015（8）: 60 - 67.

［95］马蕾, 刘小斌, 阎立, 陈劲. 技术惯域视角下企业持续创新动态过程研究——"南瑞继保"持续创新的纵向案例［J］. 科技与经济,

2011, 14（1）：6-10.

[96]［美］迈克尔·波特.竞争优势［M］.陈小悦,译.北京：华夏出版社,2001.

[97]孟庆红,戴晓天,李仕明.价值网络的价值创造、锁定效应及其关系研究综述［J］.管理评论,2011（12）：139-147.

[98]孟艳芬,宋立公,路晓冬.动态能力理论与企业成长路径［J］.商业研究,2004（12）：61-64.

[99]苗盼.虚拟企业：基于比较分析的理论解释及现实意义［J］.商业经济研究,2011（14）：85-86.

[100]潘剑英,王重鸣.商业生态系统理论模型回顾与研究展望［J］.外国经济与管理,2012（9）：51-58.

[101]潘文安.关系强度、知识整合能力与供应链知识效率转移研究［J］.科研管理,2012（1）：147-153.

[102]裴旭东,李随成,黄聿舟.新创企业突破性创新能力的提升机理研究［J］.华东经济管理,2014,28（10）：110-114.

[103]彭春华,黄庆阳.企业联盟的竞争优势：关系租金的视角［J］.当代经济,2007（2）：22-28.

[104]彭锐,刘冀生.西方企业知识管理理论丛林中的学派［J］.管理评论,2005（8）：58-62.

[105]钱锡红,杨永福,徐万里.企业网络位置、吸收能力与创新绩效——一个交互效应模型［J］.管理世界,2010（5）：118-129.

[106]钱锡红,杨永福,徐万里.网络位置、吸收能力与集群企业创新［J］.经济管理,2009,31（7）：21-27.

[107]秦德智,赵德森,姚岚.企业文化、技术创新能力与企业成长——基于资源基础理论的视角［J］.学术探索,2015（7）：128-132.

[108]［日］青木昌彦,安藤晴彦.模块化时代：新产业结构的本质［M］.周国荣,译.上海：上海远东出版社,2003.

[109]邱茜,张春悦,魏云刚,战乃新,孙波.国外知识共享研究综述［J］.情报理论与实践,2010（3）：120-125.

［110］任胜刚．企业网络能力结构的测评及其对企业合作创新绩效的影响机制研究［J］．南开管理评论，2010，13（1）：69－80.

［111］芮正云，罗瑾琏．新创企业联盟能力、网络位置跃迁对其知识权力的影响——基于知识网络嵌入视角［J］．管理评论，2017，29（8）：187－197.

［112］单汨源，李盈．基于卓越绩效模式的企业持续创新机制研究［J］．科技进步与对策，2010，27（6）：92－95.

［113］单汨源，潘莎，聂荣喜，张人龙．基于卓越绩效模式的企业技术创新能力模型研究［J］．科学学与科学技术管理，2009（6）：58－62.

［114］商淑秀，张再生．基于社会资本视角的虚拟企业知识共享［J］．中国软科学，2013（11）：101－111.

［115］邵际树，余祖伟．基于灰色关联度的虚拟企业合作伙伴选择评价方法［J］．统计与决策，2016（23）：40－43.

［116］施宏伟，魏莉．基于知识链的企业创新能力提升机制研究［J］．科技管理研究，2010（15）：169－172.

［117］时勘，高利苹，黄旭，沙跃家．领导授权行为对员工沉默的影响：信任的调节作用分析［J］．管理评论，2012（10）：94－101.

［118］史宪睿，林莉．知识集成与企业技术创新能力［J］．科技管理研究，2005（8）：70－72.

［119］宋晶，孙永磊．合作创新网络能力的形成机理研究——影响因素探索和实证分析［J］．管理评论，2016，28（3）：68－75.

［120］宋艳，银路．基于不连续创新的新兴技术形成路径研究［J］．研究与发展管理，2007（4）：31－35，49.

［121］宋志红，陈澍，范黎波．知识特性、知识共享与企业创新能力关系的实证研究［J］．科学学研究，2010，28（4）：597－604.

［122］孙东川，叶飞，张红．虚拟企业生命周期系统管理［J］．系统工程，2002，20（1）：36－41.

［123］孙立媛，邓三鸿．企业创新能力构成要素研究与评价指标体系的构建［J］．西南民族大学学报（人文社会科学版），2012（12）：230－235.

[124] 谭云清，马永生，李元旭. 社会资本、动态能力对创新绩效的影响：基于我国国际接包企业的实证研究 [J]. 中国管理科学，2013，21 (11)：784 - 789.

[125] 汤建影，黄瑞华. 研发联盟企业间知识共享影响因素的实证研究 [J]. 预测，2005 (5)：20 - 25，43.

[126] 陶厚永，刘洪. 知识共享机制对群体绩效的影响研究 [J]. 科研管理，2008 (2)：52 - 60.

[127] 万伦来，达庆利. 虚拟企业：一种学习型联盟的组织 [J]. 管理科学学报，2002，5 (6)：71 - 76.

[128] 王大洲. 制度安排与持续创新 [J]. 科研管理，2000，21 (3)：1 - 5.

[129] 王娟茹，罗岭. 知识共享行为、创新和复杂产品研发绩效 [J]. 科研管理，2015，36 (6)：37 - 45.

[130] 王娟茹，杨瑾. 知识集成能力及其构成因素实证分析 [J]. 科学学与科学技术管理，2005 (11)：97 - 101.

[131] 王海花，周嵩安. 企业外部知识网络能力的影响因素：一个交互效应的实证研究 [J]. 华东经济管理，2015，29 (2)：164 - 172.

[132] 王圣广，马士华. 基于全球供应链的虚拟企业 [J]. 管理工程学报，1999，13 (3)：9 - 16.

[133] 王亚娟，张钰，刘益. 企业间技术耦合和关系耦合——知识获取效率对供应商创新的中介作用研究 [J]. 科学学研究，2014，32 (1)：103 - 113.

[134] 王毅，陈劲，许庆瑞. 企业核心能力：理论溯源与逻辑结构剖析 [J]. 管理科学学报，2000，3 (3)：24 - 32.

[135] 王永，许蓝天. 企业技术创新节点诊断与创新路径研究 [J]. 科技进步与对策，2014 (4)：70 - 73.

[136] 王瑜，任浩. 模块化组织价值创新：路径及其演化 [J]. 科研管理，2014 (1)：150 - 156.

[137] 王瑜，任浩. 模块化组织价值创新：内涵与本质 [J]. 科学学

研究，2014（2）：282 - 288.

[138] 王正军，潘正平，李守书．基于价值创造的虚拟企业稳定性研究 [J]．财会通讯，2010（3）：47 - 49.

[139] 魏江，徐蕾．知识网络双重嵌入知识整合与集群企业创新能力 [J]．管理科学学报，2014，17（2）：35 - 48.

[140] 魏江，许庆瑞．企业技术能力与技术创新能力之关系研究 [J]．科研管理，1996，17（1）：22 - 26.

[141] 魏江，朱海燕．知识密集型服务业功能论：集群创新过程视角 [J]．科学学研究，2006，24（3）：455 - 459.

[142] 魏一鸣，徐伟宣．虚拟企业及其智能化管理 [J]．中国管理科学，1999，7（2）：30 - 36.

[143] 吴俊杰，盛亚．企业家社会网络、双元性创新与技术创新绩效研究 [J]．科研管理，2014，35（2）：43 - 53.

[144] 吴晓波，刘雪峰，胡松翠．全球制造网络中本地企业知识获取实证研究 [J]．科学学研究，2007，24（3）：67 - 74.

[145] 吴永林，万春阳．协同技术创新中的技术互补、资源互补与技术创新能力研究 [J]．工业技术经济，2016（6）：62 - 65.

[146] 吴哲坤，金兆怀．关于我国虚拟产业集群发展的思考 [J]．东北师大学报（哲学社会科学版），2015（6）：82 - 86.

[147] 吴正刚，韩玉启，周业铮，孟庆良．复杂环境下企业能力演化机理研究 [J]．科学学与科学技术管理，2004（9）：119 - 123.

[148] 夏保华．企业持续创新的结构 [M]．沈阳：东北大学出版社，2001.

[149] 向刚，李振国，李穗明．企业持续创新：重要性与基本概念 [J]．经济问题探索，1996（6）：4 - 7.

[150] 向刚，汪应洛．企业持续创新能力：要素构成与评价模型 [J]．中国管理科学，2004，12（6）：137 - 142.

[151] 向刚．企业持续创新：理论研究基础、定义、特性和基本类型 [J]．科学学研究，2005，23（1）：34 - 38.

［152］项保华，罗青军．顾客价值创新：战略分析的基点［J］．大连理工大学学报（社科版），2002（3）：1－4．

［153］谢洪明，任艳艳，陈盈等．网络互惠程度与企业管理创新关系研究——基于学习能力和成员集聚度的视角［J］．科研管理，2014（1）：90－97．

［154］谢卫红，屈喜凤，李忠顺，王永健．知识共享国内研究综述［J］．现代情报，2014，34（4）：170－176．

［155］辛宇，郑鑫，叶明海．组织学习能力对知识创新的影响研究［J］．江淮论坛，2014（1）：159－163．

［156］邢子政，黄瑞华，汪忠．联盟合作中的知识流失风险与知识保护：信任的调节作用研究［J］．南开管理评论，2008（5）：27－30．

［157］徐二明，徐凯．资源互补对机会主义和战略联盟绩效的影响研究［J］．管理世界，2012（1）：93－100．

［158］徐宁．虚拟企业网络治理模式研究［J］．华东经济管理，2010，24（10）：89－91．

［159］徐升华．虚拟企业知识转移影响因素的实证分析［J］．情报杂志，2011，30（6）：119－125．

［160］徐扬，徐晶，黄文彬．知识价值导向下的知识共享与创新［J］．科技管理研究，2015（17）：146－150．

［161］许海峰，陈国宏，基于资源与能力观的企业竞争优势提升路径选择及趋势分析［J］．中国管理科学，2012（11）：274－278．

［162］薛晓芳，覃正．虚拟企业的知识创新机制及其知识生态位研究［J］．情报杂志，2008（8）：73－76．

［163］闫二旺．网络组织的机制、演化与形态研究［J］．管理工程学报，2006，23（4）：120－124．

［164］杨英楠．基于外包视角的中国制造企业价值链升级路径研究［J］．中国科技论坛，2015（7）：40－43．

［165］杨玉兵，胡汉辉．网络结构与知识转移［J］．科学学与科学技术管理，2008（2）：123－127．

［166］叶璐，潘宏亮，刘晓农．国外知识共享影响因素研究述评［J］．情报杂志，2010（7）：79-83．

［167］叶明海，王吟吟，张玉臣．基于系统理论的创业过程模型［J］．科研管理，2011，32（11）：123-130．

［168］于立，孟韬．企业联盟和虚拟企业的理论解释与现实意义［J］．社会科学辑刊，2001（5）：67-72．

［169］余光胜．企业创新理论演进及进一步研究取向［J］．中国管理科学，2013（11）：798-803．

［170］禹海慧．社会网络、知识资本与企业创新能力的关系研究［J］．湖南社会科学，2015（2）：147-150．

［171］袁华．基于合作网络的虚拟企业伙伴选择研究［J］．管理工程学报，2016，30（1）：80-87．

［172］［美］约瑟夫·熊彼特．经济发展理论［M］．李默，译．西安：陕西师范大学出版社，2007．

［173］臧树伟，陈红花．创新能力如何助力本土品牌厂商换道超车［J］．科学学研究，2019，37（2）：338-350．

［174］詹勇飞，和金生．基于知识整合的知识网络研究［J］．研究与发展管理，2009，21（3）：28-32．

［175］张保仓，任浩，郝斌．企业位势的驱动因素、分类模式及转化路径研究［J］．科技管理研究，2017（5）：134-141．

［176］张保仓，任浩，佟星．产业园区合作的动因及模式研究［J］．现代管理科学，2017（2）：24-27．

［177］张保仓，任浩．虚拟组织持续创新：内涵、本质与机理［J］．科技进步与对策，2017，34（2）：1-8．

［178］张保仓，任浩．虚拟组织持续创新能力的提升机理及路径研究［J］．科技进步与对策，2017，34，（13）：1-9．

［179］张保仓，任浩．虚拟组织持续创新能力提升机理的实证研究［J］．经济管理，2018（10）：124-141．

［180］张保仓，任浩．虚拟组织持续创新能力作用机制研究［J］．

科技进步与对策，2017（8）：1 - 8.

[181] 张保仓，任浩. 虚拟组织知识资源获取对持续创新能力的作用机制研究 [J]. 管理学报，2018，15（7）：1009 - 1017.

[182] 张保仓. 虚拟组织网络规模、网络结构对合作创新绩效的作用机制——知识资源获取的中介效应 [J]. 科技进步与对策，2020，37（5）：27 - 36.

[183] 张保仓. 知识视角下虚拟组织持续创新能力形成机理 [J]. 科技进步与对策，2020，37（16）：28 - 37.

[184] 张根明，温秋兴. 企业创新：激励体系与企业创新能力关系研究 [J]. 科学学与科学技术管理，2010（4）：126 - 129.

[185] 张红兵. 组织知识转化机制的研究 [J]. 中国科技论坛，2008（8）：107 - 112.

[186] 张金福，黄雪晴. 创新网络结构对颠覆性创新的影响机制——双元性学习的中介作用 [J]. 科技管理研究，2020（8）：7 - 16.

[187] 张军，许庆瑞，张素平. 企业创新能力内涵、结构与测量——基于管理认知与行为导向视角 [J]. 管理工程学报，2014，28（3）：1 - 10.

[188] 张蕾，任守榘. 基于供应链的虚拟企业决策支持系统的自组织建模 [J]. 清华大学学报（自然科学版），1999（7）：84 - 88.

[189] 张首魁，苏源泉. 网络环境下基于过程的企业技术创新能力测度模型研究 [J]. 科学学与科学技术管理，2007（1）：101 - 105.

[190] 张素平. 企业家提升企业创新能力的路径研究 [J]. 管理工程学报，2009（12）：45 - 49.

[191] 张文宏. 社会网络分析的范式特征——兼论网络结构观与地位结构观的联系和区别 [J]. 江海学刊，2007（5）：100 - 105.

[192] 张喜征. 基于信任的虚拟企业治理机制研究 [J]. 科学学与科学技术管理，2003（10）：109 - 113.

[193] 张喜征. 虚拟企业治理机制研究 [J]. 湖南大学学报（社会科学版），2004，18（4）：70 - 75.

[194] 张小娣，赵嵩正，王娟茹. 知识集成对企业创新能力影响的实

证研究［J］. 科学学与科学技术管理，2011（8）：71 – 78.

［195］张旭梅，陈伟. 供应链企业间基于信任的知识获取和合作绩效实证研究［J］. 科技管理研究，2009（2）：175 – 185.

［196］张志元，李兆友. 全球化时代我国虚拟经济组织创新的系统思考［J］. 科技管理研究，2014（15）：1 – 9.

［197］张座铭，刘玮，易明. 开放式创新与企业创新能力的"倒 U 型"关系实证研究［J］. 工业技术经济，2014（1）：75 – 81.

［198］张艳辉，李宗伟，陈滇. 社会网络与企业技术创新绩效的关系研究［J］. 管理评论，2012，24（6）：42 – 49.

［199］赵纯均，陈剑，冯蔚东. 虚拟企业及其构建研究［J］. 系统工程理论与实践，2002（10）：49 – 55.

［200］赵爽，肖洪钧. 基于网络能力的企业绩效提升路径研究［J］. 科技进步与对策，2010，27（6）：71 – 75.

［201］赵艳萍，况世宝，罗建强. 企业虚拟组织资源整合模式研究［J］. 科技与管理，2011，13（5）：79 – 82.

［202］郑国光，程骏，李怀祖. 软件开发虚拟团队在知识转移中的作用研究［J］. 情报杂志，2007（10）：5 – 7.

［203］郑英隆. 虚拟企业：一种新的经济组织形式［J］. 江西社会科学，1999（7）：41 – 43.

［204］朱卫东，薛豪娜，王连贵. 国外持续创新理论研究综述与展望［J］. 华东经济管理，2013，27（4）：155 – 160.

［205］朱秀梅，陈琛，蔡莉. 网络能力、资源获取与新企业绩效关系实证研究［J］. 管理科学学报，2010，13（4）：44 – 56.

［206］Adam N, Kozanoglu A, Paliwal A, et al. Secure Information Sharing in a Virtual Multi Agency Team Environment［J］. *Electronic Notes in Theoretical Computer Science*, 2007, 179（6）：97 – 109.

［207］Ahuja G. Collaboration Networks, Structural Holes, and Innovation: A Longitudinal Study［J］. *Administrative Science Quarterly*, 2000（45）：425 – 455.

［208］Alsharo M. Ramirez R. Virtual Team Effectiveness: the Role of Knowledge Sharing and Trust ［J］. *Information & Management*, 2017, 54 (4): 479 – 490.

［209］Amburgey T L, Miner A S. Strategic Momentum: The Effects of Repetitive, Positional and Contextual Momentum on Merger Activity ［J］. *Strategic Management Journal*, 1992, 13 (5): 335 – 348.

［210］Andrew C. Learning Through Joint Ventures: A Framework of Knowledge of Acquisition ［J］. *Journal of Management Studies*, 2000 (11): 1019 – 1043.

［211］Anderson J C, Narus J. A Model of Distributor Firm and Manufacturer Firm Working Partner ［J］. *Journal of Marketing*, 1990 (54): 42 – 58.

［212］Ansoff H I. *Corporate Strategy* ［M］. New York: McGraw – Hill Book Company, 1965.

［213］Arthur J B, Aiman L. Gain Sharing and Organizational Learning: An Analysis of Employee Suggest Ions over Time ［J］. *Academy of Management Journal*, 2001, 44 (4): 737 – 754.

［214］Baron R M, Kenny D A. The Moderator-mediator Variable Distinction in Social Psychological Research: Conceptual, Strategic, and Statistical Considerations ［J］. *Journal of Personality and Social Psychology*, 1986, 51 (6): 1173 – 1179.

［215］Barry N, Adam B. *Co-opetition* ［M］. Cambridge, MA: Harvard Business Press, 1996.

［216］Bart, B. The Influence of Knowledge Flow on Sustainable Innovation in a Project – Based Industry: From Demonstration to Limited Adoption of Eco-innovations ［J］. *Journal of Cleaner Production*, 2018, 63 (5): 249 – 262.

［217］Batjargal B. Comparative Social Capital: Networks of Entrepreneurs and Venture Capitalists in China and Russia ［J］. *Management and Organization Review*, 2007, 3 (3): 397 – 419.

[218] Baum J, Calabrese T, Silverman B. Don't Go it Alone: Alliance Network Composition and Startups' Performance in Canadian Biotechnology [J]. *Strategic Management Journal*, 2000, 21 (5): 267 – 294.

[219] Bell G. Clusters Networks and Firm Innovativeness [J]. *Strategic Management Journal*, 2005 (26): 287 – 295.

[220] Berendt D, Annalise J. Virtual Enterprise Gets Real [J]. *Telecommunications (International Edition)*, 1998, 32 (4): 32 – 36.

[221] Bernstein F, Kok A, Meca A. Cooperation in Assembly Systems: The Role of Knowledge Sharing Networks [J]. *European Journal of Operational Research*, 2015, 240 (1): 160 – 171.

[222] Boer D M, Frans A J, Van D B, et al. Management Organizational Knowledge Integration in the Emerging Multimedia Complex [J]. *Journal of Management Studies*, 1999, 36 (6): 379 – 398.

[223] Boer H. Knowledge and Continuous Innovation: The CIMA Methodology [J]. *International Journal of Operations & Production Management*, 2001, 21 (4): 490 – 504.

[224] Branden Burger, Nalebuff. *Coopetition: A Revolutionary Mindset that Combines Competition and Cooperation; The Game Theory Strategy That's Changing the Game of Business* [M]. New York: Doubleday, 1996.

[225] Brian L. Continuous Innovation: Unleashing and Harnessing the Ereative Energies of A Willing and Able Community [J]. *Strategy & Leadership*, 2015, 51 (6): 24 – 31.

[226] Burt R S. Structural Holes and Good Ideas [J]. *American Journal of Sociology*, 2004 (110): 349 – 399.

[227] Burt R S. *Structural Holes: The Social Structure of Competition* [M]. Cambridge: Harvard University Press, 1992.

[228] Byrne J A. The Virtual Corporation [J]. *Business Week*, 1993 (8): 36 – 41.

[229] Camison Z C, Lapledra A R, Segarra C M, Boronat N M.

A Meta-analysis of Innovation and Organization Size [J]. *Organization Studies*, 2004 (3): 331 – 361.

[230] Castells. *The Rise of the Network Society* [M]. Oxford: Blackwell, 1996.

[231] Chandler A D. *Strategy and Structure* [M]. Cambridge, MA: MIT Press, 1971.

[232] Chang C H, Jackson S E, Jiang Y. Can Knowledge-intensive Teamwork be Managed? Examining the Roles of HRM Systems, Leadership, and Tacit Knowledge [J]. *Journal of Management: Official Journal of the Southern Management Association*, 2016, 42 (2): 524 – 554.

[233] Chang K H, Donald F G. Relationship Learning and Dyadic Knowledge Creation in International Subcontracting Relationships: The Supplier's Perspective [J]. *International Journal of Technology Management*, 2008, 41 (1 – 2): 55 – 74.

[234] Chen Y S, J J Linm, and C H Chang. the Positive Effects of Relationship Learning and Absorptive Capacity on Innovation Performance and Competitive Advantage in Industrial Markets [J]. *Industrial Marketing Management*, 2009, 3 (2): 152 – 158.

[235] Chennamaneni A. *Determinants of Knowledge Sharing Behaviors: Developing and Testing an Integrated Theoretical Model* [D]. Arlington: The University of Texas at Arlington, 2006.

[236] Coase R H. The nature of the firm [J]. *Economic*, 1937 (11): 386 – 405.

[237] Cohen W M, Levinthal D A. Absorptive Capacity: A New Perspective on Learning and Innovation [J]. *Administrative Science Quarterly*, 1990, 35 (1): 128 – 152.

[238] Collins C J, Clark K D. Strategic Human Resource Practices, Top Management Team Social Networks, and Firm Performance: The Role of Human Resource Practices in Creating Organizational Competitive Advantage [J]. *Acade-*

my of Management Journal, 2003, 46 (6): 740 – 751.

［239］ Conner K R, Prahalad C K. A Resource – Based Theory of the Firm: Knowledge Versus Opportunism ［J］. Organization Science, 1996, 7 (5): 477 – 501.

［240］ Corso M, Martini A, Balocco R. Organizing for Continuous Innovation: The Community of Practice Approach ［J］. International Journal of Technology Management, 2008, 44 (3/4): 441 – 460.

［241］ Crossan M M, Apaydin M. A Multi-dimensional Framework of Organizational Innovation: A Systematic Review of the Literature ［J］. Journal of Management Studies, 2010 (6): 1154 – 1191.

［242］ Damanpour F. Organizational Innovation: A Meta-analysis of Effects of Determinants and Moderators ［J］. Academic Management Journal, 1991, 34 (3): 555 – 590.

［243］ Davenport, Thomas H, James E. The New Industrial Engineering: Information Technology and Business Process Redesign ［J］. Sloan Management Review, 1990 (6): 11 – 27.

［244］ Day G S. The capabilities of Market Driven Organizations ［J］. Journal of Marketing, 1994, 58 (10): 37 – 52.

［245］ Davison G, Hyland P. Continuous innovation in a complex and dynamic environment: The case of the Australian health service ［J］. International Journal of Technology Management and Sustainable Development, 2006, 5 (1): 41 – 59.

［246］ Dutta S, Narasimhan O, Rajiv S. Conceptualizing and Measuring Capabilities: Methodology and Empirical Application ［J］. Strategic Management Journal, 2005 (3): 277 – 285.

［247］ Dyer J H, Chu W. The Role of Trustworthiness in Reducing Transaction Costs and Improving Performance: Empirical Evidence from the United States, Japan and Korea ［J］. Organization Science, 2003, 14 (1): 57 – 68.

［248］ Eisenhardt K M, Martin J A. Dynamic Capabilities What Are They

[J]. *Strategic Management Journal*, *Special Issue*, 2000, 21 (10 – 11): 1105 – 1121.

[249] Eriksson I V, Dickson G W. *Knowledge Sharing in High Technology Companies* [C]. Proceedings of Americas Conference on Information Systems (AMCIS), 2000: 1330 – 1335.

[250] Farrell J, Flood, Patrick, et al. CEO Leadership, Top Team Trust and the Combination and Exchange of Information [J]. *The Irish Journal of Management*, 2005, 26 (1): 22 – 40.

[251] Freeman L C. Centrality in Social Networks: Conceptual Clarification [J]. *Social Networks*, 1979 (1): 215 – 239.

[252] Garicano L, Wu Y. Knowledge, Communication, and Organizational Capabilities [J]. *Organization Science*, 2012, 23 (5): 1382 – 1397.

[253] Gorgensen. *Is Continuous Improvement Pass?* [C]. Proceeding of 6th International CI Net Conference, 2005: 293 – 304.

[254] Granstrand O. Towards a Theory of the Technology Based Firm [J]. *Research Policy*, 1998, 27 (5): 465 – 489.

[255] Grant R M. Prospering in Dynamically – Competitive Environments: Organizational Capability as Knowledge Integration [J]. *Organization Science*, 1996 (7): 375 – 387.

[256] Gravens D W, Piercy N F, Shannon H Shipp. New Organizational Forms for Competing in Highly Dynamic Environments: The Network Paradigm [J]. *British Journal of Management*, 1996 (7): 203 – 218.

[257] Greve H, Rowley T, Shipilov A V, et al. Time to Break Up: Social and Instrumental Antecedents of Firm Exits from Exchange Cliques [J]. *Academy of Management Journal*, 2005, 48 (4): 499 – 520.

[258] Guan Jian cheng, Liu Na. Exploitative and Exploratory Innovations in Knowledge Network and Collaboration Network: A Patent Analysis in the Technological Field of Nano-energy [J]. *Research Policy*, 2016, 45 (1): 97 – 112.

[259] Gulati R. Does Familiarity Breed Trust? The Implications of Repeat-

ed Ties for Contractual Choice in Alliances [J]. *Academy of Management Journal*, 1995, 38 (1): 85 – 112.

[260] Gulati R, Sytch M. Dependence Asymmetry and Joint Dependence in Inter organizational Relationships: Effects of Embeddedness on a Manufacturer's Performance in Procurement Relationships [J]. *Administrative Science Quarterly*, 2007, 52 (1): 32 – 69.

[261] Hallen L J, Nazeem S M. Interfirm Adaptation in Business Relationships [J]. *Journal of Marketing*, 1991 (55): 29 – 37.

[262] Hansen E L. Entrepreneurial Networks and New Organization Growth [J]. *Entrepreneurship*, 2008 (19): 7 – 19.

[263] Hedberg B, Holmqvist M. Learning in Imaginary Organizations [J]. *Journal of Organizational Change Management*, 2001, 12 (5): 419 – 438.

[264] Hedlund G. A model of Knowledge Management and the N – Form Corporation [J]. *Strategic Management Journal*, 1994 (15): 73 – 90.

[265] Heide J B, John G. The Role of Dependence Balancing in Safeguarding Transaction-specific Asset in Conventional Channels [J]. *Journal of Marketing*, 1988 (52): 20 – 35.

[266] Heide J B, Miner A S. The Shadow of the Future: Effects of Anticipated Interaction and Frequency of Contact on Buyer – Seller Cooperation [J]. *Academy of Management Journal*, 1992, 35 (2): 265 – 291.

[267] Heloise B. Meta – Organizing Firms' Capabilities for Sustainable Innovation: A Conceptual Framework [J]. *Journal of Cleaner Production*, 2018, 16 (10): 420 – 430.

[268] Henderson R M, Clark K B. Architectural Innovation: The Reconfiguration of Existing Product Technologies and The Failure of Established Firms [J]. *Administrative Science Quarterly*, 1990, 35 (1): 9 – 30.

[269] Hendriks P. Why Share Knowledge? The Influence of IC Ton the Motivation for Knowledge Sharing [J]. *Knowledge and Process Management*,

1999, 6 (2): 91 - 100.

[270] Hoffman R C, Hegarty W H. Top Management Influence on Innova-tions: Effects of Executive Characteristics and Social Culture [J]. *Journal of Management*, 1993, 19 (3): 549 - 574.

[271] Hooff B V D, Ridder J A D. Knowledge Sharing in Context: The Influence of Organizational Commitment, Communication Climate and CMC Use on Knowledge Sharing [J]. *Journal of Knowledge Management*, 2004, 8 (6): 117 - 130.

[272] Huber G P. Organizational Learning: The Contributing Processes and the Literatures [J]. *Organization Science*, 1991, 2 (1): 88 - 115.

[273] Hyland P, Boer H. *A Continuous Innovation Framework Some Thoughts for Consideration, Proceedings of the 7th International CINet Conference - CI and Sustainability: Designing the Road Ahead* [C]. The Netherlands: Contin-uous Innovation Network, 2006: 389 - 400.

[274] Jennings N R. An Agent Based App Roach for Building Complex Sys-tems [J]. *Communication of ACM*, 2007, 44 (4): 35 - 41.

[275] Johnson J L, Sohi R S. The Role of Relational Knowledge Stores in Interfirm Partnering [J]. *Journal of Marketing*, 2004, 68 (3): 21 - 36.

[276] Joseph A Schumpeter. *The Theory of Economic Development* [M]. Cambridge, MA: Harvard University Press, 1911.

[277] Juan A. Martinez - Roman, Tamayo. Analysis of Innovation in SMES Using an Innovative Capability - Based Non - Linear Model: A study in the Province of Seville (Spain) [J]. *Technovation (America)*, 2011 (5): 459 - 475.

[278] Kantar R M, Stein B A, Jack T D. *The Challenge of Organizational Change: How Companies Experience and Leaders Guide It* [M]. New York: The Free Press, 1992 (3): 5 - 8.

[279] Kenneth Preiss, Steven 1 Goldman, Roger Nagel. *21st Century Manufacturing Enterprises Strategy: An Industry Led View* [R]. Iacocca Institu-

te, Lehigh University, 1991.

[280] Kim W Chan, Mauborgne R. *Blue Ocean Strategy – Surmount Industrial Competition and Create a New Market* [M]. Beijing: Business Seal Pavilion, 2005.

[281] Kline S J. Rosenberg N. *The Positive Sum Strategy*: *Harnessing Technology for Economic Growth* [M]. Washington. D. C: National Academy Press, 1986.

[282] Kogut B, Zander U. What Firms Do? Coordination, Identity, and Learning [J]. *Organization Science*, 1996, 7 (5): 502 –518.

[283] Kogut B, Zander U. Knowledge of the Firm, Combinative Capabilities, and The Replication of Technology [J]. *Organization Science*, 1992, 3 (3): 383 –397.

[284] Kraaijenbrink J, Wijnhoven F. Towards a Kernel Theory of External Knowledge Integration for High-tech Firms: Exploring a Failed Theory Test [J]. *Technological Forecasting and Social Change*, 2007, 74 (8): 1215 –1233.

[285] Kramer R M. Trust and Distrust in Organizations: Emerging Perspectives, Ending Questions [J]. *Annual Review of Psychology*, 1999, 50 (1): 569 –598.

[286] Laursen K, Salter A. Open for Innovation: The Role of Openness in Explaining Innovation Performance among U. K. Manufacturing Firms [J]. *Strategic Management Journal*, 2006, 27 (2): 131 –150.

[287] Lawson B, Samson D. Developing Innovation Capability in Organizations: A Dynamic Capabilities Approach [J]. *International Journal of Innovation Management*, 2001 (5): 377 –400.

[288] Leanna C R, Barry B. Stability and Change as Simultaneous Experiences in Organizational Life [J]. *Academy of Management Review*, 2000, 25 (4): 753 –759.

[289] Lee K, Lim C. Development of Novel Products through Intra Organizational, and Inter Organization Networks: The Case of Home Automation [J].

Journal of Product Innovation Management, 2001 (12): 307 – 322.

[290] Lee S, Park G, Yoon B, et al. Open Innovation in SMES an Inter-mediated Network Model [J]. *Research Policy*, 2010, 39 (2): 290 – 300.

[291] Leonard B D. Core Capabilities and Core Rigidities [J]. *Strategic management Journal*, 1992 (13): 111 – 126.

[292] Lin H F. Effects of Extrinsic and Intrinsic Motivation on Employee Knowledge Sharing Intentions [J]. *Journal of Information Science*, 2007, 3 (2): 135 – 149.

[293] Luiz C R, Mateus C G. Continuous Innovation and Performance Management of SME Clusters [J]. *Continuous Innovation and Performance Man-agement*, 2007, 16 (4): 376 – 385.

[294] Martinez P M, Zimmerman B J. Student Differences in Self – Regu-lated Learning: Relating Grade, Sex, and Giftedness to Self – Efficacy and Strategy Use [J]. *Journal of Educational Psychology*, 1990, 8 (2): 51 – 59.

[295] Masaaki Imai. Kaizen: *The Key to Japan's Competitive Success* [M]. New York: Random House, 1986.

[296] Mcadam R, Galloway A. Enterprise Resource Planning and Organi-zational Innovation: A Management Perspective [J]. *Industrial Management and Data Systems*, 2005, 105 (3): 280 – 290.

[297] Mcevily B, Marcus A. Embedded Ties and The Acquisition of Com-petitive Capabilities [J]. *Strategic Management Journal*, 2005, 26 (11): 1033 – 1055.

[298] Miles R E, Miles G, Snow C C. Collaborative Entrepreneurship: A Business Model for Continuous Innovation [J]. *Organizational Dynamics*, 2006, 35 (1): 1 – 11.

[299] Möller K, Svahn S. Role of Knowledge in Value Creation in Busi-ness Nets [J]. *Journal of Management Studies*, 2006, 43 (5): 985 – 1007.

[300] Molina M, Yoong P. Knowledge Sharing in a Cooperative Environ-ment: The Case of Business Clusters [J]. *Journal of Information and Knowledge*

Management, 2003, 2 (4): 321 – 342.

[301] Morgan R, Hunt S D. The Commitment Trust Theory of Relationship Marketing [J]. *Journal of Marketing*, 1994 (58): 202 – 238.

[302] Nahapiet J, Choshal S. Social Capital, Intellectual Capital, and the Organizational Advantage [J]. *Academy of Management Review*, 1998, 23 (2): 242 – 266.

[303] Nonaka I, Konno N. The Concept of "Ba": Building a Foundation for Knowledge Creation [J]. *California Management Review*, 1998, 40 (3): 40 – 54.

[304] Nonaka I, Toyama R, Konno N. SECI, Ba and Leadership: A Unified Model of Dynamic Knowledge Creation [J]. *Long Range Planning*, 2000 (33): 201 – 215.

[305] Nonaka I. The knowledge – Creating Company [J]. *Harvard Business Review*, 1991 (11): 96 – 104.

[306] Nonaka, Takeuchi H. *The Knowledge – Creating Company* [M]. New York: Oxford University Press, 1995.

[307] O'Dell C, Grayson J C. *If only We Knew What We Know: The Transfer of Internal Knowledge and Best Practice* [M]. New York: The Free Press, 1998.

[308] Oliver E Williamson. *The Economic of Institutions of Capitalism: Films, Markets Relational Contracting* [M]. New York: The Free Press, 1985.

[309] Pappas J M, Wooldridge B. Middle Managers' Divergent Strategic Activity: An Investigation of Multiple Measures of Network Centrality [J]. *Journal of Management Studies*, 2007, 44 (3): 323 – 341.

[310] Penrose E T. Foreign Investment and the Growth of the Firm [J]. *Economic Journal*, 1959 (18): 47 – 66.

[311] Pfeffer J, Salancik G. *The External Control of Organizations: A Resource Dependence Perspective* [M]. New York: Harper and Row, 1978.

[312] Pilar J G, Jose C L, Ramon VC. Organizational Learning Capability: A Proposal of Measurement [J]. *Journal of Business Research*, 2005 (58): 715 −725.

[313] Porter M. *Competitive Advantage* [M]. New York: Free Press, 1985.

[314] POSTI. Europe's 21 Century Policies for Sustainable Technological Innovation [EB/OL]. www. essst. uio. no/post/, 1999 −06 −07.

[315] Powell W W, Koput K W, Smith − Doerr L. Inter Organizational Collaboration and the Locus of Innovation: Networks of Learning in Biotechnology [J]. *Administrative Science Quarterly*, 1996 (41): 116 −145.

[316] Powell W. Neither Market Nor Hierarchy [J]. *Research in Organizational Behavior*, 1990 (12): 295 −336.

[317] Prahalad C K, Hamel G. The Core Competence of The Corporation [J]. *Harvard Business Review*, 1990 (3): 79 −91.

[318] R P Lynch. Social Resources and Strength of Ties: Structural Factors in Occupational Status Attainment [J]. *American Sociological Review*, 1993, 46 (4): 393 −405.

[319] Raymond E. Collaborative Entrepreneurship: A Business Model for Continuous Innovation [J]. *Organizational Dynamics*, 2006, 35 (1): 1 −11.

[320] Reagans R, Zuckerman W. Networks, Diversity, and Productivity: The Social Capital of Corporate R&D Teams [J]. *Organization Science*, 2001, 12 (4): 502 −517.

[321] Ritter T, Gemunden H G. Inter Organizational Relationships and Networks: An Overview [J]. *Journal of Business Research*, 2003, 56 (9): 691 −697.

[322] Rogers M. Networks, Firm Size and Innovation [J]. *Small Business Economics*, 2004, 22 (2): 141 −153.

[323] Rosen B, Furst S, Blackburn R. Overcoming Barriers to Knowledge Sharing in Virtual Teams [J]. *Organizational Dynamics*, 2007, 36 (3):

259 – 273.

[324] Rowley T, Behrens D, Krackhardt D. Redundant Governance Structures: An Analysis of Structural and Relational Embeddedness in the Steel and Semiconductor Industries [J]. *Strategic Management Journal*, 2000, 21 (3): 369 – 386.

[325] Schulze S. The Two Resource Based Models of the Firm: Definitions and Implications for Research [C]. Academy of Management Best Paper Proceedings, 1992.

[326] Selnes F, Saillis R. Promoting Relationship Learning [J]. *Journal of Marketing*, 2003, 67 (3): 80 – 95.

[327] Senge P M. Sharing Knowledge [J]. *Executive Excellence*, 1997, 14 (11): 17 – 20.

[328] Shapiro S M. *Innovation: A Blueprint for Surviving and Thriving in an Age of Change* [M]. New York: McGraw – Hill Trade, 2001.

[329] Shari S C, Shang S H, Chen Y. A Dynamic Innovation Model for Managing Capabilities of Continuous Innovation [J]. *International Journal of Technology Management*, 2010, 51 (2 – 4): 300 – 318.

[330] Sher P J, Yang Y. The Effects of Innovative Capabilities and R & D Clustering on Firm Performance: The Evidence of Taiwan Semiconductor Industry [J]. *Technovation*, 2005 (1): 33 – 43.

[331] Simonin, B L. The Importance of Collaborative Know-how: An Empirical Test of The Learning Organization [J]. *Academy of Management Journal*, 1997, 40 (5): 1150 – 1174.

[332] Sobel M E. Asymptotic Confidence Intervals for Indirect Effects in Structural Equation Models [J]. *Sociological Methodology*, 1982 (13): 290 – 312.

[333] Soosay C A. An Empirical Study of Individual Competencies in Distribution Centers to Enable Continuous Innovation [J]. *Creativity and Innovation Management*, 2005, 14 (3): 299 – 310.

［334］Sorenson O, Rivkin J W, Fleming L. Complexity, Networks and Knowledge Flows ［J］. *Research Policy*, 2006, 35（7）: 994－1017.

［335］Spender J C, Bernard M. How a Knowledge－Based Approach Might Illuminate the Notion of Human Capital and Its Measurement ［J］. *Expert Systems with Applications*, 2006, 30（2）: 265－271.

［336］Suzuki J, Kodama F. Technological Diversity of Persistent Innovators in Japan: Two Case Studies of Large Japanese Firms ［J］. *Research Policy*, 2004, 33（3）: 531－549.

［337］Swee Goh, Gregory Richards. Benchmarking the Learning Capability of Organizations ［J］. *European Management Journal*, 1997, 5（5）: 575－583.

［338］Szeto E. Innovation Capacity: Working Towards a Mechanism for Improving Innovation within an Inter Organizational Network ［J］. *The TQM Magazine*, 2000, 12（2）: 149－157.

［339］Szulanski G. Exploring Intern al Stickiness: Impediments to the Transfer of Best practice Within the Firm ［J］. *Strategic Management Journal*, 1996（17）: 27－44.

［340］Tan K C, Kannan V J, Handfield R B, Ghosh S. Supply Chain Management: An Empirical Study of Its Impact on Firm Performance ［J］. *International Journal of Operations and Production Management*, 1999, 19（10）: 1034－1052.

［341］Teece D J, Pisano G. The Dynamic Capabilities of Firm: An Introduction ［J］. *Industrial and Corporate Change*, 1994（3）: 537－555.

［342］Teece D J, Pisano G, Shuen A. Dynamic Capabilities and Strategic Management ［J］. *Strategic Management Journal*, 1997, 18（7）: 509－533.

［343］Tsai, W. Social Structure of "Coopetition" within a Multiunit Organization: Coordination, Competition, and Intraorganizational Knowledge Sharing ［J］. *Organization Science*, 2002, 1（2）: 179－190.

［344］Tsang E W K, Nguyen D T, Erramilli M K. Knowledge Acquisition and Performance of International Joint Ventures in the Transition Economy of Vietnam [J]. *Journal of International Marketing*, 2004, 12 (2): 82 – 103.

[345] Vanhaverbeke W, Gilsing V, Beerkens B. The Role of Alliance Network Redundancy in the Creation of Core and Non-core Technologies [J]. *Journal of Management Studies*, 2009, 46 (1): 217 – 219.

[346] Vasudeva G, Anand J. Unpacking Absorptive Capacity: A Study of Knowledge Utilization from Alliance Portfolios [J]. *Academy of Management Journal*, 2011, 54 (3): 611 – 623.

[347] Vincent L. Innovation Midwives: Sustaining Innovation Streams in Established Companies [J]. *Research Technology Management*, 2005, 48 (1): 41 – 49.

[348] Voss G B, Voss Z G. Strategic Ambidexterity in Small and Medium-sized Enterprises: Implementing Exploration and Exploitation in Product and Market Domains [J]. *Organization Science*, 2013, 24 (5): 1459 – 1477.

[349] Waeal, J. Managing Changes in Service Oriented Virtual Organizations: A Structural and Procedural Framework to Facilitate the Process of Change [J]. *Journal of Electronic Commerce in Organizations*, 2017, 10 (1): 59 – 83.

[350] Wagner S M. An Empirical Investigation of Knowledge Sharing in Networks [J]. *Journal of Supply Chain Management*, 2005, 41 (4): 17 – 31.

[351] Walton J, Whicker L. Virtual Enterprise: Myth and Reality [J]. *Journal of Control*, 1996, 27 (3): 22 – 25.

[352] Wang Chun lei, Rodan S. Knowledge Networks, Collaboration Networks, and Exploratory Innovation [J]. *Academy of Management Journal*, 2014, 57 (2): 484 – 514.

[353] Wijnhoven F. Knowledge Logistics in Business Contexts: Analyzing and Diagnosing Knowledge Sharing by Logistics Concepts [J]. *Knowledge and Process Management*, 1998, 5 (3): 143 – 157.

[354] William H Davidow, Michael S Malone. *The Virtual Corporation: Structuring and Revitalizing the Corporation for the 21st Century* [M]. Harper

Business, a Division of Harper Collins Publisher, 1992.

[355] Yang C F, Lai C S. Relationship Learning from Organizational Knowledge Stores [J]. *Journal of Business Research*, 2011, 65 (4): 421 – 428.

[356] Yayavaram S, Ahuja G. Decomposability in Knowledge Structures and Its Impact on the Usefulness of Inventions and Knowledgebase Malleability [J]. *Administrative Science Quarterly*, 2008, 53 (2): 333 – 362.

[357] Yli – Renko H, Autio E, Tontti V. Social Capital, Knowledge, and the International Growth of Technology-based New Firms [J]. *International Business Review*, 2002, 11 (3): 279 – 304.

[358] Zack M H. Managing Codified Knowledge [J]. *Sloan Management Review*, 1999 (40): 45 – 58.

[359] Zaheer A, Bell G G. Benefiting from Network Posit ion: Firm Capabilities, Structural Holes, and Performance [J]. *Strategic Management Journal*, 2005, 26 (9): 809 – 825.

[360] Zahra S A, Bogner W C. Technology Strategy and Software New Ventures Performance: Exploring the Moderating Effect of Competitive Environment [J]. *Journal of Business Venturing*, 2000, 15 (2): 135 – 173.

[361] Zhai E, Shi Y J, Gregory M. *Development Path and Dynamic Capability of EMS – Company in Far East Region* [C]. Singapore: The International Engineering Management Conference, 2004.

后　记

　　近年来，人工智能、物联网、大数据、云计算、区块链等新一代信息技术与数字经济的快速发展，为虚拟组织的诞生与发展提供了桥接与媒介。虚拟组织的出现，颠覆了企业传统的组织模式，打破了企业原有的产业与组织边界，通过价值网络与价值共创机制实现企业价值再造。这势必对传统企业尤其是科技型中小企业的创新发展产生重大影响。然而，虚拟组织持续创新作为一种新型组织创新模式还没有引起学术界的足够重视。选择这一课题作为本书研究对象，首先源于我对虚拟组织资源组织模式与能力协同方式的研究兴趣，其次是产业互联网背景下科技型中小企业持续创新的困惑与持续创新的方法与路径探索，引起了我的关注。当我义无反顾深入去研究时，才发现该研究领域布满了荆棘与挑战，虚拟组织本身是基于市场机遇的动态联盟，研究其协同创新的持续性自然是个难题，研究与写作异常艰难。庆幸的是，通过四年的潜心研究，追根溯源踏遍前人足迹。最后站在前人的研究成果与坚实臂膀之上，完成了博士论文。而后又围绕博士论文研究主题发表了系列 CSSCI 期刊论文，我不敢说自己取得了多大的研究成果，但我相信自己迈进了虚拟组织持续创新研究领域的大门，并坚信这将成为未来研究的前沿与热点。如果我努力搭建的虚拟组织持续创新研究框架能够成为未来研究的一个支点，那将是我最大的慰藉。博士论文得以顺利完成，本书能够圆满完稿，无不得益于多年来曾给予我帮助和支持的人。为此心存感激，并铭记于心。

　　求学同济，首先要感谢我的博导任浩教授的知遇之恩，是他引领我走向了学术研究的荣誉殿堂。四年的课程学习、课题研究以及选题立题、构思设计、草拟成文与论文修改，都得到了任浩教授的悉心指导和严格把关，凝结了他的智慧结晶。任浩教授高屋建瓴的战略视野，渊博的学识、创新的思维和标新立异的见解，足为良师；严谨踏实的治学态度，诲人不倦的敬业精神，精益求精的工作作风，海纳百川的博大胸怀以及对工作、事业和生活的热爱，足为表范；待人至诚，平易近人和儒雅有度，足为益友。这些不仅让我学到了知识、学术思想及思维方式，更让我领悟到了为人处世的哲学道理，在以后的工作、学习、生活中终身受益。能拜读在任浩教授门下，是我今生之幸运。我的师母钱敏老师，为人正直、善良、坚毅、睿智。与她每一次交流，都能够启发我从不同的角度思考问题，如同心灵导师般传授我人生哲学。四年的相处，令我度过了最难忘的博士求学生涯。

求学同济，其次要感谢我的硕导——西安交通大学杨民助教授，多年来给予鼓励、关心与支持，让我具备了克服困难的勇气和不断前行的动力。

求学同济，还要感谢同门兄弟姐妹互帮互助和彼此关心。在此特别感谢同门张巍博士后、华东理工大学郝斌副教授、华东政法大学甄杰副教授、安徽大学叶江峰副教授、王瑜博士、曹宁博士、曲怡颖博士、喻细花博士、韩振博士、卞庆珍博士、巩祥彬博士、章长城博士、佟星博士、仲东亭博士、刘斌博士、唐开翼博士、欧阳娟博士及马盼、倪慧、潘欣欣、黄托、卢俊美、王天钰、胡海波、吴丹林、卫悦文、邱纤雨、靳元青、唐立平、胡锐、郭卓玭、夏晗、曹文晶、李晓玉、金玲等的支持和帮助。与他们交流让我受益颇多，与他们在一起碰撞出心灵之果。

本书能够顺利完成，得益于河南财经政法大学黄河商学院院长程文晋教授、副院长曾一军教授无微不至的关心、帮助与支持。程文晋教授学识渊博、温和谦逊，在专著选题上给予了悉心指导。曾一军教授更是从书稿定题、结构安排至专著定稿，每一个节点都给予了耐心指导与鼎力支持。

求学数载与著书立作，离不开至亲的厚爱、鼓励与支持。我的妻子徐志霞在背后默默地、无私地支持我并支撑着整个家庭，在精神上给予我鼓励与支持，烦恼时给予我安慰与体谅，快乐时给予我微笑与分享。在她的鼓励与支持下，我方能专心完成博士学业与专著书稿。吾儿凌睿的天真活泼、乐观向上给我带来了无限的快乐，他的聪明伶俐、勤奋好学也让我拥有了继续前行的动力。年迈父母帮我精心照顾孩子，为我解决后顾之忧。

吾兄长张喜昌教授和大嫂张海霞教授，在撰写的关键阶段给予我莫大的鼓励与支持，让我继续前行。

最后，我用最真诚的心，感谢所有在此尚未提及、给过我关心和帮助的老师、同学、同事和亲人，感谢你们的支持、鼓励、关爱与陪伴，也衷心祝愿我爱的人和爱我的人在今后的人生道路上一切顺遂！